U0492435

出版产业经营与管理研究

CHUBAN CHANYE JINGYING YU
GUANLI YANJIU

李金慧 王丹丹 著

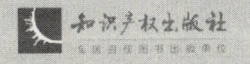

知识产权出版社

图书在版编目(CIP)数据

出版产业经营与管理研究 / 李金慧，王丹丹著.—北京：知识产权出版社，2015.7
ISBN 978-7-5130-3680-1

Ⅰ.①出… Ⅱ.①李…②王… Ⅲ.①出版业—经营管理—研究 Ⅳ.①G231

中国版本图书馆CIP数据核字（2015）第173969号

内容提要

本书基于现代出版产业的经营规律和管理方法，结合当前的国际出版动态和出版新技术，从出版产业概说、我国出版产业发展历程和现状、出版产业的创办、出版企业的组织管理与人力资源管理、出版产业的产品质量管理、出版产业的经营、出版产品的营销策略七个方面阐述了出版企业的创建、组织管理、质量管理、营销管理等问题。本书可供高校中从事出版研究的科研人员及出版企业的管理者参考。

责任编辑：许 波

出版产业经营与管理研究
CHUBAN CHANYE JINGYING YU GUANLI YANJIU

李金慧 王丹丹 著

出版发行	知识产权出版社有限责任公司	网　址	http://www.ipph.cn
电　话	010—82004826		http://www.laichushu.com
社　址	北京市海淀区马甸南村1号	邮　编	100088
责编电话	010—82000860转8380	责编邮箱	xbsun@163.com
发行电话	010—82000860转8101 / 8029	发行传真	010—82000893 / 82003279
印　刷	北京中献拓方科技发展有限公司	经　销	各大网上书店、新华书店及相关专业书店
开　本	720mm×1000mm　1/16	印　张	16.25
版　次	2015年7月第1版	印　次	2015年7月第1次印刷
字　数	230千字	定　价	48.00元

ISBN 978-7-5130-3680-1

出版权专有　侵权必究
如有印装质量问题，本社负责调换。

FOREWORD 前言

　　本书紧密结合出版产业现实问题和发展状态，提出了一些切实有效地经营和管理的方法。本书虽可归为理论研究范畴，但其效果和影响或不仅限于学术。这也是一本内容并不全面的书。第一，它并没有涉及出版产业经营和管理的每一个方面，例如财务的管理、渠道的管理等。之所以没有专篇论述这两个问题，主要是因为这两个问题要么过于专业，如财务管理，非有经济学、财务学业务素养者，只能蜻蜓点水，很难把问题说透；要么过于庞大，如渠道管理，没有一定规模的文字量，也很难阐述清楚。好在这样的问题都有更专业、更成规模的成果行诸于世，本书不涉及并无大碍。第二，虽然出版业已成为包括一切形式的传播活动的大概念，说出版也不能不说到网络、移动终端等新媒体，但本书的立足点还是根植于传统的图书出版。因为不但作者对新型的出版模式处于关注状态，就出版本身而言，传统的纸媒出版仍然是所有出版模式的根本和基础，即传统出版的方方面面都还有资格为新型出版经营者学习和借鉴。

　　本书共有七章，共涉及出版企业经营与管理的七个方面的大问题。王丹丹副教授承担了"第一章""第二章"和"第七章"的写作工作；李金慧教授承担了其余各章的写作工作。

　　由于作者水平有限，书中存在的不足之处，敬请指正。

作者

2014年12月

CONTENTS 目录

第一章　出版产业概说 ·················001
　第一节　出版产业的范畴 ·················001
　第二节　出版产业的文化责任 ·················005
　第三节　出版产业的性质 ·················007
　第四节　出版物形式概说 ·················009
　第五节　出版企业经营与管理的含义与基本内容 ·················017

第二章　我国出版产业发展历程和现状 ·················023
　第一节　我国出版产业的发展阶段 ·················023
　第二节　我国出版产业发展现状 ·················030

第三章　出版产业的创办 ·················035
　第一节　图书出版企业的创办 ·················035
　第二节　出版公司（社）的名称 ·················054
　第三节　出版企业的形象标识 ·················058
　第四节　出版企业的专业方向和市场方向 ·················063

第四章　出版企业的组织管理与人力资源管理 ·················081
　第一节　组织结构及基本类型 ·················081
　第二节　人力及人力资源管理 ·················092
　第三节　出版暨知识型企业的人力资源管理 ·················094
　第四节　企业员工暨出版人的基本素质 ·················109

第五章　出版产业的产品质量管理 ·················127
　第一节　出版产品及出版产品质量内涵 ·················127
　第二节　出版产品的内容质量及管理 ·················128

第三节　出版产品的编校质量及管理 …………………………… 134
　　第四节　出版产品装帧设计、印刷复制质量及管理 ………… 141
　　第五节　出版产品的绿色环保质量及管理 …………………… 163

第六章　出版产业的经营 ……………………………………………… 167
　　第一节　出版计划和产品结构 ………………………………… 167
　　第二节　选题策划和稿件组织 ………………………………… 186
　　第三节　出版资源的多元开拓和利用 ………………………… 203
　　第四节　出版产业的国际化运营 ……………………………… 208

第七章　出版产品的营销策略 ………………………………………… 219
　　第一节　基于4Ps理论的数字出版物营销策略 ……………… 219
　　第二节　出版企业应采取的数字化营销方式 ………………… 224
　　第三节　出版企业的数字化服务营销创新手段 ……………… 231

参考文献 ………………………………………………………………… 237
附录一　图书编校差错类型及计算方法 …………………………… 238
附录二　环境标志产品技术要求——印刷 ………………………… 245

第一章
出版产业概说

第一节 出版产业的范畴

一、出版产业的定义

20世纪90年代起，我国出版理论界的研究人员开始逐渐使用"出版产业"这一概念，如：王建辉在其2002年出版的《新出版观的探索》一书中就指出应将出版作为一种产业来看待，其体现了一种历史和观念的进步，这种进步，最本质的体现是找到了行业发展的突破口。此外，袁钟、罗紫初和江曾培等学者也分别在其文章及著作中不断使用出版产业一词。加之我国出版体制改革，出版单位的企业性质变得更明显，所以，越来越多的学者和从业人员将自己所研究和从事的这个行业称之为出版产业，而原有的"出版事业"的说法则出现的频率明显降低。

对于"出版产业"的定义，不同的学者分别给出了自己的观点，现总结几种具有代表性的观点，以供参考。第一种观点是由赵洪斌等人在其发表的《出版产业的概念、内涵及其特征》一文中提出的，他们认为根据国际上通行的产业划分标准，出版产业中印刷、相关生产行为属于第二产业中的制造业，编辑、出版、发行，和政府、事业等相关活动则属于第三产业。因此，出版产业是一个横跨第二、第三产业的综合性产业，是文化产业的基本组成部分，具有宣教、信息和娱乐等多种功能，是文化传承与发展的重要产业表现形式。其鲜明的产业特征在具备现代产业经济特点的同时，其以精彩内容追求社会效益，引领精神文化生活作为其终极目标的文化属性是出版产业的根本属性；第二种观点是比较大众化的一种认识，刘蔚绥在其发表的《出版产业的概念及特征辨析》一文中，总结出版产业是生产图书、期刊、音像制品、电子出版物等多种传播媒介的信息产业，是国民经济体系中一个不可或缺的相对独立的重要部门，该部门是以知识、信息为主体元素的特殊产业，它具有文化积累和思想传播的重要功能。而第三种观点则是比较规范化的。在新闻出版总署2011年下发的《关于进一步推动新闻出版产业发展的指导意见》中，明确了新闻出版业的定义，并指出其包括图书、报刊等纸介质传统出版产业，数字出版等非纸介质战略性新兴出版产业，动漫、游戏出版产业，印刷、复制产业，新闻出版流通、物流产业五方面内容。

二、出版产业的结构

在上述定义中，可以看出新闻出版业中的"出版产业"被划分成传统出版产业和数字出版产业两种形式。

前者将出版物的物质形态规定为"纸介质"，其具体的出版物类型有图书、报纸和期刊等，其产业运动模式可以概括为"选题—编辑（三审三校）—设计、印制—发行销售（营销）—书款回收"，其业态具有相对封闭性，业态内的物流过程体现为出版物生产—发行销售—图书消费，而业态内的资金流过程则体现为图书消费—发行销售—出版物生产，在这一系统里，物流、资金流相向运动，形成产业链循环。虽然产业链的循环速度相对于数字出版产业而言较慢，但是其出版物的生产与消费不需要太多复杂的技术和设备，物质形态稳定性强，具有保存性，其文化传承作用之大从汉代至今已得到了深刻的印证。而且，作为一种经营性产业，其盈利模式也十分清晰，因此，管理的可控性相对较高。

后者，即数字出版产业，其出版物的物质形态被规定为"非纸介质"，其具体的出版物类型有互联网期刊、电子书（专指用电子阅读器阅读使用的类型）、数字报纸、博客、在线音乐、手机出版物、网络游戏、网络动漫和互联网广告。以上类分方式由《2012—2013中国数字出版产业年度报告》得出。数字出版产业的增长,始终保持高速的态势,到2014年年底,其经济规模已跃居行业第二,融合发展提速明显,数字出版2014年已实现营业收入3387.7亿元,同比增长33.4%,占全行业营业收入的17.0%,提高了3.1个百分点,整体经济规模超过出版物发行。其中,网络动漫营业收入增速达到72.7%,领跑数字出版;移动出版营业收入增速达35.4%,高于数字出版总体增速;互联网期刊与电子书的营业收入增速为18.2%,已经成为行业新的增长引擎❶。从上述分类结果亦可得知数字出版物具有较强的多媒体综合表现力,其内容不仅仅局限于单一的文字形式,还包括声音、图像、动画游戏等多种媒体形式。但无论数字出版产业的内部结构如何复杂,其业态形式如何不同,它们的本质是相同的,都需要以多媒体数字技术为支撑,通过计算机联网进行传输,借助电信通道提供服务。相较于传统出版的业务形态,数字出版中没有印刷加工工序,出版产品是直接从作者、出版者到达读者终端的,没有传统形式的物流过程。因此,其产品的发布与销售更快捷,资金流循环速度更快,即时支付的方式使出版者能够在网上直接得到回款。其产业运动模式可以总结为"数字出版物生产者—加工者—平台运营商—消费者—即时支付回款"。

三、出版产业的内涵

内涵是指一个概念所反映的事物的本质属性总和,因此由上述分析可知,无论是生产纸介质产品的传统出版产业还是生产非纸介质产品的数字出版产业,其共同的本质属性是都运用了企业化、商品化方式为读者或者终端用户提供了各种类型的精神产品和文化服务。其产业链的构成主体大体上都包括出版产品生产企业、加工制作企业和产品传输企业(传统的物流企业或者通信平台)。其目标都是既要实现出版物的社会效益,满足广大公民的文化需求,又要实现产业的内部经济效益,从而体现出版物的文

---

❶ 引自国家新闻出版广电总局于2015年7月16日发布的《2014年新闻出版产业分析报告》。

化属性与商品属性。以上这三点不因出版形态变化而变化，体现了出版产业区别于其他产业的主体特征，构成了出版产业的内涵。

四、出版产业的未来走向

对比传统出版产业和数字出版产业的出版物形态、产业运动模式和产业特点，可以发现，数字出版只是技术进步、需求多样化的一个必然的发展阶段，而且从其产业特征上看，媒介之间的融合会进一步加强，所以未来的出版产业发展将超越数字出版阶段，进入全媒体出版阶段。全媒体出版能够最大限度地争取在时间和空间上同步开发出版市场，从而覆盖所有潜在的读者，满足他们的多样化消费需求。

为了实现全媒体出版，出版产业自身还需要经历三个阶段，即：媒介之间的互动合作、各种媒介组织机构的融合、"出版"流程的再造和全媒体产品制作平台的整合。

其中第一个阶段，已经在很多畅销书的打造实例当中实现了，如《哈利·波特》《闯关东》《贫民窟的百万富翁》等，尤以《非诚勿扰》为代表，2008年12月，其小说以纸版与数字版形式与电影同步上市，在纸质书经由长江文艺出版社出版发行的同时，其数字版也在中文在线、汉王、移动梦网的共同努力下通过互联网、阅读器、手机阅读等媒体实现了多渠道的同步出版，并在效益上增长了50%以上。由此可见，媒介之间互动合作的利润空间是非常大的，而这种合作是需要出版传媒集团与多种技术开发商与数字产品提供平台在利益分配合理的前提下共同签署协议，统一战略合作目标而达成的，目的是要使每个读者都能以他最习惯、最便捷的方式进行阅读。

第二个阶段，由于目前国内的全媒体出版还是比较偏重于纸版和数字版的同步出版发行，合作也多限于出版集团和技术提供商，并没有涵盖广播、电视，因此，从严格意义上来讲，这种出版形式并不是真正利用了所有的信息内容发布介质，而全媒体出版的目标是要任何人可以在任何时间、任何地点，以任何方式获得任何内容。为了实现这个目标，必须首先打通组织机构之间的界限，融合出版部门、新闻部门与广播和电视等部门，这种融合需要各部门的分属政府机构放低许可门槛，为全媒体整合提供优惠的政策，引导多种媒介尽快完成组织机构的调整。

第三个阶段，在机构之间完成融合之后，全媒体出版转型需要进行"出版"流程再造的工程，对全媒体产品制作的平台进行整合。因为原始的编辑、印刷、发行、营销流程已经不再适应多媒介内容产品的制作和传播，需要整合各类型媒介的编辑制作人员，首先统一对同一内容资源进行改编和再造，其次需要实现内容产品的各媒介营销部门的统一，通过共同的策划与战略战术的制定，完成出版品牌的升级与创新，最后要整合全媒体出版的行政管理体系，以规范团体内人员的操作流程和进行科学管理。

第二节 出版产业的文化责任

2011年，国务院颁布了新修订的《出版管理条例》，原条例的第一条、第十条和第四十八条中的"出版事业"被修订为"出版产业和出版事业"，从而明确了我国出版业中公益性单位与经营性单位的差异。但差异的存在并不能说明文化传承功能与教育功能只需要公益性出版单位来实现，它还需要经营性出版单位共同协作来完成。此处，需明确出版产业的广义与狭义之分。狭义出版产业仅指经营性单位，即需要自负盈亏，具有独立经营自主权的企业性质出版单位，而广义出版产业又常被称作出版业，其构成主体有公益性单位与经营性单位两种，总体而言广义的出版产业具有不可推卸的文化生产与传播的责任。

一、传播和积累先进文化

笔者认为一切有益于提高民族素质、有益于经济建设和社会全面进步的科学技术和文化知识都可以被称为先进文化。首先，从提高民族素质的角度思考，出版产业应着力于组织出版反映中国特色社会主义理论体系，特别是科学发展观和社会主义核心价值体系的精品力作和更多更好的通俗理论读物，用社会主义核心价值体系引领社会思潮，使每一代中国人都能有正确的世界观和价值观；其次，从助力经济建设的角度思考，出版产业应不断创新科学技术类出版物的产品内容和产品形式，尽力提升这些经济类出版物的文化含量和精神品格，使这些产品真正做到理论价值能被世界认可，实用价值能被从业人员认同；最后，从促进社会全面进步的角度思考，出版产业应丰富与扩展出版品类，用多种先进技术提高出版媒体的传播能力，并逐渐扩大其传播范围，使更多的受众能够在有书可看、有报可读的基础上，不断扩大自己的阅读面，提升自身的科学文化素养。

二、促进国际间文化交流

只有是民族的才是世界的，出版产业内部的国际间交流越来越多，尤其体现在学术出版资源方面，中国当前的一流高等院校都在大量地使用Web of Knowledge平台获取SCI、SSCI、A&HCI等重要的学术资源，而我国也在大量进口国外的原版图书或引进版权进行翻译，这对于国人了解世界是必要的，但同时我们也需要大量的精品力作帮助外国人了解中国，如此国际间的文化交流才能形成。因此，出版业出版产业要大力推动内容创新，重点抓好国家重大出版工程、重点学术期刊等精品工程，组织出版更多具有时代精神与特点的精品力作，推出更多代表中华民族永久记忆乃至世界永久记忆的各类出版物，创造出影响世界文明的中国故事、中国形象、中国风格和中国精神。

三、丰富人民精神生活

人民的精神文化生活需求是具有层次性的。处于最底层的是各种启蒙读物和基础教育读物；处于第二个层次的是社会科学通俗读物、自然科学普及读物及各类娱乐休闲类读物；处于第三个层次的是各学科专业的一般著作；处于第四个层次的，也是最高层次的是哲学、社会科学及自然科学的学术理论著作。随着国民教育程度的不断提高，他们的文化生活需求量越来越大、需求品种也越来越多，需求的专指性也不断加强，所以出版产业应根据不同人群的需求特征以及需求层次的不同，开发出更多类型的出版物，使出版的公共文化服务体系逐步得到完善，在人们的基本阅读需求得到满足的基础上，加大出版项目的开发力度，从而丰富社会文化产品的种类，满足人民的精神文化生活需求。

第三节 出版产业的性质

出版产业是指为社会公众提供精神文化产品和文化相关服务的所有活动的集合。（来源于国家统计局设管司发布的《文化及相关产业分类（2012）》）。根据这一定义，出版产业包括了四个方面的内容，即出版产品的生产活动、实体出版物的印刷加工活动、数字出版物信息传输活动和实体出版物的发行活动。从以上分析可知出版产业中所包含的主体成分颇多，如何确定其性质，笔者认为应首先明确其构成，再做分析。出版产业主体构成情况详见表1-1。

表1-1 出版产业主体构成情况

出版活动性质	所涉及的工作机构
出版产品的生产活动	①图书出版机构 ②报纸出版机构 ③期刊出版机构 ④音像制品及电子出版物出版机构 ⑤在线音乐、数字动漫、游戏设计制作机构 ⑥互联网广告设计机构
实体出版物的印刷加工活动	①书、报、刊印刷、装订制作机构 ②记录媒介复制机构
数字出版物的信息传输活动	①互联网信息服务机构 ②增值电信服务机构
实体出版物的发行活动	①书、报、刊批发与零售机构 ②音像制品及电子出版物批发与零售机构

分析表1-1所列机构，并结合当前出版产业现状可知，产业内部的所

有机构可以分成两大类别，一类是事业性质的公益性文化出版机构（如图书出版机构中的人民出版社、民族出版社、盲文出版社和藏学出版社，报刊出版机构中的党报党刊等），另一类则属于企业性质的经营性文化出版机构（如：书报刊印刷、装订制作机构、互联网信息服务机构、发行机构等）。这种产业性质的划分源于出版产业自身所具有的特殊性，即图书的双重属性不等于机构的双重属性。其所提供的服务必须满足人民群众的两部分文化需求，其生产所得的文化产品具有"双重属性"，其经营管理必须实现"双重效益"。

首先，要明确人民群众的文化需求是由两部分组成的，一部分是体现人民群众文化权益的基本文化需求（即：对于各种启蒙读物和基础教育读物的需求），另一部分是多样化、多层次、多方面的个性文化需求。人民群众的基本文化需求，是我国社会主义制度赋予人民群众的基本文化权益，必须得到保障。基本文化权益具有公益性、均等性、基本性、便民性等属性。因此，要以政府为主导，以公共财政为支撑，以公益性文化事业单位为骨干，以全民为服务对象，以基层特别是农村为重点，构建覆盖城乡的公共文化服务体系。这其中的中坚力量公益性文化事业单位在我国主要指的是人民出版社、民族出版社、盲文出版社和藏学出版社四家中央级出版单位，而地方人民出版社并未明确规定为公益性出版单位，因各地政策不同，在性质上有所区别。这些出版单位之所以被称为公益性事业单位，主要是因为其财政管理上具有非营利性特征。其生产投入部分的主要来源有国家拨款、政策性贷款、项目委托生产、社会捐赠等，国家将为其经营活动提供优惠的财政和税收政策，其经营利润不能用于分配，只能用于再生产。

人民群众多样化、多层次、多方面的文化需求，主要靠市场来提供。在社会主义市场经济条件下，市场已然成为人们进行个性化文化消费的主要途径。通过发挥市场机制的作用，能够更好地配置社会资源，使优秀文化产品大量涌现，使更多的人接受优秀文化的教育，不仅能够实现经济效益，也能够更好地实现社会效益。而能够满足这些深层次文化需求的出版机构则被定性为企业，企业与事业的主要区别在于，企业是从事生产、流通、服务等"经济"活动，以生产或服务满足社会需要，实行自主经营、独立核算的依法设立的一种营利性的经济组织。而事业单位则"受国家机关领导，不实行经济核算（源于《辞海》）"。

其次，在目前的社会主义市场经济条件下，文化产品既有教育人民、引导社会的意识形态属性，也有通过市场交换获取经济利益、实现再生产的商品属性、产业属性、经济属性。正确把握"两种属性"的关系，要求我们在文化建设中必须正确认识和处理"两个效益"，即社会效益与经济效益的关系。发展公益性文化事业，就要追求社会效益的最大化，不搞产业化。文化事业发展要构建覆盖城乡的公共文化服务体系，体现公益性、均等性、基本性和便利性等要求，以保障人民群众的基本文化权益，满足人民群众的基本文化需求。当然，发展公益性文化事业，也要在内部引入激励机制，改善服务。发展经营性文化产业，就要在把社会效益放在首位的前提下，努力实现社会效益与经济效益的有机统一。发展文化产业必须注重发挥市场在资源配置中的基础性作用，按照"创新体制、转换机制、面向市场、增强活力"的要求，坚持体制机制改革和创新，致力于培育合格的市场主体、规范的文化市场，提高文化产业的整体实力和国际竞争力，以提供高质量的丰富多彩的文化产品和服务，努力满足人民群众日益多元化、多层次、多方面的文化消费需求。同时，我们也要认识到，经营性文化产业也要把社会效益摆在首位，当经济效益同社会效益发生冲突时，经济效益要服从社会效益。

第四节　出版物形式概说

根据本章第一节内容可知，传统出版产业所生产出来的产品有图书、报纸和期刊，而数字出版产业，其具体的出版物类型有互联网期刊、电子书（专指用电子阅读器阅读使用的类型）、数字报纸、博客、在线音乐、手机出版物、网络游戏、网络动漫和互联网广告，本节将逐一介绍这些出版产品的内涵和特点。

一、图书

联合国教科文组织对图书的定义是：凡由出版社（商）出版的不包括封面和封底在内49页以上的印刷品，具有特定的书名和著者名，编有国际标准书号，有定价并取得版权保护的出版物，称为图书。

图书是以传播知识为目的，用文字或其他信息符号记录于一定形式的材料之上的著作物，是人类社会实践的产物，是一种特定的不断发展着的知识传播工具。与其他出版物相比，图书的内容比较系统、全面、逻辑性强，但其出版周期较长，传播知识的速度较慢。

根据书店的实际排架情况，图书大体上可以分为社科类、科技类、教育类、少儿类、文艺类、美术类、古籍类、大学类8大类别。而何春华与黄凯卿在其主编的《图书、音像制品、电子出版物营销分类法》实施指南中认为：若细致地区分图书，可将其类分为27个类别，分别是马列主义、毛泽东思想、邓小平理论类，军事类、经济类、管理类、哲学类、宗教类、文化类，社会科学类、语言文字类，少儿读物类、文学类、艺术类、体育类、生活休闲类、自然科学类、医药卫生类、农业类、工业技术类、计算机类、建筑类、交通运输类、综合性图书类。

二、期刊

期刊，也称杂志，《辞海》中"期刊"的定义是：由多位作者撰写的不同题材的作品构成的定期出版物。

此外，期刊杂志又称连续出版物，有固定刊名，以期、卷号或年、月为序，定期或不定期出版。它根据一定的编辑方针，将特定领域的作品汇集成册出版。定期出版的又称期刊。

期刊可以根据其内容进行分类，即社会科学、哲学、经济学、法学、教育学、文学、历史学、自然科学、理学、工学、农学、医学、艺术学等。也可以按照其级别进行划分，例如：国家级期刊、省部级期刊、地市级期刊等。

三、报纸

报纸是以刊载新闻和时事评论为主的定期向公众发行的印刷出版物，是大众传播的重要载体，具有反映和引导社会舆论的功能。

初期的报纸和杂志是混同的，有新闻，也有各种杂文和文学作品，简单地装订成册。对于这个时期的报纸和杂志，通常被称为"报刊"，英国、法国、中国早期的"报刊"概念，便是在这个意义上使用的。英国和法国从18世纪起，报纸与杂志开始明显地分离，中国在本土出现现代"报刊"约20年后，报纸和杂志的区别也逐渐在加大。报纸逐渐趋向于刊载有时效性的新闻，期刊则专刊小说、游记和娱乐性文章，在内容的区别上越来越明显，在形式上，报纸的版面越来越大，大报尺寸为390mm×540mm，对折，而期刊则经装订，加封面，成了书的形式。

报纸的优点是可随时阅读，不受时间限制，不会如电视或电台节目般错过指定时间报道的讯息；可互相传阅，读者人数可以是印刷数的几倍；即使阅读或理解能力较低的人，亦可相应多耗时间，吸收报章的讯息；互联网崛起，网上版报纸的传阅力较传统印刷品报章更强。其缺点是受截稿及出版因素影响，不能提供最新资讯以及即时更正讯息；纸张过多带来携带及传阅的不便；图片和文字在电视和电台的影音片段的比较下震撼力和感染力比较低。

四、互联网期刊

互联网期刊，又称电子杂志、网络杂志、互动杂志。目前已经进入第三代，以flash为主要载体，可以独立于网站存在，是一种非常好的媒体表现形式，它兼具了平面与互联网两者的特点，且融入了图像、文字、声音、视频、游戏等，相互动态结合来呈现给读者，此外，还有超链接、及时互动等网络元素，是一种很享受的阅读方式。电子杂志延展性强，目前已经逐渐可移植到个人数字助理、移动电话、MP4、多功能掌机及数字电视、机顶盒等多种个人终端进行阅读。

互联网为新理论和新科技的快速传播、应用、推广创造了良好的条件，其功能和作用是多方面的：一是集约知识的整合功能，网络期刊包括了众多的数据库，并且提供国内外对口核心期刊的内容和相关信息，不受版面篇幅的限制，形成了出版学科齐全、结构规范科学的知识库；二是方便文章检索的功能，专业性的网络检索工具结合联机数据库，在提供参考资源、软件目录、研究项目信息、学术动态、相关学术站点等方面，比印刷期刊具有更强大的检索能力；三是网络上电子资源导航系统的建立功能，随着网上期刊的日益增多，通过建立局域网、专业网，实现编辑部网站之间的链接，可以在更大范围达到资源共享；四是进行稿件检测识别，避免一稿多投。

五、电子书

电子书有两层含义，第一层含义是指将文字、图片、声音、影像等信息内容数字化的出版物，而第二层含义是指植入或下载数字化文字、图片、声音、影像等信息内容的集存储介质和显示终端于一体的手持阅读器。通常所说的电子书代表了人们所阅读的数字化出版物，从而区别于以纸张为载体的传统出版物，通过数码方式记录在以光、电、磁为介质的设备中，借助于特定的设备来读取、复制、传输。换言之，电子书就是，必须透过特殊的阅读软件（Reader），以电子文件的形式，透过网络连结下载至一般常见的平台，例如个人计算机（PC）、笔记型计算机（Notebook），甚至是PDA、WAP手机，或是任何可大量储存数字阅读数据（digital reading material）的阅读器上阅读的书籍，是一种传统纸质图书的替代品。

电子书具有以下优点：容量大，随时可网络下载，不受地域限制，省去大量时间；降低图书成本，价格便宜；设计精美，灵活多样，有多媒体功能；节省保存书本所需空间；电子书实现了产品零库存，全球同步发行，购买方便快捷；节省纸张，减轻地球负担，零树木砍伐量，真正的环保低碳。

六、数字报纸

数字报纸也称数字报,是期刊的采、编、发一体化的解决方案平台软件,转换处理工具软件可针对主流排版格式,例如飞腾、华光、Adobe InDesign 的照排文件进行反解操作,转化生成为 flash、html、pdf 等格式的文件包,以满足用户不同格式数字报纸的需求。

从世界范围看来,在互联网上建立网站发布数字报纸的实践起始于 1994 年,至 1994 年底,共有 78 家报纸发行了网络版。到 1997 年,网络报纸已发展到 1900 多家。1998 年 10 月初,《美国新闻评论》杂志网站公布的数据表明,全世界的网络报纸已增长至 4295 家,1998 年底增至 4925 家,而如今网络报纸的发展更是突飞猛进。

1. 数字报纸的发展阶段

(1) 电子版阶段,即网上所有内容都是纸质报纸的翻版。

(2) 超链接阶段,即通过网页上具有特定颜色的超链接,使读者随时通过链接从这一网站跳到另一网站,以寻求所需信息。同时,在各网络报纸的网站上还开辟网络论坛、邮件列表等服务,供受众在网上发布信息。

(3) 多媒体阶段,由于技术水平及设备完善程度的限制,网络报纸要达到完整的多媒体阶段还有待时日。

2. 数字报纸优点

(1) 信息传播更快捷。在每期报纸排版完成的同时即可发布报纸网络版,省去了传统报纸所需的印刷,发行的时间,使报纸的时效性更强。

(2) 发行的覆盖面更广泛。通过网络报纸平台的发布,任何人只要能上网,就能阅读到刊物上的信息,报纸不再是某区域内发行,而是做到了全球发行。

(3) 可回溯性增强。网络报纸的发布过程也同样是报纸发行发布过程,回顾功能可以让客户轻松的找到特定期次的报纸内容,也方便了编者对报纸内容的管理。

(4) 全文检索更实用。用户可以运用关键字搜索的方式,查询到相关度最高的文章,从而迅速找到相关文章中的信息。

(5) 内容的互动性增强。通过在线评论、邮件等方式让信息不再是单向传播，通过读者和编辑的互动形成一个促进报纸不断发展进步的良性循环。

(6) 为报纸内容的网络营销做用户积累和技术准备。通过网络用户人气的聚集和相关的网络营销实践，为报业企业开辟新的收入模式做准备（在网络版报纸上挂广告获得客户，而且广告形式由单纯静态变成动态显示。）

(7) 作为报业人，更了解报纸的特点，按照报纸的网络浏览特点，版块都是高度仿真，强大的数据库支持。

(8) 操作方便，而且可以按照各个报社的文化背景，量身制作外观页面。

(9) 价格优惠，比同行业更实惠。

七、博客

博客，又译为网络日志、部落格或部落阁等，是一种通常由个人管理、不定期张贴新的文章的网站，同时也是一种传播个人思想、带有知识集合链接的出版方式。

博客上的文章通常根据张贴时间，以倒序方式由新到旧排列。许多博客专注在特定的课题上提供评论或新闻，其他则被作为比较个人的日记。一个典型的博客结合了文字、图像、其他博客或网站的链接及其他与主题相关的媒体，能够让读者以互动的方式留下意见，是许多博客的重要要素。大部分的博客内容以文字为主，但有一些博客专注在艺术、摄影、视频、音乐、播客等各种主题。博客是社会媒体网络的一部分，比较著名的有新浪、网易、搜狐等博客。

八、在线音乐、手机出版物

彩信、彩铃、手机报纸、手机期刊、手机小说、手机游戏等均属于这种类型，深得网民的爱戴。由于目前手机的处理速度及存储空间的扩大，在线音乐的欣赏以及手机出版物的消费都成为了一种时尚，同时也在很大程度上成为了出版产业的快速利润增长点，其特点是消费形式灵活多样、阅读格式可以根据不同手机系统需要进行转换等。

九、网络游戏、网络动漫

网络游戏：英文名称为Online Game，又称"在线游戏"，简称"网游"，指以互联网为传输媒介，以游戏运营商服务器和用户计算机为处理终端，以游戏客户端软件为信息交互窗口的旨在实现娱乐、休闲、交流和取得虚拟成就的具有可持续性的个体性多人在线游戏。

而网络动漫（ONA），全称"Original Net Anime"，直译为"原创网络动画"，又简称为"网络动画"（web动画），指的是以通过互联网作为最初或主要发行渠道的动画作品。随着20世纪末至21世纪初互联网多媒体技术的不断发展，ONA作为一种娱乐需求开始在互联网崭露头角。相比起传统的电视动画和原创动画录像带（Original Video Animation，OVA），ONA通常具有成本低廉、收看免费、带有实验性质等特点。

十、互联网广告

互联网广告就是在网络上做的广告。利用网站上的广告横幅、文本链接、多媒体的方法，在互联网刊登或发布广告，通过网络传递到互联网用户的一种高科技广告运作方式。与传统的四大传播媒体（报纸、杂志、电视、广播）广告及备受垂青的户外广告相比，互联网广告具有得天独厚的优势，是实施现代营销媒体战略的重要部分。网联网是一个全新的广告媒体，速度最快效果很理想，是中小企业扩展壮大的较好途径，对于广泛开展国际业务的公司更是如此。

从广告形式上来看，互联网广告可以分为：搜索广告、展示类广告、分类广告、引导广告、电子邮件广告五大类。

而从表现形式上看，互联网广告可以分为以下几种：

（1）网幅广告（包含Banner、Button、通栏、竖边、巨幅等）。网幅广告是以GIF、JPG、Flash等格式建立的图象文件，定位在网页中大多用来表现广告内容，同时还可使用Java等语言使其产生交互性，用Shockwave等插件工具增强表现力。

(2) 文本链接广告。文本链接广告是以一排文字作为一个广告，点击可以进入相应的广告页面。这是一种对浏览者干扰最少，但却较为有效果的网络广告形式。有时候，最简单的广告形式效果却最好。

(3) 电子邮件广告。电子邮件广告具有针对性强（除非你肆意滥发）、费用低廉的特点，且广告内容不受限制。特别是针对性强的特点，它可以针对具体某一个人发送特定的广告，为其他网上广告方式所不及。

(4) 赞助。赞助式广告多种多样，比传统的网络广告给予广告主更多的选择。

(5) 与传播内容相结合的广告。广告与传播内容的结合可以说是赞助式广告的一种，从表面上看它们更像网页上的内容而并非广告。在传统的印刷媒体上，这类广告都会有明显的标示，指出这是广告，而在网页上通常没有清楚的界限。

(6) 插播式广告（弹出式广告）。访客在请求登录网页时强制插入一个广告页面或弹出广告窗口。它们有点类似电视广告，都是打断正常节目的播放，强迫观看。插播式广告有各种尺寸，有全屏的也有小窗口的，而且互动的程度也不同，从静态的到全部动态的都有。浏览者可以通过关闭窗口不看广告（电视广告是无法做到的），但是它们的出现没有任何征兆，而且肯定会被浏览者看到。

(7) RichMedia。一般指使用浏览器插件或其他脚本语言、Java语言等编写的具有复杂视觉效果和交互功能的网络广告。这些效果的使用是否有效，一方面取决于站点的服务器端设置，另一方面取决于访问者浏览器是否能查看。一般来说，RichMedia能表现更多、更精彩的广告内容。

(8) 其他新型广告。视频广告、路演广告、巨幅连播广告、翻页广告、祝贺广告、论坛版块儿广告等。

(9) 电子邮件营销（Email Direct Marketing，简称EDM）直投。通过EDMSOFT、EDMSYS向目标客户，定向投放对方感兴趣或者是需要的广告及促销内容，以及派发礼品、调查问卷，并及时获得目标客户的反馈信息。

(10) 定向广告。可按照人口统计特征，针对指定年龄、性别、浏览习惯等的受众，投放广告，为客户找到精确的受众群。

第五节　出版企业经营与管理的含义与基本内容

一、出版企业经营与管理的一般含义

出版企业的经营与管理是指对企业整个出版物的生产、营销活动进行决策、计划、组织、控制、协调，并对出版企业的工作人员进行激励，以实现其任务和目标的一系列工作的总称。其基本的任务就是要合理地组织出版方面的生产力，使出版产业链各个环节相互衔接，密切配合，人员、资产、物质等各种要素合理结合，充分利用，以尽量少的出版劳动消耗，生产出更多的符合社会需要的精神文化产品。

二、出版企业经营与管理的基本内容

1. 合理确定出版企业的经营形式和管理体制，设置管理机构，配备管理人员

出版企业的经营形式，因出版产品各具特色，所以不同的出版企业其经营形式有所区别。总体上，出版产品可以分为大众出版物、教育出版物和专业出版物，分别满足民众的娱乐、知识和信息需求。对于以生产大众出版物为主的出版单位而言，其经营的形式和管理的体制应完全按照其他企业标准实行，因为这类出版单位已经是完全的市场经营主体，其出版产品的生产、定价、销售都在按照市场规律进行，由于所生产的出版产品具有非生活必需品的性质和较大的差异性，所以其经营管理更需要有适应市场变化的速度和敏感度；而对于以生产教育出版物和专业出版物为主的出版单位而言，其经营管理则具有一定的特殊性，因为这部分单位既不同于具有一定执法职能的行政类事业单位，也不同于完全依赖财政拨款的文化事业单位，它属于国家主办，但是主要通过政策扶持以及项目补贴、政府采购，以及出版单位自收自支、自主经营的"文化事业单位"。这类单位

在经营管理时，则更注重其文化效益而非经济效益，所以经营管理的重点在于出版物的制作、生产以及财务管理。

2. 搞好市场调查，掌握经济信息，进行经营预测和经营决策，确定经营方针、经营目标和生产结构

出版企业在产品开发前，必须做好市场调查。调查既包括宏观方面的环境因素调查，也包含微观方面的竞争因素调查与生产成本因素调查。只有在充分了解国家所给予的政策扶持、经济发展导向、文化发展方向、目标受众收入、地区分布以及出版新科技的前提下，出版企业才能做出合理的经营预测，并根据预测结果，做出产品经营决策、市场开发决策和价值链拓展决策。例如：出版企业可以根据自身综合的情况决定自己可以采用抢先型产品经营策略、紧跟型产品经营策略、优势产品型经营策略、最低成本型经营策略还是服务型经营策略。并根据预测结果，做出产品经营决策、市场开发决策和价值链拓展决策。当然，在经营管理决策的制定过程中，必须把握出版企业的经营方针和目标，合理设置自身的生产结构，以发挥企业自身的最大效能。

3. 编制经营计划，签订经济合同

在出版企业的实际运营活动开展之前，必须有经营计划制订的过程。该计划从时间上来分，可以有短期经营计划（3~6个月）、中期经营计划（1~2年）和长期经营计划（5年）。计划可以是针对战略制定的，也可以是针对某一时期特殊环境的策略性计划，还可以是就某一选题而言的作业性计划。无论是哪一种经营计划，其制订过程中必须遵循一定原则，首先遵循全面性的原则，计划中应包含企业经营工作中的重点、任务和预期成果，企业为实现经营目标而应该采用的主要经营方法、工作部署情况和资源配置情况，在工作中应该遵循的政策和指导性原则，工作中的财务预算以及工作程序等，其次应当遵循灵活性原则，企业的经营计划要跟随环境因素变化而变化，不可僵化、呆板，在经营计划的制订过程中，应留有变化的空间，给企业活动以一定灵活安排的余地，在计划执行过程中，要不断将计划与环境变化进行对比，及时作出修订，保证计划的适用性，最后要注意经营计划制订的连续性问题，品牌的建设是出版企业经营管理中的

重中之重，然而树立一个优质的品牌形象，不可能单单靠打造一本畅销书就能够完成，它需要一个长期的连续的建设过程，因此在长、中、短期计划制定时，应考虑它们三者之间的连续性问题，尽量使它们前后衔接、相互照应。

4. 建立、健全经济责任制和各种管理制度

无论是在经营性文化出版单位中还是在公益性文化出版单位中，管理制度的建设以及完善是必不可少的工作，其中包括人事管理、财务管理、生产管理、成本管理、项目管理、营销管理、市场管理等多项管理内容，这些工作只有在明确的管理制度引导下，才能顺利地进行，出版单位的秩序才能井井有条。此外，在市场环境中，出版单位的经济责任制建设也是必不可少的。对于公益性出版单位而言，国家规定其盈利收入不得以福利形式发放给员工，而应该投入到再生产活动中去；对于经营性出版单位而言，其盈利收入是维持出版企业自身正常运转和开展进一步工作的基础，因此，如何降低成本、提高利润值、扩大收入总量是任何一种出版单位都应该考虑的问题，如何做到这一点，各出版单位应该建立、健全自身的经济责任制，保证每一位员工都能够参与其中，为机构效益做出贡献，并承担责任。

5. 搞好劳动力资源的利用和管理，做好思想政治工作

出版企业的员工，平均学历水平都比较高，如何充分利用每一位员工的显性知识及隐性知识为出版企业自身的盈利贡献力量，是出版企业经营与管理的一个重要研究课题。因此，应该对出版企业的所有劳动力资源采用知识管理的方式，利用多种社交平台，创造更宽松的交流环境，促使员工们将隐性知识共享给机构团体，并利用多样化的激励措施，使这种隐性到显性的转化形成常态，从而整体上，稳步提高出版机构劳动力资源的利用率。此外，要重视劳动力资源的继续教育，定期为员工们提供对外交流的学习机会，或聘请优秀的专家学者及技术人员为企业内部员工提供最新的出版行业信息及知识。其目的是保证企业内部员工的知识更新，使这个需要创新力量的团队不断有新的创意涌现。

6. 加强土地与其他自然资源的开发、利用和管理

出版企业之间在以地域区划为基础联合共建集团公司，并积极筹备上市或已经上市，在这种条件下，融资后的巨大资金，将不仅仅用于生产图书产品本身，与其相关的文化地产投资越来越受到重视。其高收益的同时也会因为政策的导向而具有一定的高风险特征，因此，如何有效管理出版企业拥有的土地及其他自然资源，变得至关重要，也必将成为管理的一个新方向。在这些资源的管理方面，出版企业需要引进的不仅仅是熟悉出版业务的管理人员，他们同时还需要熟知国家对于投资管控等方面的法规政策及限制，更重要的是他们要对金融投资方面有自己成熟的见解和准确的判断力，以上这三方面技能于一身的管理人才是目前大型出版集团迫切需要的。

7. 搞好机器设备管理、物资管理、生产管理、技术管理和质量管理

无论出版企业从事多么广泛的文化相关业态，其根本在于文化产品的生产及其相关管理。图书、期刊、报纸、数字出版物等产品形态的开发不可能一劳永逸，每一个新的出版物项目都需要投入新的物力、人力、财力，它们的质量是否过关与出版企业的利润直接相连，因此，有限监管与控制出版项目的开发，需要从设备、物资、技术、生产、质量等多个角度进行。也就是说在出版企业目标确定之后，就要从全局出发设计与开发各个出版产品线上的项目开发，资金、团队、生产、质量控制等方面都统一管理、调配，从而生产出精品力作，树立出版企业品牌，并传播其文化理念，使读者能形成消费黏性，有自己的图书消费品牌忠诚度。

8. 合理组织产品销售，搞好销售管理

"酒香不怕巷子深"似乎已不再适应这个时代的需要，因为，读者在市场中能看到的"好酒"已经远远超出了他们的消费需求，如何在买方市场中，准确营销自身的出版产品，成为了所有出版企业思考的重要话题，因此，搞好销售策划及实施管理成为了出版企业管理必不可少的一个环节。在销售管理中，出版企业需要合理选择与调控各种类型的渠道和各个销售商之间的关系，使他们能在出版物的不同生命周期阶段，形成配合的局面，共同完成出版物的宣传推广以及销售。

9. 加强财务管理和成本管理，处理好收益和利润的分配

在财务管理以及成本管理方面，出版企业基本上已经有了一套成熟的运作体系，从选题策划之初，便需要测算预估基本的成本投入和回报率，并在出版产品的生产制作过程中，随时根据市场需求情况调整成本投入，其中的监管当然不可或缺，而同时，出版企业也会根据投入情况以及出版产品的可开发性，拓展其获取多种收益的可能性，例如附属权买卖、销售渠道的拓展、出版物周边产品的开发等。除此之外，在整个出版产业链上的各个主体之间，也要根据项目开发的贡献比例，合理确定收益分成比例。如此，才能激发每一环节的工作动力，共同完成出版项目。尤其是数字出版产业链中的利益分配机制一直是各方争论的焦点，目前的利润收益较大比例都归属于数字平台架构方以及数字内容传输部门，而内容提供方明显处于弱势地位。因此，能否处理好收益与利润的分配将影响数字出版产业的可持续发展。

10. 全面分析评价企业生产经营的经济效益，开展企业经营诊断

在出版企业的经营计划与管理中，其经营成果的评估，往往需要通过多种方式进行评价，其指标不仅仅局限于利润值，往往还应该综合测评其销售量、增长率、市场占有率、获奖图书的比例、品牌的价值以及因为从事公益性出版项目而带来的关注度等。在分析评价的过程中，不仅要看到成绩，同时也应重点分析其中存在的经营管理问题，从而为下一次开发同类出版产品积累经验。此处，还要注意出版企业的经营诊断不仅仅应只在完成销售阶段，还应在出版项目的运作阶段实时进行，一旦在某一阶段企业经营的实际情况与计划目标之间出现偏差，则出版企业应采取一定措施进行纠正，以确保企业经营目标的实现和企业经营活动的正常运行。

第二章
我国出版产业发展历程和现状

从改革开放至今，我国出版产业的发展中出现了几个明显的阶段，其标志性的关键词可以概括为：定价体制的改革、兼并重组、改制与上市、出版物新形态的兴起、出版法律环境的不断完善、中国的出版物走向世界、出版转型等。以下将从出版的内、外环境两方面论述我国出版产业的发展历程。

第一节 我国出版产业的发展阶段

参考陈昕老师在《中国出版产业论稿》一书中的分析，并结合其他参考资料，笔者认为可以将中国的出版产业发展阶段划分为四个阶段，详见表2-1。

表2-1 我国出版产业的发展阶段分析

序号	阶段	时间段	该阶段的特征
1	快速增长阶段	1978—1985年	市场需求呈现过饱和状态，供不应求，典型的卖方市场，出版单位数量从82家猛增到500家，纸张供应能力不断增强，基本能满足出版需求，印刷能力由于设备的更新和印刷厂的增加而得到了明显的增强。
2	经济效益徘徊阶段	1986—1994年	单品种图书平均印数下降，库存量增加，订购量明显不足。综合而言，需求量下降（人均实际收入水平下降），而供给量却不断扩大。供给的过剩使卖方市场转变成了买方市场。市场的地方保护色彩浓厚，计划经济的运行体质与出版产业的市场化产生了矛盾，因此，价格的上扬进一步遏制了需求的增长。

续表

序号	阶段	时间段	该阶段的特征
3	品种、效益增长阶段	1995—2000年	产业规模进一步扩大，国有出版机构、民营出版公司，各种形式的印刷企业纷纷进入市场，展开竞争，图书的品种和效益都有了明显增长，图书质量（内容、形式）有了很大提高，且图书定价管制的放松，使图书生产开始遵循市场规律，出版单位的自主经营权利范围扩大。国民经济水平的提高也进一步拓展了图书消费的空间。
4	多样化发展阶段	2001年至今	2001年，中国加入世贸组织，多项出版领域的改革逐步开展，集团化、数字化、兼并重组、改制、上市，出版业的公共文化服务项目接连推出（农家书屋、东风工程……），出版物产品形式推陈出新，技术更迭，载体形式多种多样，手机出版物的市场份额逐渐加大，云出版的平台，丰富了出版机构的数字出版物生产选择，方便了用户的购买。此外，代表性的中国图书对外推广计划逐渐在实施，一系列的经典之作在世界范围内推广，中国文化的影响力在逐渐增强。

表2-2　图书出版总量规模对比表

年份	品种（种）	总印数（亿册、张）	总印张（亿印张）
1978	14987	37.74	135.43
1985	45603	66.73	282.75
1986	51789	52.03	220.31
1994	103836	60.08	297.16
1995	101381	63.22	316.78
2000	143376	62.74	376.21
2001	154526	63.10	406.08
2013	444400	83.10	712.58

表2-3　图书出版总量增速对比表

阶段	品种增长率	总印数增长率	总印张增长率
1978—1985	204.3%	76.8%	108.8%
1986—1994	100.5%	15.5%	34.9%
1995—2000	41.4%	-0.8%	18.8%
2001—2013	187.6%	31.7%	75.5%

一、中国图书出版产业的快速增长阶段：1978—1985年

从表2-2及表2-3中可知，1978—1985年期间，图书出版的品种数量翻了两倍有余，而总印张数也翻了一倍有余，如此之高的增长率源于对文化禁锢的解除。原有的出书品种按照品种数量降序排列分别为毛泽东著作、图片、中小学课本、政治读物、文艺读物和科技读物，其中后两种图书品种出书比重仅为24.9%左右。人民群众的社会文化阅读需求与可供图书品种之间有着巨大的鸿沟，为了解决人们的文化饥渴问题，1978年之后，部分中央出版社及省市出版社陆续增加了对文学名著的出版以及一些法律类书籍和实用技术类书籍的出版，这些书籍的发行量基本上都在几十万册。这一阶段图书出版规模快速扩大的另外一个原因是国家对于出版事业的扶持力度加大，首先，出版社的总量激增至500家；其次，纸张生产能力的提高有效地解决了出版用纸短缺的问题；最后，我国的印刷生产能力也因为技术的提高和设备的更新而得到较大程度地提升。

二、中国图书出版产业的经济效益徘徊阶段：1986—1994年

1986—1994年，品种增长率、总印数增长率及总印张增长率相较于1978—1985年的下降幅度很大，如表2-3所示。图书出版产业的增长速度明显放缓，可以从多个维度进行分析。在分析之前，应明确影响一个产业发展的要素分别是：生产者的生产能力、生产要素的成本、产品的价格、消费者的范围、数量及消费水平（即收入）、销售渠道的成本、供求关系等。

第一，生产者数量在500家出版社的基础上又增加了几十家，生产能力也因为纸张供应量的充足和印刷能力的提升而得到了显著提高，各省的图书发行部门的库存量都在增加，所以，市场上的供应能力是很充足的，甚至是过剩的。第二，生产要素成本方面，因为大幅度进口纸张，所以生产成本在一定程度上有所上涨。另外，由于单本印量的下降以及进口印刷设备的引进，所以单位成本上升。第三，图书产品价格的国家管制政策放松，出版单位不再局限于按品种印张数的计划经济规则进行定价，更多的

出版社开始按照市场竞争规律和图书需求状况进行定价,为了获取更多利润,弥补出版费用的不足,图书产品价格上涨明显。第四,在消费者需求方面,相对于上一阶段的文化饥渴现象,居民的文化消费更趋于理性化,需求的差异性特征越来越明显,因此,单品的印量也就相应地降低了很多,出版方能够从单品中获取的利润空间越来越小。此外,消费者的平均收入水平因为通货膨胀而降低,尤其是知识分子阶层的相对收入降低,导致了图书产品的需求量下降,尤其表现在学术类图书方面。第五,销售渠道方面,新华书店在该阶段内仍是主体,但其销售册数自1986年开始便不断下降,渠道运营成本只能从销售的图书利润中扣除,无形中为了弥补各方成本的增加,图书价格只能进一步上涨。第六,最后,从供求关系上看,这一阶段的需求基本上已经由于收入问题、差异化需求问题、阅读人群总量降低问题以及价格攀升的抑制需求问题而不断下降。相反,供给能力却因为出版能力的增强、印刷保障力的提高和纸张供应的充足而不断扩大。所以,综合而言,在这一阶段市场上呈现"供过于求"的状态。可以认为该阶段的市场已经由上一阶段的卖方市场转变成了买方市场。

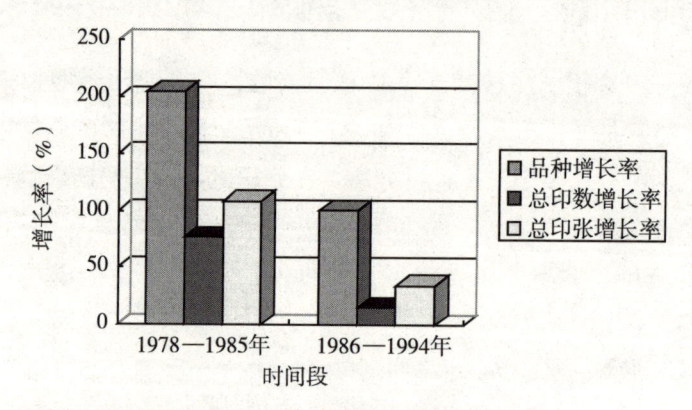

图2-1 图书出版规模的增长率对比示意图

三、中国图书出版产业的品种、效益增长阶段:1995—2000年

如表2-2所示,1995—2000年期间,图书出版品种有了稳步的增加,说明这一阶段各个出版机构都已经意识到了读者的差异性需求,开始注重细分市场的重要性,并着力满足多样化的、个性化的、区域化的图书产品

需求。从图书产品的经营方面来看，各个竞争主体也开始转变图书产品的营销观念，从以生产为中心，逐渐转变成为了以消费者需求为中心，不仅图书的内容范围更加扩大化，出现了一些大型的出版工程、文化经典著作，而且图书的形式上在从纸张、装帧设计以及印刷装订等方面体现了出版产品的丰富性。

这一阶段的出版产业呈现品种、效益的增长态势，主要是由三个因素推动而成。

第一，国民经济水平迅速上升，改革开放的成果表现非常明显，部分城市的发达程度迅速提高，收入水平不断攀升，教育的普及率进一步扩大，尤其是高等教育的需求量在迅猛增加，中小学教材及教辅的需求情况也十分明显，对于经济类书籍、技术类书籍以及休闲娱乐类的书籍需求强度更是明显。

第二，经济体制改革不断推进，出版单位的性质在逐渐变化，很多原来的国有出版单位在逐步适应市场经济的竞争环境，私营的文化出版工作室也不断涌现，竞争主体的增加进一步丰富了出版产品的品种。

第三，图书定价制度的进一步改革，促使了更多的出版企业开始以成本为基础，以需求为导向，以利润为目标，以突出品牌价值为核心，自主决定图书价格，因此，出现了印量大、需求多，但价格低、销量好的低价书，以及印数有限、学术价值高，但价格也高的学术用书。同时，市场上的高端礼品书、精装收藏书也越来越多。各种规模的出版机构都可以根据自身优势，定位市场经营战略，选择适合的目标市场，投放出版产品，从而获取更多利润。

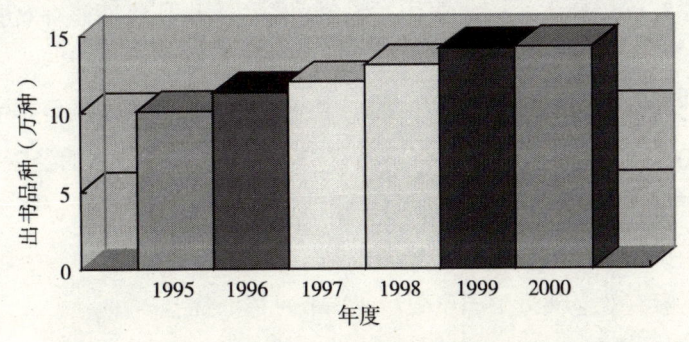

图2-2　1995—2000年期间的图书品种增长情况一览图

四、中国出版产业的多样化发展阶段：2001—2013年

2001年，中国加入世界贸易组织（World Trade Organization，WTO），中国出版产业也因为加入了国际竞争的环境，而开始加速改革。这13年间中国的出版数量猛增，图书品种和电子出版物品种增长迅速，在总量而言，中国已经成为出版强国，详见表2-4。然而，从经济效益总量和整体规模来看，中国的出版产业还需要做大主体、做强主业。这一阶段，中国出版业为了应对入世之后的挑战，采取了多种改革措施，详述如下。

表2-4 中国出版产业2000年与2013年的产业数据对比表

出版物	品种（种）		总印数（亿册）	
	2000年	2013年	2000年	2013年
图书	143376	444400	62.74	83.10
期刊	8725	9877	29.42	32.72
报纸	2007	1915	329.29	482.41
音像制品	17648	16972	2.03	4.06
电子出版物	2254	11708	0.399	3.52

1. 兼并重组、改制与上市

自1999年开始，中国就开始组建出版集团，随着新闻出版事业的融合，更多的跨区域、跨媒介形式、跨所有制、跨行业的出版传媒集团不断涌现，如湖北的长江出版集团、北京凤凰联动文化传媒有限公司。为了解决融资问题，很多出版集团、发行集团纷纷上市，如辽宁出版传媒股份有限公司、江苏凤凰出版传媒集团有限公司等。上市不仅能够有效解决资金问题，而且可以通过规范化、科学化的管理，提升中国出版产业的国际化水平。此外，到2010年底，全国的出版社也基本上完成了从事业单位到企业单位的改制工作，转企改制使中国的出版产业有了更多的经营自主权，能够在市场范围内，根据市场需求的调控，定位生产策略、价格策略、渠道策略、促销策略和国际市场经营策略。这种改制激发了中国出版产业的活性，能够有效地促进中国出版产业构成主体的优胜劣汰。

2. 进一步健全出版法律、法规，加大管理力度，加强公共文化服务力度

在这一阶段内，对《中华人民共和国著作权法》进行了修改，对《出版管理条例》《音像制品管理条例》《印刷业管理条例》做了修订，颁布了《出版物市场管理规定》《期刊出版管理规定》《报纸出版管理规定》《电子出版物出版管理规定》《音像制品制作管理规定》《图书出版管理规定》，公布了《关于办理侵犯知识产权刑事案件具体应用法律若干问题的解释》，统一了定刑量罪的标准，大幅降低了制裁侵权盗版的门槛，而且还实施了《信息网络传播权保护条例》，与英美签署了《关于建立网络版权保护协作机制的备忘录》，而《世界知识产权组织版权条约》和《世界知识产权组织表演和录音制品条约》也在我国开始正式生效，以上一系列的措施为中国的版权保护提供了良好的法律环境。为了提高自身的公共文化服务能力，新闻出版业在这一阶段还发起了多个公共文化服务项目，如"农家书屋"工程、"三个一百"原创图书工程，"东风工程"等，这些服务项目，有效地丰富了农民的业余生活，普及了农村的科学文化知识，鼓励了更多出版社多出原创性精品力作，提高竞争力，遏制跟风现象和缓解库存积压严重的问题，而且还充分满足了少数民族地区人民对于本土语言文字作品的需求。

3. 帮助中国出版走向世界

为了帮助更多优秀的中国作品走向世界市场，中国政府于2005年实施了"中国图书对外推广计划"，对购买或获赠中国出版机构版权进行出版的国外机构提供翻译费的资助，并通过北京国际图书博览会积极向其他国际出版机构，推广、宣传、介绍中国的优秀出版物，内容涵盖中国的政治、历史、经济、文化等领域。2007年，还建立了"中国图书对外推广网"，新闻出版总署（现国家新闻出版广电总局）对列入"中国图书对外推广计划"或实施"走出去"战略的出版项目所需书号不限量，支持重点出版企业申办出口权、支持出版单位创办外向型外语期刊等优惠政策。2009年，又实施了"中国文化著作翻译出版工程"，到目前为止，已形成了"经典中国"国际出版工程、中外图书互译计划、中国音像制品"走出去"工程、中国图书对外推广计划四大工程。

第二节　我国出版产业发展现状

我国出版产业的发展现状可以从宏观环境以及微观环境对其影响的角度进行分析，并通过态势分析法（Strengths Weakness Opportunity Threats，SWOT）加以展示，具体论述如下。

一、我国出版产业发展优势

1. 法律环境的逐渐优化保障了出版产业的发展

2000年之后，我国陆续修订了一系列与出版相关的法律、法规，并出版实施了一部分适应新的出版环境需求的管理条例。例如：《出版管理条例》《印刷业管理条例》《音响制品管理条例》《出版物市场管理规定》《报纸出版管理规定》《期刊出版管理规定》《电子出版物出版管理规定》《音像制品制作管理规定》《图书出版管理规定》《信息网络传播权保护条例》等。各种法律、法规的完善进一步优化了出版产业环境，使出版工作有法可依、有章可循。

2. 经济方面的支撑促进了出版产业的拓展

一方面，人民群众的整体收入水平提高了，可用于购买文化产品的消费支出比例在逐渐上升，且由于个人收入的上涨，电脑、手机以及其他移动阅读终端设备的普及率越来越高，这就为出版物传播途径的拓宽提供了必要的基础，且随着国家经济政策的扶持，更多的中小型图书出版公司得以扩大和发展，它们在一定程度上扩展了出版产业的规模，而且上市融资的便利经济环境也促使一些大型出版集团进行股份制改造，使它们可以借助更多资金，开展范围更广的文化经营活动，开发影响力更大的出版项目。

3. 政府推出的多种政策促使出版物发行稳定增长

（1）各级政府越来越重视全民阅读工作，国家加大公共文化投入，农家书屋工程、中小学图书馆改造提升、公共图书馆扩建等大型项目对市场有明显的拉动作用。

（2）社会读书氛围和人民群众读书习惯在逐步形成和培育中，由于深度阅读需要，人民群众的购书热情不断上升。

（3）发行单位围绕读者需求，探索新的发展模式。

（4）图书批发和零售环节免税政策、实体书店扶持政策等为发行业发展营造了更为有利的政策环境。

（5）出版物市场进一步净化。

二、我国出版产业发展劣势

学术出版是重要的出版类型，它满足了社会对创新知识的极大需求，发挥着传承人类文明的重要作用。中国学术出版具有规模巨大、学术出版工程迭出、学术译著出版长盛不衰、中外学术互动、出版合作日趋密切等发展优势。但同时，中国的学术出版也受到了投入产出严重不成比例、数量与质量的发展严重不平衡、专业化水平低、学术出版规范严重缺失、学术评价体系紊乱等因素的制约。如何打破这些制约，使中国的学术出版物具有国际话语权，使中国的学术出版产业繁荣发展，是当前出版业亟需解决的问题。

此外，市场规范化程度不高也是我国出版产业发展的一项劣势，具体表现为市场上的折扣战、伪书、高定价低折扣、盗版书等现象。无处不在的新书折扣、买书送券、节日打折，严重影响了读者们的消费观念，使他们有了一种"书不打折不正常"的观点，而某些书确实也存在价格虚高的现象。盗版书猖獗，不仅充斥于大街小巷，更演变成通过网络销售平台，实现利润快速获取的一种怪异的经济体。

在转型过程中，传统出版单位现有体制仍旧缺乏容错机制和纠错机制，在资金投入、人才引进培养、内部生产流程改造、技术能力、软硬件升级、标准等方面都存在一定程度的问题。在如何继续推进改革创新方面，各家出版集团、发行集团也有很多困惑，例如：如何提升转型传统主业？如何实现资本市场、实体经济的两轮驱动？怎样利用上市融资的资本，逐步打造文化消费、教育服务、现代物流、综合商贸、文化地产等产业集群？这些问题都是摆在中国出版产业面前的重要议题，方向是否正确、策略是否得当，改革之后未来的效果如何都还是未知数。

三、我国出版产业发展的机会

1. 文化导向引领了国民阅读的趋势

在近几年里，国民阅读的文化导向性非常明显，例如：国学类作品、历史解读类作品、中医养生类作品、儿童文学类作品、家庭教育类作品等。在中国梦的引领下，中国的新闻出版类公共文化服务项目越来越多，更多的人群可以参与到阅读活动中来，国民的整体阅读水平及阅读量有了大幅度提高，通过阅读，他们了解了更多知识、获得了休闲娱乐的体验，而同时，新闻出版业也得以把握方向，出版国民喜闻乐见的作品。

2. 科技发展提高了出版产业的劳动生产率

按需打印（Print on Demand，POD）技术的发展、3D打印技术的引入、云出版平台的服务都为提高出版产业的劳动生产率提供了技术支持。通过这些技术，出版企业不但可以节约成本、提高效率，而且还可以提高客户的满意度。以云技术为例，它还可以有效对接出版机构和图书馆用户，使销售变得更轻松、快捷。实际上"云出版"就是要在统一的平台上，聚合多地出版机构形成出版云，集合原创在线出版与传统出版等多种形式的资源形成内容云，提供技术支持和工作系统，帮助用户完成电子商务全流程，从而形成技术云，面向店面、通信、互联网、无线、图书馆等多种发行渠道，形成渠道云，兼容网络、阅读器、手机等不同终端，形成产品云。通过五种云的分工协作，达成产品链的畅通无阻。

3. 产业内外的融合可以推动出版产业的可持续发展

目前，中国的出版产业意识到了行业整合的大趋势，因此，正在逐步加强自身融合发展的理念。其融合发展既包括新闻出版业与技术、金融的融合，也包括与影视、娱乐、旅游、体育、信息等相关产业融合，甚至包括与高端制造业、其他服务业的融合，这种融合意味着要进一步深化出版发行体制改革，通过混合所有制、特殊管理股、股份制、制作与出版分开等制度设计，加大非公资本进入出版发行领域的力度，为出版发行企业增添新的活力，为产业发展注入新的动力。这种融合将能够使资源效益最大化，推动中国出版产业可持续发展下去。

四、我国出版产业发展的威胁

出版产业中实体书店面临的威胁最大。进入移动互联时代，实体书店的营销环境发生了巨大的改变：首先，宏观环境因素中的人口、科技以及经济因素的变化都对实体书店的经营产生了正反两方面的影响，首先，公民教育水平的提高扩大了图书产品的需求容量，科技进步方便了书店的各项业务管理，国民收入水平的提升加大了图书消费的比例；其次，公民的消费多样性、层次性进一步增强，移动阅读趋势以及网上消费倾向更加明显，图书价格战不断升级，实体书店的经营成本攀升，利润空间在不断缩小。最后，微观环境因素中的竞争关系也变得更加复杂，不但有实体书店之间的竞争压力，竞争环境中还加入了网上书店和通信运营商两大主体。这种经营环境的变化在不断加速，给实体书店带来的威胁也越来越大，所有的威胁都在推动着实体书店不断改革，并必须思考自身新的营销定位组合。

第三章
出版产业的创办

第一节　图书出版企业的创办

我国目前以及相当长的一个时期内，图书出版业都将有两种模式或体制的主体存在。一种主体的模式是国有出版集团（有限责任公司）及下属的国有出版机构，是国家正式审批通过的、具有出版权的法定出版单位，它的资本主体是国有的、经营管理主体是代表国家利益的法人机构。国有出版机构一旦被审批创立，年检合格，便拥有了出版权。另一个出版主体的模式是民营出版公司，一般以文化工作室、文化公司的名义存在。它的资本主体是民间资本，经营管理主体是公司董事会授权的经理人或法人，代表的是各董事成员的利益。民营出版机构目前尚不拥有法定的出版权，但可以通过正当的手续注册经营[1]，以合法合适的方式与国有出版企业合作，参与图书策划、出版运营。到2012年，全国先后组建了120多家各类出版传媒集团，国有图书出版社（公司）有580家，大小民营出版公司（文化工作室）有一万多家，形成了以国有出版为主，民营出版作为重要补充的出版业格局。

---

[1] 参见：2009年中共中央宣传部、国家新闻出版总署联合发布的《关于进一步推进新闻出版体制改革的指导意见》。

一、国有出版企业的创办

目前，我国多数国有出版企业是从原有国家出版事业单位转制而来。这些原有的国家出版事业单位少数是建国前的出版企业通过社会主义改造而来，如商务印书馆、中华书局等；多数是中华人民共和国成立后建立的出版事业单位，也有一些出版社是改革开放后通过审批成立的，如大连出版社、青岛出版社、哈尔滨出版社等城市出版机构，是20世纪80年代建立的出版事业机构。而21世纪审批成立的出版社如浙江工商大学出版社、黑龙江大学出版社等，自建社始就是企业制管理，而非原有的事业单位性质。从国有出版企业数量变化情况看，申办国有出版社需要经过严格的申报、审查和批准的程序。

1.申办条件

根据国务院颁布的《出版管理条例》❶，申办国有出版社应具备以下条件：

（1）有拟开办出版社的名称；

（2）有拟开办出版社的章程；

（3）有符合国务院出版行政部门认定的主办单位及主管机关，如黑龙江大学出版社的主办单位是黑龙江大学，主管机关是黑龙江省委宣传部；

（4）有拟办出版社的确切的业务范围；

（5）有30万元以上的注册资金和固定的工作场所；

（6）有适应业务范围所需的组织机构和符合国家规定的资格条件的编辑专业人员；

（7）法律、行政法规规定的其他条件，以及符合国家关于出版单位总量、结构、布局的规划。

2.申请手续

（1）具备上述各项条件并形成书面文字材料；

（2）由主办单位向所在地（省、自治区、直辖市、计划单列市）人民政府行政管理部门提出申请。申请的内容及证明材料包括：

---

❶ 2011年3月19日重新修订版。

第一，出版单位的名称、地址；

第二，出版单位的主办单位及主管机关的名称、地址；

第三，出版单位法定代表人或者主要负责人的姓名、住址、资格证明文件；

第四，出版单位的资金来源及数额，注册资金证明材料。

（3）所在地行政管理部门审批同意后报国务院行政管理部门在90个工作日内审批完成，由省级部门书面通知是否通过审批，准许开办的结果。

（4）通过审批准许开办出版社的主办单位向所在地人民政府出版行政部门登记领取《出版许可证》（收到批准决定之日60日内）。《图书出版许可证》每两年（单数年）年检登记，有效期8年。

须要强调的是，我国国有出版企业的创立工作在计划经济时代已经基本完成，国有出版企业的数量、规模、结构和布局趋于稳定，因此，在目前情况下，想创办一家新的国有出版企业并非易事。随着文化体制改革的不断深入和发展，国有出版企业的准入制度和退出机制的完善，这一状况或可有所改变。

二、民营出版企业的创办

（一）民营出版业的发展历程

我国民营出版业的发展经历了一个复杂曲折的历程。了解民营出版业发展复杂曲折的历史，可以为我们正确、顺利地进入民营出版领域打下基础。大致看，我国民营出版业经历了以下几个发展历程。

1. 地下非法萌芽阶段（20世纪80年代至90年代后期）

20世纪80年代，在图书出版界销声匿迹近40年的民营出版开始了地下的萌芽，虽然这种萌芽被赋予或本身就带有非法的色彩。这个时期的民营出版萌芽于三颗种子：

第一颗种子，某些学术科研部门自筹资金的出版者。20世纪80年代，思想解放的浪潮席卷中国。一些具有责任感和开创精神的知识分子及学术科研机构致力于非功利性的科学研究及科研成果的出版活动。由于科研机构及个人没有合法的出版权，于是他们便开始自筹资金与出版社合作，也就是当时所谓的"自费出版"或"赞助出版"。这种出版方式就是由科研人员或科研机构向出版机构缴纳一定的出版管理费用，并承担全部的出版成本，由出版社全权承担选题的申报、审读、编辑、校对、设计和印刷发行的工作。如"走向未来丛书"就是在这种运营模式下由四川人民出版社出版发行的。而这套丛书的策划团队是中国科学院青少年研究所，丛书的出版资金也是由这个团队自行承担的。这套丛书影响很大，成为80年代思想启蒙的重要读物。再如后来由三联书店出版的"现代西方学术文库"、华夏出版社出版的"21世纪丛书"、贵州人民出版社出版的"社会与人丛书"，都是这种出版方式，带有民营出版的性质。这种最初的只为让自己的科研成果面世的理想和愿望一旦实现，便为一些人开启了一扇成为出版人的窗子，这一颗民营出版的种子开始萌芽。

第二颗种子，国营书店经营者的分流人员。20世纪80年代，国有新华书店及其零售店迎来了改革的潮流，优化组合、业务承包、人员分流成为趋势，也成为现实。书店的承包组或被分流的人员承包了书店的部分经营业务，开始了自负盈亏、自主创业的人生。我国现有的民营出版公司萌芽于这颗种子的不在少数。

第三颗种子，图书的二级批发实体及民营书店。20世纪80年代初，随着文化经营领域的改革开放步伐不断加快，国家出台了一系列关于建立个体民营零售书店及集体图书二级批发机构的政策。图书的个体零售业及民营性质的二级批发业开始成为国有新华书店的必要补充，在全国范围内发展起来。在民营发行业的发展过程中，部分图书零售和从事二级批发的老板们看到出版的巨大利润，便开始了以发行为掩护的出版活动，民营出版公司的又一颗种子开始萌芽。

无论哪颗种子的萌芽，这个时期的民营出版都还处于"偷偷"生长的地下"非法"阶段。这不但因为经营者本身在事实上的确存在非法的、不规范出版活动（如盗版、非法印刷、不规范发行等），还缘于国家管理机制的僵化和管理观念的落后。如认为出版组织就应该是国家意识形态控制下的行政事业单位，而不应该也不可能是民间的、以营利为目的的任何个人和机构。因此，国家管理机构对民营资本进入出版领域，与出版社的合作、协作出版活动采取了排斥的态度，打击的手段。在20世纪90年代初，国家出台了一系列针对民营出版的限制、打击性文献，如：

1991年4月，新闻出版署发布了《关于缩小协作出版范围的规定》；1993年10月26日，中宣部、新闻出版署联合发出了《关于禁止"买卖书号"的通知》【新出联字（1993）13号】（以下简称《通知》）。《通知》中几次出现"非法出版单位""非法出版商""不法分子""买卖书号"等提法，为个体、集体的出版行为定了性，同时强调严禁出版社和这些个体、集体的非法出版商合作，严禁"买卖书号"；1993年11月26日，国家新闻出版署出台了《关于贯彻执行中宣部、新闻出版署〈关于禁止"买卖书号"的通知〉的办法》（以下简称《办法》）。《办法》中强调，除了对出版社各类图书出版进行检查，以清理是否有协作出版、买卖书号等有违《关于缩小协作出版范围的规定》和《通知》相关精神外，还对各类个体书店，集体、个体书商等通过买卖书号出版发行图书的收入进行收缴，并给予严厉处罚，情节严重的还要移送司法机关依法严处；1997年1月20日，国家新闻出版署颁发了《关于严格禁止买卖书号、刊号、版号等问题的若干规定》。规定中，称国有出版单位以外的出版者为"不法书商"，严禁出版单位向这些"不法书商"出卖书号并提供印刷、发行等相关手续。甚至要求从严格出版单位的财务管理、审计制度入手，对出版单位的出版、印刷、发行活动进行制度化的管理，杜绝出版单位和"不法书商"的合作。

应该特别说明的是，民营出版的地下萌芽阶段非法的色彩的确很浓，即便在今天看来，也不可否认这一点。因此，以上相关的"规定""通知""办法"针对性很强且富有实效，但也可从中看出，国家在特定历史时期对民营出版业的敌视态度和在管理上的过于僵化和死板。

2. 边缘地带的发展阶段（2000年至2009年）

尽管国家管理机关屡屡发出禁止买卖书号的声音，尽管几经重拳"打击"出版社与民营出版的"不法"合作，民营出版还是在隐蔽、躲藏、试探、灵活的经营中，生存到了21世纪。2001年，中国加入了WTO，虽然在《中国加入WTO议定书》中，我国政府没有承诺开放中国的出版业，但却有了允许外资通过进入中国图书零售与批发市场、网上出版和电子图书的条款。这一看似不大的改变，让中国的民营出版人看到了活下来、并扎根生长的希望。这一时期民营出版得以发展的原因有下面三个：

第一，进入21世纪，中国的政治经济体制改革取得了显著的成效，出版业的市场经济观念不断深入到每一个从业者和管理者的思想中，政府的管理方式、管理职能也不断转变，对民营出版虽然没有积极的、明确的肯定，但也少了20世纪的那种连篇累牍式的"规定"和"严禁"，这使在夹缝中求生存的民营出版得到了发展。

第二，民营书业经过十几年的发展和竞争，逐步淘汰了那些不守行业规则、竞争实力不强、文化底蕴薄弱的老"做书人"和文化工作室，同时也不断补充进来一些具有文化精神、专业素养和开拓精神的新"做书人"，给民营书业带来了新的活力和生机，促进了民营书业的发展和壮大。

第三，国有出版业的改革为民营出版的发展创造了机会。20世纪90年代末，国有出版业迎来了几十年未有的大变化，那就是由原来计划经济逐步向市场经济转化，在体制上，原来的出版事业单位逐步向事业单位企业化管理转变，最终实现全面的市场化。一大批吃"皇粮"的国有出版社变成了自主经营、自负盈亏的出版"企业"，最早被推向市场的便是省一级的文艺出版社。以往守着书稿不懂市场的编辑们吃惯了"皇粮"，一向以知识分子自居，他们羞于谈钱，不会挣钱，更看不懂市场，猛然间要面对市场经济亏盈不定的变数，难免不产生畏惧心理、恐慌心理。失去了国家的生存保障，出版社还要生存，同民营出版商合作成为一种出版方式，这就为民营出版提供了发展机会，让没有出版权的民营出版业得到了发展。

有了政策的宽松，有了国有出版社甫入市场难以适应的机会，有了一批富有学识、富有专业技能和开拓精神的新人进入并不断掌控民营出版，21世纪的头十年，中国出现了一批产值过亿的民营出版实体。如华文天下、北京磨铁图书有限公司、万榕书业、万卷出版公司、蓝狮子财经出版中心等。此外，在21世纪第一个十年建立并壮大的民营出版公司还有很多，如时代华语、环球雅思、星火、天域北斗、北京新世纪、十月文化、北京阅读纪、重庆力帆、北京读客、唐码书业等。据不完全统计，2006年，民营文化公司数量已十倍于出版社的数量，到2009年，全国民营出版公司已拥有1万家，仅北京就有5000多家。全国的国有出版社不到600家。但中国图书市场的畅销书有70%~80%来自民营，其中教辅、少儿、经营类畅销书，民营出版占50%~90%。可见，处于边缘地带的民营出版无论在机构数量和规模上，还是在营业额上都已占据了中国出版的大半壁江山。

尽管如此民营出版在21世纪的头十年得到了长足的发展，但是，业界还是习惯于把这个时期的民营出版定位为"边缘"地带，原因是：

（1）从业者的素质参差不齐。虽然有一大批精英人物在这个时期大规模加入民营出版行列，创造了中国出版的畅销书时代，但纵观民营出版的全局，多数民营出版从业者的素质还是较低。部分民营出版人甚至没有清晰的出版文化理念，投机的心态较多地表现在出版行为中。

（2）行业规模存在局限。民营出版的行业的规模大小不一，有的很有规模，组织管理规范，但多数文化公司组织形态松散，有的甚至还没有申请注册，没有营业执照。多数民营出版的文化公司采用家族式的管理模式，

（3）身份不明确。虽然这个时期民营出版的实际经营活动未受到政府太多的干预，国家对出版商和出版社的合作也不再一刀切地视为非法活动。但是，在2009年前，以文化公司为名头的民营出版还是未能得到政府相的明确认可，是否合法也还处于不确定的状态下，更没有来自于国家的政策支持。

（4）被主流出版鄙视。由于没有被纳入到国家出版行政管理的范围，而民营出版的行规仅是在十几年的发展中自发形成的，约束力不强，这就使得一些从业者缺乏遵规守法的自觉，他们的经营行为往往违规、违法，被出版业的主流所鄙。

（5）没有独立的出版权。这是民营出版发展最大的"瓶颈"。由于我国出版权只赋予国有出版业的从业机构，民营出版只有和出版社合作，才

可以发展自己的出版业务，这就使得民营出版不得不依附国有出版社而生存，尽管和出版社的合作方式丰富了很多，民营出版在与国有出版社合作关系中的被动地位越来越弱化，但是民营出版还不能完全摆脱依附的地位。

3. 从依附到补充（2009年后的民营出版）

2009年可谓民营出版的后的民营出版迎来了扬眉吐气的机会。这一年的4月，民营出版的地位和身份得到了政府的首次公开承认。中共中央宣传部、国家新闻出版总署发布了《关于进一步推进新闻出版体制改革的指导意见》，其中第14条的内容和民营出版的命运息息相关，它有这样的表述："引导非公有出版工作室健康发展，发展新兴出版生产力。"将民营出版定性为新兴出版生产力，并承认其为新闻出版产业的重要组成部分，这是国家和政府第一次给民营出版一个名正言顺的说法。接着进一步指出："鼓励和支持非公有资本以多种形式进入政策许可的领域，按照积极引导，择优整合，加强管理，规范运作的原则，将非公有出版工作室作为新闻出版产业的重要组成部分，纳入行业规划和管理，引导和规范非公有出版工作室的经营行为。""积极探索非公有出版工作室参与出版的通道问题，开展国有民营联合运作的试点工作，逐步做到在特定的出版资源配置平台上，为非公有出版工作室在图书策划、组稿、编辑等方面提供服务。鼓励国有出版企业在确保导向正确和国有资本主导地位的前提下，与非公有出版工作室进行资本、项目等多种方式的合作，为非公有出版工作室搭建发展平台。"在这个指导意见发布三个月后的2009年7月22日，国务院常务会议又通过了《文化产业振兴规划》，让之前刚刚获得肯定的民营出版业再次看到利好的前景。紧接着，一个个看得见的成效和喜人的景象逐一表现出来。

2010年，新闻出版总署和北京市政府联合设立了中国北京出版创意产业园，这标志着，民营图书企业从合法身份的解决到享受相关产业政策的落实，迈出了里程碑式的一步，"在产业园，民营出版能享受到各项优惠扶持政策，包括税收返还、房租优惠、贷款贴息、专项扶持资金增加等各项产业政策。"同时，国家会部分地对产业园中的企业开放出版权，这是一个特别具有历史意义的信号：出版权不再被国有出版业所垄断。

2011年3月，山东世纪金榜科教文化股份有限公司总裁张泉被授予中国出版政府奖优秀出版人物奖，他是全国民营书业唯一获此殊荣的个人。尽管民营机构获奖人数相对较少，但国家能够将民营书业代表考虑进来依然反映出对这一群体的重视。

2011年4月，在由中国新闻出版研究院、江西省新闻出版局主办，江西金太阳教育研究有限公司承办的第八届中国民营书业发展论坛上，来自官、产、学、研的代表以"新形势·新机遇·新选择·新发展"为主题，纷纷就民营书业与国有出版社如何合作、双方合作后该如何实现共赢、国有上市公司青睐哪些民营出版企业、政府该如何扶持民营出版企业发展等话题展开热烈探讨。

2011年，中国书刊发行业协会非国有书业工作委员会主办的"民营书业：我这30年风雨历程，建党90周年'民营书业的成长与发展'宣传活动启动仪式暨民营书业发展研讨会"在北京举行，新闻出版总署副署长阎晓宏、中国书刊发行业协会会长杨牧之等相关领导以及产业专家出席活动并做讲话，更有数十位民营书业大腕聚首，探析民营书业的成长道路。

2012北京地区出版物订货会（俗称二渠道订货会）于1月4日至7日在北京丰台京丰宾馆举行。这一年的二渠道订货会显得比往年要热闹许多，订货会上，一场关于"民营书业资本运作及上市"的论坛备受关注，传递了民营书业浮出水面的信号。

此后，在各种国家级、世界级大大小小的订货会、书博会上的展厅里，民营出版有了自己的展馆和展位，可以大张旗鼓地和国有出版企业一起亮相了，再也不是仅仅是"墙里开花"了。

在这样的利好形势下，2012年6月，国家又一次出台了《新闻出版总署关于支持民间资本参与出版经营活动的实施细则》（以下简称《细则》）。《细则》指出："一、继续支持民间资本投资设立印刷复制企业，从事出版物、包装装潢印刷品及其他印刷品、可录类光盘生产和只读类光盘的印刷复制经营活动；二、继续支持民间资本设立出版物总发行、批发、零售、连锁经营企业，从事图书、报纸、期刊、音像制品、电子出版物等出版产品发行经营活动；三、继续支持民间资本投资设立网络出版包括网络游戏出版、手机出版、电子书出版和内容软件开发等数字出版企业，从事数字出版经营活动；四、支持民间资本在党报党刊出版单位实行采编与经营"两分开"后，在报刊出版单位国有资本控股51%以上的前提下，投资参股报刊出版单位的发行、广告等业务，提高市场占有率；五、支持民间资本投资设立的文化企业，以选题策划、内容提供、项目合作、作为国有出版企业一个部门等方式，参与科技、财经、教辅、音乐艺术、少儿读物等专业图书出版经营活动；六、支持民间资本通过国有出版传媒上市企业在证券市场融资参与出版经营活动，支持国有出版传媒企业通过上市融资的方式吸收民间资本，实现对民间资本的有序开放；七、支持民间资本参与"走出去"出版经营，从事图书、报纸、期刊、音像制品、电子出版物等出版产品的出口业务，到境外建社建站、办报办刊、开厂开店等出版发行业务。经批准，对面向境外市场生产销售外语出版物的，可以配置专项出版权；八、支持民间资本投资成立版权代理等中介机构，开展版权贸易业务；九、支持民间资本投资设立的文化企业通过所在地区新闻出版行政管理部门申报新闻出版改革和发展项目，申请国家文化产业发展专项资金；十、支持民间资本参与出版产业园区和产业基地建设，在项目安排、资金支持、税收优惠等方面予以国有资本同等待遇。"

上述十条"支持"给民营出版人带来的不仅仅是身份的认同和地位的确立，还进一步让民营出版人看到了富有实效的支持力度。党的十八大后的2013年，国家制定的新闻出版改革发展的12项工作要点中，同样强调"引导民间资本有序参与出版经营活动，努力形成多种所有制共同发展的格局。"

有了以上种种的确定和保障，不但现有的民营出版业可以大张旗鼓地发展、壮大自己，而且也给即将进入民营出版领域的创业者带来了通过正当手续进入出版领域的可能。创办一个自己的民营出版企业，不再是难以实现的梦想。

（二）民营出版公司开办硬件条件和申办程序

1. 硬件条件

（1）注册资金：一人独资最低注册资本10万元人民币，需一次性出资到位。

（2）定位公司所挂靠的经营范围：一般文化公司经营的范围有：文化产品的销售，如图书批发和零售、音像制品的销售、电影电视节目的制作、广告图文设计制作，代理发布，企业形象营销策划、文体交流赛事策划、企业管理，商务信息咨询，公共关系和会展会务服务、礼仪服务等。

（3）如果公司是挂靠在图书经销的行业，须到当地文化管理委员会办理出版物经营许可证。如果是二级批发，到当地新闻出版局办理；也有挂靠在文化教育行业上的，须办理文化教育经营许可证。

（4）有固定的经营场所。

2. 注册民营出版公司手续和流程

（1）工商名称预先核准；

（2）签署工商登记注册材料；

（3）开立验资专户办理验资手续，银行进账以后由会计师事务所出具验资报告；

（4）办理工商登记；

（5）刻制公章及其他所需印章；

（6）组织机构代码登记；

（7）办理税务登记；

（8）税种核定及购买。（财务税务知识，请相关专业人员办理）

（9）企业名称命名参考：根据公司法规定，同行业公司命名必须不同，内资公司名称模式为："地区+字号（商号）+行业（或者行业特点）+企业类型"，如上海（地区）艺林阁（字号）文化传播（行业）有限公司（企业类型），若名称前需冠以"中国"，要经过国家工商局批准。一般需要提前准备5个以上备用名称以便查询和核准。

3. 注册文化传播公司所需材料

（1）投资方、法人身份证原件及影印件及基本信息、照片各2张；

（2）公司的名称、经营范围；

（3）注册资本及出资比例；

（4）注册地之租赁协议和房产证复印件；

（5）财务人员上岗证与身份证复印件，照片2张；

（6）其他。

（三）民营出版公司开办的软件条件

做出版，软件永远比硬件更重要。无论硬件条件多么优越，如果没有具备出版人、出版实体的软件条件，哪怕你仅仅具备出一本书的资金，其他什么物质条件都不具备，只要有一颗热爱文化、热爱出版的心，有做出版人的潜质和软件条件支持，你就能实现梦想。那么，出版人和出版实体的软件包括哪些呢？

1. 创办者的潜质

简单地说，就是什么人适合做出版（只是相对而言）。一般地说，下列几种人适合做出版：

（1）诗人、作家。如沈浩波、路金波等人在进入出版领域之前，均为诗人、作家。没有自己的作品，没有想把自己的作品少花钱而公诸于世的想法和愿望的人，没有自己左右自己作品命运，或者没有用自己作品挣钱的理想的人，成为出版人的可能性不大。

（2）文学青年。热情奔放，放浪不羁、有鲜明个性、敢恨敢爱的人。理性者、淡泊者、冷漠者、没有表达自己情感和思想欲望者，一般做不了出版人。

（3）关心国家大事、国际形势、积极干预现实生活的人。从这一点上说，曾经从事过新闻工作的人，容易成为成功的出版人。如《中国可以说不》《中国不高兴》的撰写者和策划者、凤凰联动的经理人张晓波，再如蓝狮子创办人吴晓波，他们都是胸怀世界，放眼全球，并时刻关注国家和民族未来的人。只沉浸于自己生活的小天地、只关心个人的儿女情长、柴米油盐的人一般做不好出版人。

（4）执行力强，想到就行动、固执己见、善于破旧立新的人。思想的巨人、行动的矮子，遇事犹豫不决、瞻前顾后、墨守成规者一般做不了出版人。所以那些三分钟热血灵机一动就干的人，比那些三思而后行的谨慎者更适合做出版。这里涉及一个非理性的问题。美国著名出版家、普林斯顿大学出版社社长小赫伯特·贝利曾说："轻率粗鲁、追求轰动效应、浮夸、感情用事和非理性就是出版，这不是我试图描述的出版的健康形象，……但却是一幅真实的图景。"❶出版业利用现代化的机械设备，把理性用于自己的组织活动中，但同时它也沉浸在非理性的大海中。成功的经验表明，许多培育出版业成长壮大的创造力来自非理性。其实不仅仅是出版，任何具有创造性的行为，如科学发明、文学创作等，都有非理性的助推作用。因此过于理性可能不是从事创意性工作的好品质。

（5）善于营销，善于抓住人们消费心理，善于激发人们某种欲望的人。在生活中，这些人的表现是善于左右身边人的思想和行为，容易成为小团体的中心。和那些安静内敛者，独善其身者相比，第一类人更适合做出版。

（6）具有容纳各种文化、各种行为方式，同时具有团队精神的人适合作出版。不善于接纳新思想、不容易理解不同的行为方式，不具备合作精神的人，不适合做出版，如果一个出版人看谁都有毛病，或万事不求人，那么这个出版人就应该考虑是否适合做出版。

2. 文化理念

理念是成熟的观念。公司的文化理念是一个企业长期形成并经过理性的提炼，传达给社会的与众不同的识别标志。如海尔的"真诚到永远"，沃尔玛的"永远让顾客买到最便宜的商品"等。文化理念是一个成熟企业的灵魂，具有个性化特征，是对企业个性化特点的高度提炼。当然，企业开办之初可能难以确立一个精准的文化理念，因为它是随着企业的发展，

---

❶【美】小赫伯特·贝利著.王益译.图书出版的艺术与科学.石家庄：河北教育出版社.2004，第15页

随着企业服务行为、产品质量在消费者心目中形成的固有观念，随着企业管理者、企业员工一贯的且行之有效的管理行为、工作方式的不断被认可而形成并提炼出来的，因此文化理念的形成是一个渐进的过程。作为一个准出版人，即便还没有形成一个成熟的出版文化理念，在自己的心中也会大致描绘一下这样的图景：如果我做出版，会本着一个"这样"的理想和理念发展我的出版事业。没有一点这样想法的人，或者说，没有文化理想的萌芽，并让这个文化理想的萌芽长成参天大树的愿望的人，根本就做不了出版人，也就难以成就出版事业。当然民营企业的想法（理念的萌芽）可能不是很成熟，可能还需要完善和补充，更需要在实际的运作和发展中不断调整，但是有这样的理想，有在理想支配下理念的萌芽是很重要的。这是支撑民营企业不懈走下去的力量支撑，也是民营企业朝着某一个目的追求的方向标。因此文化理念的萌芽在创业之初是很重要的。它看上去是理性的，但其实却是你迈出第一步的理由。

文化理念对出版企业具有如下作用：

首先，文化理念是一个出版企业的精神动力。出版企业的产品是精神文化产品，它通过贩卖自己的精神文化营养来实现自己的价值。一个贩卖精神文化产品的企业没有自己的精神动力，便难以做大做强。纵观我国优秀的出版企业，无不在创立之初，或在发展的过程中，树立起了文化理想的大旗。如：创办于20世纪初的商务印书馆的文化理想是"昌明教育"。它最初的创始人之一张元济先生有这样的诗句："昌明教育生平愿，故书林努力来。"他还在给蔡元培的书信中说："盖出版之事业可以提携多数国民，拟比教育少数英才为尤要。"他的出版理想是创造一个"无良无贱，无智无愚，无长无少，无城无乡，无不在教育之列"[1]的社会。有了这样的理想，他主持的商务印书馆成长为中国近代最著名的民营出版企业。而中国近代另一个出版企业中华书局的文化理想是以新教育打造新国民，打出了"用教科书革命"的口号，出版了一系列不同于"龙旗向日飘，皇帝万万岁"的旧式课本的新国民课本——中华教科书，赢得了新国民的青

---

[1] 张元济.张元济全集.北京：商务印书馆.2009，第264页

睐，中华书局也因此立于近代出版的强者之林。再如三联书店，一直秉承着"竭诚为读者服务"的出版理念，本着为作者、为读者出好书，让读者通过自己的出版物理解生活的意义和目的，创造更加美好的生活，无论是新中国成立前的"世界文库"出版计划、《中国的一日》，还是新中国成立后的"文化生活译丛"、《情爱论》《第三次浪潮》《傅雷家书》，都可看出三联人的文化追求。

其次，文化理念是一个企业的核心凝聚力。出版业的生产是个性化的生产，每一个文化产品都有它独特的个性。出版业的从业者也多为具有不同文化背景、不同文化性格的知识分子。但是不能因此说文化产业没有团结精神，缺乏凝聚力。相反，一个优秀的出版企业一定是有着共同文化理想的集体，而把他们凝聚在一起的就是人们共同认可的文化理念。有了共同追求的文化理念，事业便会在共同的追去中顺利发展。新文化运动的领袖陈独秀在20世纪初团结了钱玄同、高一涵、胡适、李大钊、沈尹默等一大批文化精英，打造了《新青年》这一改变中国近代历史的期刊，而把这些文化精英凝聚在一起的就是科学和民主、新道德、新文化的文化理念。随着形势的不断发展，陈独秀、李大钊等又依托《新青年》凝聚了一大批具有马克思主义理想的文化精英，如陈望道、李达、李汉俊、沈雁冰等，使《新青年》成为萌芽期的中国共产党上海共产主义小组的机关刊物。而此时《新青年》所以有巨大的凝聚力，还是因为它有明确的文化理念：那就是宣传马克思主义。文化理念的凝聚力量可见一斑。

再次，文化理念也是团结作者、赢得文化资源的吸金石。出版产业的生产原料是文化作品，即原生态的文献。原生态的文献创作离不开社会上各行业的专家、学者、作家及作者。吸引作家、作者把自己的文化成果变为某个出版企业的生产原料的因素很多，如稿酬因素、产品质量因素、编辑和作者的亲缘、朋友因素等，但是，在众多的因素中，起最主要作用的是这个出版企业的文化理念。一个秉承自己独特文化理念的出版企业，一定可以团结那些认同你的文化理念的作者，建立一个逐渐被你的文化理念所吸引、所凝聚的作者队伍。如20世纪20年代由孙伏园主持的《晨报副刊》，秉承着"兼容并包"的文化理念，既介绍新思想，也不排斥传统的学术思想，开辟了许多专栏，发表不同流派、不同体裁、不同题材的文章、文学作品，吸引和团结了各种思想、各种流派的作家、作者，为《晨报副刊》供稿，如李大钊、梁启超、胡适、黎锦熙、周作人、鲁迅、冰心、徐志摩、郑振铎、梁实秋、冯雪峰、曹靖华、林语堂等著名的作者都曾在此报的副刊上发表作品，使《晨报副刊》成为20世纪20年代最著名的四大副刊之首。

最后，文化理念可为出版企业确立基本的专业方向。虽然我国目前的出版领域刮着去专业化之风，很多本来专业化很强的出版企业也在某种程度上表现出淡化自己的品牌和特长，盲目扩大出版范围的趋势，但是毫无疑问，高度发达的出版市场一定是专业化很强的、有序的出版市场。因此确立自己基本的专业方向是一个成熟出版企业的标志。而基本专业方向的确立，离不开对文化理念的追求。例如：

北京齐物秋水图书有限公司，在成立之初就确立了这样的文化宗旨和文化理念：奉行精品图书路线，以启迪读者智慧，开拓读者视野，增长读者知识为宗旨。本着这样的理念和宗旨，策划出版了一系列优秀的图书，如《我向总理说实话》，引起了社会的轰动，成为多家媒体争相报道的畅销书。还策划过《沉沦的圣殿》《中国人权读本》《知识经济浪潮》《调侃中国》《中国白皮书》《张五常批判》《中国小说五十强》《知识分子立场》《推倒红墙》《美国中学生必读书》等深受读者好评，给读者以启发的好书。

北京三读图书有限公司，为自己确立了服务读者"读古，读今，读未来""读天，读地，读万千世界"需求的文化理念，致力于权威的、品牌的大型工具书、学术书和收藏书的策划和出版活动，与中国大百科全书出版社、上海辞书出版社、商务印书馆、中华书局、人民出版社、人民文学出版社、上海世纪出版集团股份有限公司、上海人民出版社、吉林人民出版社、线装书局、作家出版社、文物出版社、紫禁城出版社、上海人民美术出版社、湖南美术出版社、山东美术出版社等国内众多大型品牌出版（集团）社合作，策划出版了《辞海》（第六版）、《中国大百科全书》（第一版和第二版）、《不列颠百科全书》（含修订版）、《法国拉鲁斯百科全书》《世界百科全书》《教育大百科全书》《中国美术全集》《中华文化通志》《汉语大字典》《汉语大词典》《康熙字典》《传世藏书》《钦定四库全书荟要》《辞源》《剑桥中国史》《大藏经》《鲁迅全集》《二十四史全译》《资治通鉴》《四库全书》《古今图书集成》《中华人民共和国法律全书》《金庸全集》《古龙全集》《书法字海》《黄宾虹全集》等大型品牌图书。

格致出版社（原上海世纪出版股份有限公司所属的高等教育分公司）的文化理念是"服务高校，服务知识大众"，"以专业出版人的敏锐视角和宽广视野，致力于优秀教学资源的研发和生产，竭诚向高校师生提供一流的教学支持服务。"

北京世纪文景文化传播公司（上海世纪出版股份有限公司北京分支机构）的文化理念的核心是"人文出版"，力图通过以人文为核心的图书产品，增进读者的人文情趣和知识素养。

长江出版集团海豚传媒股份有限公司的文化理念是"只要孩子喜欢"，积极致力于传播先进的教育观念，服务0到18岁的儿童、青年，培养他们的阅读兴趣，增加他们的知识内涵，提高他们的人文修养，为全中国的亿万家庭带去健康、快乐和知识。

3. 社会资源的拥有

出版工作广义的环境是纷纭复杂的世界，是大文化视野下的文化产品的创意、组织、生产和营销。这个纷纭的世界有多少名物和领域，图书所涉及的主题就有多少；人类生活面临多少问题，图书就会涉及多少内容。出版经营又是一个系统的工程，它要和社会上的很多机构、行业相互关联，大的如政治经济领域、科研机构、教学机构等，小的如妇女协会、体育协会，甚至棋友会、宗教团体等。因此，一切社会关系都可能成为你创设事业和发展事业的社会资源。从这一点说，出版是一个攀亲带故、裙带关系颇盛的行业。正如笔者在前面所说，一个沉浸在自己的小天地、万事不求人的人难以做出版。但是并不是一个刚刚涉入社会的人就拥有很多的专业作者、印刷场所和发行渠道，重要的是民营企业要具备拥有这些关系的能力。除了先天的性格因素外，后天的积累和建设是十分重要的。因此如果在你自己独立开办出版公司前，有过在某出版企业工作，或跟"无私"的前辈学习过的经历，那将是你的无价财富。

毫无疑问，做出版要拥有的社会资源是全世界。但是，没有谁可以狂傲地说我拥有了全世界，即便拿破仑在世。因此，这里主要向大家提供最有用的，也是最基本的几个方面的社会资源：

（1）专业化的作者资源。专业化出版是出版成功的法则。集中精力于某一个看上去较小的市场，成为其中的专家（所谓专家，就是唯我独有，唯我独好，唯我独尊），成功的概率一定很大。但是专业化并不是一个人的事业，而是一批人的事业。这批人中，专业化的作者尤其重要。没有高水平的专业化作者，出版计划就是海市蜃楼或空中楼阁，难以实现。因此，很多做出版的人第一选择是自己熟悉的领域或专业。如蓝狮子财经出版中心创办人曾经是财经类新闻人，一些文学类出版人曾经或仍是文学青年或文学家，教辅类出版人曾经是中学老师（如山东世纪金榜创办人、总裁张泉）。

总之，出版人应从拥有人脉最多的领域下手，那么他就拥有了最大的成功概率。

除此以外，作家的经纪人、版权代理公司也是我们事业中重要的合作伙伴，这部分资源当然不能缺少。

（2）广泛的媒体资源。媒体是一个人、一个团体、一个企业形象的第二塑造者和传播者。第一塑造者当然是我们自己，它基于我们产品和服务的品质。但是媒体的第二次塑造和传播，对于形象的树立是必不可少的。成功的出版绝对少不了各路媒体的宣传和支持。因为任何一本畅销书都缺不了"炒作"，炒作的平台绝对是最理想的成功支撑。

（3）印刷商和其他供应商。出版不仅是精神的活动，也是物质的活动。以纸质图书的生产为例，纸张、油墨、排版、印刷、装订、打包、托运、储存……相关行业的资源不可或缺。任何一个环节的缺失都不可能实现出版的目标。这对于一个初步开展的企业尤为重要。如果出版人和一个印刷商有很牢固的关系，他印刷成本不但会降到最低，而且还会在技术上最大限度地为你降低成本（如节约不必要的加放率等），此外，完全可以卖掉图书后再结算印刷费用，这会让你的起步更加轻松。

（4）发行渠道和发行网络。"发行"的概念更多的是指建立在传统出版理念之上的对书、报、刊的销售。全媒体时代的出版产品的"发行"应该融入大的销售范畴。不管概念如何扩大外延或增加内涵，对于出版企业来说，没有成熟的或有把握成熟的渠道就等于你生产的产品没有销路或一时难以找到销路。因此拥有成熟的、忠诚的销售渠道是出版产业成功的关键，当然，这种忠诚和成熟有时是建立在企业的品质以及能够分给渠道的运营回报之上的，但是出版企业设立之初的渠道网络储备，也是非常重要的。这也是为什么曾经的多数出版物的销售者成为成功的出版公司的创立者和经营者的原因之一。这个道理在任何行业都说得通，如卖酒者成为造酒者，更容易成功。在出版产品的生产领域，事先有成熟的渠道更是不可或缺的。因此，熟悉和建立销售渠道是出版企业创立者必要的软件条件。如目前形势下，你拥有当当、亚马逊、京东、苏宁、天猫等网络销售平台的渠道及情感联络，拥有几大区域地面店的合作基础，拥有数字传播运营商的平台等，就为你的成功打下了基础。

(5)政府管理部门、国有出版社。政府的支持绝对是出版成功的保障，这不但体现在2009年民营出版有了名正言顺的身份之后，也体现在那之前，甚至体现在20世纪80年代末90年代初打击非法地下出版最严厉的时代。至于今天，政府的支持更显得尤为重要了。例如：2010年北京建立了出版创意产业园，园内入驻33家出版企业，这33家出版企业中，多数为民营出版实体。这个产业园实质上是国家出版业的"深圳特区"，国家赋予产业园合法的出版权，也就是说产业园内的出版企业可以直接向国家申请法定的出版权。当然进入产业园要有一定的标准，图书的选题也要符合产业园的选题要求。同时，能不能进入产业园，除了符合标准外，还要看你拥有的社会资源。不了解产业园入驻的条件，就会失去一个良好的发展机会。而那些远离政府管理的出版公司，难以正确理解政府的相关政策、法律法规，也就难以找到发展的机会。

和国有出版社的关系一直是民营出版得以生存并发展不可越过的门槛。未来几年仍然如此。没有稳定的国有出版社作为长期的合作伙伴，民营出版难以发展。近几年民营和出版社的合作关系变得越来越紧密，起初只是一个项目的合作，后来发展到渠道互让、共同投资、甚至股份参与的合作方式。这种利益共同体的建立，不是一天两天的心血来潮，而是建立在长期互相信任的基础上的。也就是说，民营出版从来没有忽视出版社这个社会资源，尽管是被动的，但被动的合作也会磨合出美好的感情。就像先结婚后恋爱的包办婚姻一样。何况当初选择哪家出版社也还是两厢情愿的。

即便将来民营出版公司有了自己独立的出版权，不需要再和出版社合作，对于初入本行的新手来说，有国家正规出版社这个社会资源，也会提供给你很大的帮助和启发。比如出版社规范的编校制度、严格的管理，甚至出版社的审读编辑人员，都会成为民营出版公司的助力。因此，这个资源不可忽视。和出版社的编辑交朋友，绝对有利于民营出版公司的发展。

第二节　出版公司（社）的名称

为自己的出版公司起一个好名也非常重要。它关乎企业的形象，蕴含企业的文化理念和运营宗旨。好的名称可以为自己的品牌争辉，也可以强化企业员工的理想，凝聚员工的力量。

一、名称的基本要求

（1）避开已经被他人注册的商标名如"米老鼠""迪斯尼""康佳""海尔"等。

（2）在注册公司时一般要多起几个名称（5个以上），以备核准。因为前面说过，根据公司法规定，同行业公司命名必须不同。

（3）虽然想冠以"中国"字样的名称须经国家工商局批准，但如果你的公司有向国外发展的计划，就不要怕麻烦。把公司冠以"华人""华夏"等名称，是最聪明而省事的做法。但要注意不要和别人公司的名称撞车（相同）。

二、起理想的公司名称

(1) 名称要新颖，尤其要有文化意蕴，寓意美好。如：

盛大文学：取繁盛、宏大之意；

天域北斗：取北斗"为人七瑞""居天之中""当昆仑之上"之意，从中可看出企业气势之大。

磨铁：据创办者自己称，所以取这个名字，是表明"和文化死磕"的经营理念。但我们是不是也能联想到中国古代"磨铁（杵）成针"的故事？再如：经纶文化、博集天卷、天舟文化等，无不蕴含着厚重而美好的文化意义。

(2) 名称要简洁。好的企业名称一定要方便记忆，且上口好读，有韵律感。为此企业名称大多采用两个字，如联想、方正、汉王、搜狗、新浪、网易……三个字、四个字的也会很好听，但要注意音韵和声调的和谐。如"禹田翰风""世纪金榜""时代华语"等，不但有很美好的意象，而且音调平仄相间，抑扬顿挫，很上口，也很朗畅。

(3) 名称要有亲和力。不能给人一副好为人师的严肃感觉，更不能拒人千里，要给人以可亲可信可依赖的感觉。如"金太阳"给人以温暖感，"九久"读书人给人以信赖感；"可一"给人以平等容易接近感；"读客"给人以大众的时尚感，也更有平等感。

(4) 名称要体现所从事的行业、领域。如华谊兄弟影视文化公司，时代华语图书有限公司。但是除非你的公司从决定开办那天起就认定了某一个专业方向（确定专业方向是十分重要的，但是一般很难做到。就笔者的了解，很多民营书业的老板都是在做的过程中，在不断的成功和失败的摸索中才确定自己的专业方向的），否则不要在名称上把自己限定住。这样做并不是说你在开办公司前没有认真对待你的专业方向这个问题，相反，专业方向是公司创办之初必须要考量的非常重要的要素，但是像蓝狮子财经这样一步就定位了自己的专业方向，而且定位得非常准确的公司，不是很多。所以如此，是因为刚刚起步的出版公司一时间往往难以找准方向，即便有明确的理想和方向，也有可能限于现实条件而不得不剑走偏锋，从另一个方向入手，积累一段时间后才"书归正传"，来从事理想的专业出版。另外，即便你的专业方向不在名号上体现，也会在你不断积累的品牌上有所体现，从而可以被业界所了解。例如同源文化，仅从公司的名称上看不出什么专业方向，但业界没有不知道同源文化是专业的童书出版公司。再如禹田文化专业从事少儿读物的引进、策划、编辑、出版、发行以及影视动漫的制作和发行，也没有在公司的名称上有所体现，但是并没有影响其稳居全国少儿图书发行量前五的业绩。

三、命名的基本方法

为公司命名的方法很多，大致的方法例举如下：

（1）以地名作为企业名称。这种方法适于国人或世界认同度高，或知名度大的地方。如北京、上海、纽约、华盛顿、伦敦、巴黎等，如果你的公司所在地不太知名，就不要用地名限制自己。你还可以变通地方名称，以某一地的异名、别名或代称来为公司命名，如吴越出版、三秦文化、齐鲁书社、楚天文化、京都书业、炎黄出版、椰风文化等。

（2）以名胜古迹作为公司的名称。考虑到或有重名，或一些名胜古迹被注册非物质文化遗产，难为他人应用，我们也可以变通一下，用它的别名或某一名人的称呼。如岱宗书业、东都文化、鸣沙书馆、岳麓书社、黄山书社、大河出版、南岳出版、三峡文化、龙门书局等。

（3）以事物的名称（一般应为吉祥、喜庆、活泼可爱且有一定寓意的事物）来命名。这种命名更适合儿童或青少年图书公司，但有些专业性强的成人读物也可以用这种方法来命名。如蜜蜂文化、天马文化、龙传媒、凤凰出版、麒麟文化、天鹅出版、鸾凤出版、海豚出版、大象出版、骆驼文化、东北虎文化、企鹅出版、羚羊传播、金乌文化、三星出版，再如，北斗（天域北斗）、启明星、银河、金星、东风（东君）、满天星、红菇娘、蓝莓、橄榄以及梅兰竹菊等既有象征性，又很美好的事物，都可以成为出版社（公司）的名号。

（4）以历史名人的别号、名称来命名。这样的命名要注意不要和别人的重复。如伏羲、神农、大禹、尧舜、圣人、燕山（窦燕山，有义方，教五子，名俱扬。适合家教类）、颜公（颜真卿、颜鲁公）、老泉（苏洵。苏老泉，二十七，始发奋，读书籍）、杜陵、太白、东坡、彭泽、文姬（蔡文姬，能辨音。适合音乐类）、香山（香山晚福、靖节遗风。适合老年类出版）等。

（5）以历史、诗词中的典故来命名：如：三才、智仁、知音、箫韶、愚公、六艺（书、数、礼、乐、射、御）、六经（诗、书、礼、易、乐、春秋）、风雅、鹿鸣、绸缪、老马（适合姓马且做老年读物的公司）、成竹（文与可画竹，必有成竹在胸。适合美术、教辅、励志等类）、天行健、四美（良辰、美景、赏心、乐事）、义方（义方教子）、五色笔（有文采）、六韬（太公六韬，古代兵书）、三略（黄石公三略，古代兵书）、十哲（孔门十哲：十个有德行的弟子。十个人开一个公司，可用此名）、思周（孔子：郁郁乎文哉，吾从周。孔子认为周的礼乐、典章堪为经典）、四海、五洲、轩辕、宁馨儿（好儿郎）、河图（河出图，洛出书，圣人则之——《周易》）、洛书等。

（6）模仿老字号的名称命名。如某某山房（玉函山房、扫叶山房、）、某某堂（老二酉堂、宝文堂、聚锦堂、聚珍堂、益知堂）、某某宅（知不足斋、别下斋、点石斋）、某某书坊或书房（会）（四堡书坊、益智书会）、某某书馆（院）（墨海书馆、格致书院、英华书院、土山湾印书馆）、某某书局（中华书局、现代书局、光华书局、北新书局、亚东书局、泰东书局、世界书局）、某某轩（庄）（惜阴轩、李光明庄）等。

（7）时尚洋气命名法。如唐码书业、时代华语、读客、方舟、新东方、环球雅思、智工厂、阅读纪等。

（8）以自己的名字命名。以往没有，因为政策的不稳定，做书人很少以自己的名字命名自己的文化公司。但随着民营书业的浮出水面，相信将来会有以自己名字，或合作者名字联合命名的公司出现。

（9）以第一本书或第一系列选题命名。如蓝狮子就是以公司第一系列的出版物命名的。

第三节　出版企业的形象标识

任何企业都要有代表本企业经营范围和经营理念的标识。商业文化、企业文化的时代，也可以说是标识的时代。在日常生活中，标识无处不在，我们靠标识来认识所需要的商品，有时甚至无需文字，无需开言，只要有标识，我们就知道了它是什么，具有怎样的品质，代表着什么品级的消费。

那么，什么是企业标识？企业标识具有什么作用和功能？企业标识的设计应该注意什么问题？

一、企业标识

企业标识是指那些造形单纯、意义明确的、统一的、标准的视觉符号，一般是企业的文字名称、图案记号或两者相结合的一种形象设计。企业标识具有象征功能、识别功能，是企业形象、特征、信誉和文化的浓缩。

企业标识承载着企业的无形资产，是企业综合信息传递的媒介。标识作为企业形象战略的最主要部分，在企业形象传递过程中，是应用最广泛、出现频率最高，同时也是最关键的元素。企业强大的整体实力、完善的管理机制、优质的产品和服务，都被蕴含于标识中，通过不断的刺激和反复刻画，深深地刻在消费者的头脑中。企业标识可分为企业总体形象标识和商品标识。

二、企业标识的作用

1. 识别作用

识别性是企业标识重要功能之一。市场经济体制下，竞争不断加剧，消费者面对的信息纷繁复杂，各种商标标识符号更是不可胜数，只有特点鲜明、容易辨认和记忆、含义深刻、造型优美的标识，才能在同行业中凸显出来。它能够区别于其他企业、产品或服务，使受众对企业留下深刻印象，提升企业的形象。

2. 总领作用

标识是企业视觉传达要素的核心，也是企业开展信息传播的主导力量，在视觉识别系统中，标识的造型、色彩、应用方式，直接决定了其他识别要素的形式，其他要素的建立，都是围绕着标识为中心而展开的。标识的领导作用是企业经营理念和活动的集中体现，贯穿于企业所有的经营活动中，具有权威性的领导作用。

3. 统一作用

标识代表企业的经营理念、文化特色、价值取向，反映企业的产业特点，经营思路，标识可以把一个企业的所有经营活动、所有经营分支统一到一个标识性图标上来，是企业精神具体而形象的概括。消费者对企业标识的认同等同于对企业的认同，因此企业的标识具有统一作用。

4. 概念作用

随着企业的经营和企业信息的不断传播，标识所代表的内涵日渐丰富，企业的经营活动、广告宣传、文化建设、公益活动都会被消费者接受，并通过对标识符号的记忆刻画在脑海中，经过日积月累，当消费者再次见到标识时，就会联想到曾经购买的产品、曾经受到的服务，从而将企业与消费者联系起来，成为连接企业与消费者的桥梁。

5. 变革作用

标识确定后，并不是一成不变的，随着时代的变迁，历史潮流的演变，社会背景的变化，企业不断发展的需要，企业形象的重新树立，企业的标识就会起到重新建立市场形象的作用，通过标志的变革，改变某种固定的、与时代不相符合的形象，使企业焕发新的生机。这种变革的作用意义非常重大。如"百事可乐"、联想等，都曾经基于经营方向、经营范围的变化而变革过标识。

三、企业标识的特点

1. 识别性

识别性是企业标识的基本功能。借助独具个性的标识，来区别本企业及其产品的识别力，是现代企业市场竞争的"利器"。因此通过整体规划和设计的视觉符号，必须具有独特的个性和强烈的冲击力，在设计中，标识是最具有企业视觉认知、识别的信息传达功能的设计要素。

2. 领导性

企业标识是企业视觉传达要素的核心，也是企业开展信息传达的主导力量。标识的领导地位是企业经营理念和经营活动的集中表现，贯穿和应用于企业的所有相关的活动中，不仅具有权威性，而且还体现在视觉要素的一体化和多样性上，其他视觉要素都以标识为中心而展开。

3. 同一性

标志代表着企业的经营理念、企业的文化特色、企业的规模、经营的内容和特点，因而是企业精神的具体象征。因此，可以说消费者对于标识的认同等于对企业的认同。只有企业的经营内容或企业的实态与外部象征——企业标识相一致时，才有可能获得消费者的一致认同。

4. 造型性

企业标识设计表现的题材和形式丰富多彩，如中外文字体、具体图案、抽象符号、几何图形等，因此标识造型变化就显得格外活泼生动。标识图形的优劣，不仅决定了标识传达企业情况的效力，而且会影响到消费者对商品品质的信心与企业形象的认同。我国出版企业的标识设计大体趋势是，国有出版企业更加注重出版企业名称的字体设计，只有少数国有出版社有图案的标识设计；而民营出版企业更加注重图案加文字的设计形式，而且强化图案的造型来增加受众对企业的认同度。如："读客""北京凤凰联动文化传媒有限公司"的标识。

5. 延展性

企业标识是应用最为广泛，出现频率最高的视觉传达要素，必须在各种传播媒体上广泛应用。标识图形要针对印刷方式、制作工艺技术、材料质地和应用项目的不同，采用多种对应性和延展性的变体设计，以产生切合、适宜的效果与表现。

6. 系统性

企业标识一旦确定，就可以用强有力的标识来统一各关系企业、各系列产品，如采用统一标识不同色彩、同一外形不同图案或同一标志图案不同结构方式，来强化关系企业、各系列产品的系统化精神，因此具有系统性。

7. 时代性

现代企业面对发展迅速的社会，日新月异的生活和意识形态，不断强化的市场竞争形势，其标识形态必须具有鲜明的时代特征。因此许多老企业，也会随着时代的发展对自己标志形象进行检讨和改进，在保留旧有形象的基础上，采取清新简洁、明晰易记的设计形式，这样能使企业的标志具有鲜明的时代特征。通常，标识形象的更新以十年为一期，它代表着企业求新求变、勇于创造、追求卓越的精神，避免企业给人留下日益僵化，陈腐过时的形象。

四、企业标志的设计

（一）标识的构成

1. 图形标识

富于想象或相联系的事物来象征企业的经营理念、经营内容，借用比喻或暗示的方法创造出富于联想、包含寓意的艺术形象。例如新月书店的标识。

2. 文字型标识

以含有象征意义的文字造型做基点，对其变形或抽象地改造，使之图案化。拉丁字母标识可用企业名称的缩写，如磨铁。汉字一般以书法的形式或篆刻的方式体现，如：当代图书、商务印书馆、方元出书等。

3. 复合标识

文字、图案综合运用设计出的标识，有图文并茂、快速传递信息、令人过目不忘的效果。这种设计是当代企业标识的主流。如博集天卷、蓝狮子等。

（二）企业标识设计要点

无论采用哪种设计，都要注意以下要点：

第一，好的标识应简洁鲜明富有感染力。无论用什么方法设计的标识，都应力求形体简洁，形象明朗，引人注目，而且易于识别、理解和记忆。

第二，优美精致，符合美学原理。这是一个成功标识所不可缺少的条件。造型美是标识的艺术特色，设计时应把握一个"美"字，使符号的形式符合人的审美习惯。

第三，标识要被公众熟知和信任。要想标识被公众认可就必须长期宣传，广泛使用，因此稳定性、一贯性是十分必要的。但随着时代的变迁或企业自身的变革与发展，标识所反映的内容或风格有可能落后于时代，因此在保持相对稳定性的同时，也应具有时代精神，做必要的调整修改。

第四，确保标识在各种工艺及各种材料的印刷条件下能表现出最好的效果。

（三）设计的原则

第一，要有好的创意。出版企业本身就是创意性产业，其生产的每一个环节都体现出鲜明的创意性，代表企业形象的标识就更应该具有独特的创意。有创意的标识是不雷同、不流俗，且蕴含着本企业不同于其他企业的精神。

第二，形式和内容要做到有机统一。有好的创意还要使形式、内容有机结合。企业标识不是纯粹的艺术作品，它的作用在于传达企业的服务、产品信息和文化精神，因此在设计企业标识时要特别强调不要脱离企业性质、名称，要使形式很好地传达内容信息，便于受众识别和接纳。

第三，要做到既方便传达信息，又气韵生动。准确把握似与不似、虚与实、形与神的关系。中国绘画和古典诗歌均讲求气韵生动，追求形神兼备，以形写神。形，不用说，是绘画和诗歌所表现出来的形象、形态、形体，而神则是作者的性格气质、思想情感、精神面貌的集中体现。形神兼备的意思就是：写形不是目的，而是通过写形来传达神。因此有人强调神似，笔断而意不断，虽简于象而不简于意；如画"竹锁桥边卖酒家"，众皆向酒家上下工夫，唯李唐（宋代画家）但于桥头竹外，挂一酒帘。画"踏花归去马蹄香"，众皆画马画花，唯一人但画数蝴蝶飞逐马后，这就是把握了虚实相生的高妙境界。当然，我们的企业标识不是纯粹的艺术作品，除了有意蕴外（企业的精神、企业的气质），还要传达信息，但也不能处处落实，坐实便俗了。

第四节　出版企业的专业方向和市场方向

　　确定自己的发展方向是非常重要的。这里的方向有两方面的含义：第一是专业方向，第二是读者方向，也就是市场方向。

　　出版企业是方向化、专业化非常强，分工非常明确的行业。但是近几年由于处于文化市场的转型期，在激烈的市场竞争面前，很多企业表现出了无所适从的情态，本来具有明确分工的国有出版社也表现出了去专业化和去方向化的趋势。例如：文艺出版社也出版教辅读物，美术出版社也出版文艺类图书，古籍出版社也出版大众娱乐类读物等。至于民营出版，多数也都是在东一榔头西一棒子的摸索中确立了主要的专业方向。这已经是很不错的了，有些民营出版人到现在还是抓住啥就做啥，没有一定的方向。但是我们不难看到，凡是老牌的、有一定规模的出版企业，都有明确的主打方向和业务范围。国有出版企业如商务印书馆的辞书出版、人民文学出版社的经典文学出版、高等教育出版社的高校教材出版等；民营书业如湖北海豚的童书出版、天域北斗的旅游出版、唐码书业的超市图书、广州学而优的社科文化、阅读纪的女性读物的出版等，都是专业出版的典范。

一、专业化出版

　　什么是专业出版？一句话：在一个专门的领域里出版图书，就是专业出版。例如文学出版、财经出版、少儿出版、医药卫生出版、IT出版、旅游出版、棋牌类出版等。在现代出版环境下，专业出版应该是最有效的出版。刚刚步入出版领域的新手，一时难以确立自己的专业方向不可怕，可怕的是缺乏专业出版的理念。一个名不见经传的出版企业手忙脚乱地在几个不同的领域里出版不同领域的图书，只能给经销商和读者留下一个印象：那就是你还没有入出版这个行业的门，在这项业务上你还只是一个菜鸟，根本谈不上形成自己的特色和某类图书的高品质运作。所以北京万卷老总孙庆国在接受《出版商务周报》的记者访谈时，曾经说过这样一段话：做大做强是一种诱惑，民营公司在这种诱惑之下恰恰应该坚守专业化，小而专、专而特、特而全，出奇才能制胜，因此找准读者，找准读者需求的空白点，将经营方向定位在合适的市场，集中精力于自己的专业方向，抓牢自己已经占有的书架空间，并以源源不断的持续出版产品扩大自己的地盘，终究会收获成功的果实。

从西方国家出版集团长期以来的发展战略看，多数出版集团显示出高度的专业化倾向。即使是一些大的、综合性的出版集团，其出版品牌也几乎是定位于某一出版门类的专业品牌；而中小出版企业，其出版品牌则是定位于某一单一的学科领域。境外出版业所走的是一条目标聚集的专业化成长和扩张之路。借鉴国外出版业的发展规律，结合当今我国出版业的大势，笔者认为，对中小图书出版企业来说，走专业化出版之路是最为有效而重要的发展战略。2008年，美国《出版商周刊》评选出了美国成长速度最快的十家独立出版社，这十家出版社规模普遍较小（有的出版社员工只有十几名），历史不长（最悠久的只有27年的历史），除了以上共同的特点之外，还有一个共同的特点就是它们无不走专业化发展的道路，即小而专的发展道路。如法律书是ABA（American Bar Association）出版公司主打产品。凭着全美律师协会的专业支持，这家不大的出版公司虽然只有22人，但却取得了很快的发展速度。再如生活尤其旅游类图书是Big Earth Publishing的专注产品，这家成立于2004年的小出版社员工从6人发展到10人，每年的销售额却有40%的增长。还有Chelsea Green，它们的出版物大多围绕着环保和可持续发展的话题，其中包括占据《纽约时报》畅销书排行榜15周之久的《美国末日》。

（一）专业定位要点

认识到专业出版的有效性和重要性，还要掌握专业出版的定位要点。实事求是地说，为自己的企业找准专业方向并非易事，但也不是没有规律可寻。大体说来，专业定位应具备以下基本要点：

第一，做自己擅长的专业和领域。这和你及你的团队的专业背景、专业知识和专业成就息息相关。你自己就是一位文学爱好者，或者经常在各种文学期刊、文学网站上发表作品，并且熟悉目前哪些写手作品的网上点击率高，那么毫无疑问你特别适合做中国当代文学的出版商；你是一个热爱旅游、热爱摄影的人，你的团队青春活泼，甚至有驴友、发烧友，那就特别适合做旅游类图书。再比如吴晓波曾经是经济类新闻的记者编辑，他的蓝狮子就以财经类图书为主打品牌；张泉是教学一线的名师，他的世纪金榜就是教辅市场的金字品牌；沈浩波是诗人，熟知文学动态和文学创作，对文学具有很高的鉴赏能力，把握文学作品的市场需求能力很强，所以他的磨铁就从大众文学入手。严搏非在做出版前是搞哲学研究的，所以他的三辉图书公司的文化学术类图书，尤其是有关哲学、历史、文学、知识分子命运类的图书在业内颇受好评，也形成了自己的特色，如《弑君者》《以赛亚·伯林的遗产》《大历史不会萎缩》《中国现代小说史》《致新知识分子》等。上海九久读书人文化实业有限公司是余秋雨、黄育海、吴晓波共同出资，与人民文学出版社、新华书店总店、对外文化集团共同组建的。三位创办人都是人文领域的名家，又有国内知名出版社和新华书店的入股，人文资源的强大由此可见，因此在人文科学出版领域具有很大的优势。方红星在出任东北财经大学出版社社长前曾经是会计学教授，因为有坚实厚重的专业基础作支撑，把东北财经大学出版社打造成了中国高品质的财经专业教育出版机构。

以上的例证说明，专业方向的选择一定要根基于公司创办者或团队核心者的专业背景，没有深厚的专业背景做支撑，很难在短期内为公司找到准确的方向。

第二，做运作起来容易的专业领域。显然，做你擅长的专业，就会让你的运作有较高的容易度，但这往往还不够。运作一个项目、一系列出版往往要有许多条件的限制。比如你是否有足够的实力（例如资金等）签下当代最热的作者作品？或者你是否有能力把一个名不见经传的作者运作成畅销书作家？还有，你熟悉这个领域有哪些知名的作者？是否可以和这些作者建立长久的合作关系？你是否会培养一个前赴后继的作者队伍？如：长沙紫图文化传播有限公司，之所以以"做中国最好的青春读物"为宗旨，首先，是因为公司拥有一大批热衷于青春文学阅读、创作和研究的超豪华编辑团队，同时还拥有大批著名青春文学作者和画师的支持，作者如张忆凉、坏蓝眼睛、叶倾城、任昌珉、夏七年、呢喃的火花、恨安妮，画师如郭辉阳、晓泊、徐菲、Amber、猫殿下、蚕蚕以及国内顶级插画师年年等；其次，因为有《流年》《后来》《80后》（现改为《90后》）等青春期刊为平台，可以团结、吸引很多青春文学作者。因此激情、活力、创新成为这家公司的标志性形象。再如，我国的暨南大学出版社，坚持"服务侨界侨务，致力文化交流"的理念和宗旨，打造了侨史、侨情、侨务知识，以及地区社会经济和文化类书籍出版，其中华文学习教材、文化读本等被海外读者所认同，在海外有很大影响。

此外，你的图书是否有合适的销售商及销售渠道？这些都是一个初入出版行业者应该考虑的问题。所以很多民营出版商虽然有自己擅长的专业，但考虑到基于自己专业的出版运作起来不太现实，转而先从容易的下手，积累一定的资本后再把业务扩大到自己的本专业。这样的例子不在少数。

第三，做有品质的专业出版。专业出版不是简单地把自己归于哪一个出版类别中，而是一旦选择了某个专业和方向就力求在这个类别的出版中做得最精、最全、最好、最独特、最不可代替，即最有品质。因此我们看到，很多企业做教辅类图书，但李朝东的经纶文化、张泉的世纪金榜、卫鑫的曲一线、陈东旭的金太阳是最有品质的，专业化品质得到了业界和读者的认可，也夯实了在业内的牢固地位。很多企业做儿童图书，但禹田文化、湖北海豚、童趣出版是最有品质的。天域北斗则是最有品质的地图、旅游类图书出版商。有品质的专业出版是品牌建设的基础，而品牌的标志是高品质的专业化出版，因此，专、精、特、新的内涵式发展是中小出版公司发展的成功之路。这里特别要提的是英国的DK出版公司，它是培生出版集团旗下的子公司，成立于1974年。它的出版方向是图文书，出版理念是为国际市场出版质量好、品位高，属于真正的精神食粮的高端书。它的创始人多林·金德斯利是平面设计师，因此他们的百科图画书可以说无人能模仿，非常精美。如《雨林》《世界家具百科》《地球》《战争》《船舰》《历史》《兵器》《星战前传》《急救手册》《摄影全书》等，题材很广，图片精，文字美，可以说每一本都是精品。赢得了世界读者的认可。现在 DK 的图书已经在全世界发行，并且实现了全球同步出版。再如，意大利有几家中小型出版社：Lapis 专做儿少、青年读物；Gremese 专做艺术、文艺类出版；E.s.s.专做艺术、建筑、历史（考古、古罗马史）类出版；L'ERMADI Bretschneider 专做考古学、历史、艺术类出版；Nottetempo（2002 年成立）专做文学（推广意大利最著名作家最新小说）；Nutrimenti 专做纪实、游记、人物传记类图书……

这几个中小型出版商最大的特色就是术业有专攻，小而精，品质高。表现出了高品质的专业规划特点。

第四，做开放的专业出版。开放的专业出版有两层含义：一，专业出版不是简单地恪守传统的专业分工，更不是画地为牢，而是着眼现代人文学科、现代科学的发展，充分认识到跨学科、新学科的交叉与融汇，以某个基本学科为基础和核心，不断向外辐射和拓展。如果仅仅严格按照文史哲、农工商来划分，那么，库恩《科学革命的结构》这种融科学、哲学、逻辑学、社会学诸学科知识为一体的经典名著，就无法找到出版商了；朱光潜的《文艺心理学》、鲁道夫·阿恩海姆的《艺术与视知觉》这些融现代心理学和审美心理学于一体的美学著作也难以找到出版者。因此，开放性的专业化出版可以为我们拓展更为宽广的出版空间，并且符合当代学科交叉融合的趋势。二，就一个出版实体来说，开放的专业出版可以理解为在你把本专业做大做强、做精做细的前提下，不断地向外拓展。因为一家出版社发展到了一定阶段，就自然要向更高的层次发展，这就是守正和拓新的辩证发展。所谓守正，就是守住你的地盘，立足你的专业的特色品牌；拓新就是在守正的基础上开拓新的领域，发展新的业务，为企业注入新鲜的血液，培养新的生命。例如：中华书局创办之初的业务是中小学课本，但后来本着新国民新教育的理念，不断扩大拓展业务，出版了很多学术经典著作。今天，中华书局已经成为中国学术出版的顶级出版社。再如：磨铁本来以原创的、娱乐性的大众文化出版为主，但是通过一个时期的经营，目前已经发展成有一定规模的出版实体，资本积累到了可以拓展业务范围和市场领域的地步。磨铁老板沈浩波也开始思索出版物的文化品位、文化价值的问题，确立了向高品位的文化出版拓展的发展思路，而且在不长的时间内就取得了初步的成效。再如：广西师范大学出版社在30年前成立之初，主要的业务是教材、教辅类图书，20世纪90年代后有了一定的积累，开始向精品社科人文类出版的拓展，出版了一批很有学术价值和文化意义的好书，如《满铁与侵华日军》、"大学人文系列""珍稀文献系列""中医文化系列""雅典娜思想译丛""法兰西书库"、《钱穆作品集》等。还有一个例子也可以说明守正和开拓的关系：成都时代出版社的前身曾经是蜀蓉棋艺出版社。20世纪80年代，很多棋类爱好者都知道这家出版社。早先的蜀蓉棋艺出版社藏龙卧虎，有很多棋类大师。很多还是中央领导的棋友，有近1/3的员工是专业运动员。它们出版的棋艺类图书在全国是最权威的。但是，随着2001年更名为成都时代文艺出版社，面对着市场、体制的变革，仅仅靠棋艺类图书出版显然不能支撑出版社的发展，成都时代文艺出版社一度处于全国图书出版市场的边缘地带。后来在新的领导班子带动下，他们又开拓了"时尚生活专家""时代印象""人文天府"等生活休闲类、人文社科类、地方文化类的系列图书，开拓了新的领域和空间，取得了很好的效果。现在，他们的核心出版依然是棋艺类，但却增加了新的品类，有了新的市场空间，提高了出版社的市场竞争能力。

拓新不忘守正，守正不固步自封，这是一个企业发展的辩证思想。当然，拓新一般是以基本专业为核心的扩张，如从教育到学术，从文化到学术等，做传统文化出版可以扩张到传统的饮食文化、传统的体育文化、传统的娱乐文化、传统的养生文化，也可以扩展到旅游文化，这种扩展绝不是放弃本专业，而是借助本专业出版在业内的影响来拓展自己的出版范围，开创新的市场。

（二）图书市场的专业分类

目前的图书市场分类的标准较为混乱，如果按图书检索码来分类，图书的分类有马列哲学类、文学类、语言类、史学类、文化传播类、经济类、科技类等。但是，从目前图书市场的分类看，多着眼于从读者群体的角度来分类，如少儿读物、青年读物、成年读物、女性读物等。但在分类过程中又考虑了读者不同的阅读目的和不同的阅读需求。如为了满足读者提高修养的阅读要求、获取资讯的阅读需求、休闲娱乐的阅读需求，则分为下列几大类。

1. 学术文化类

严格地说此类图书包括学术类和文化类。

学术类：又可细分为社会科学和自然科学，而社会科学和自然科学还可以继续细分，如社会科学可分为政治、哲学、历史、语言文学、宗教、心理学等，这部分图书的市场集中在图书馆、学生、学术专业研究人员及团体。数量不大，定价较高，市场进入门槛高，竞争激烈，投资回报高但慢，因此此类出版市场多为有规模的大出版商所控制，而且专业的学术出版永远不会成为一个出版企业的独门业务，一般都是学术、教育一体，以教育养学术，或是有国家专项基金的支持。如：我国的社会科学出版社、高等教育出版社、清华大学出版社、北京大学出版社等，世界的如霍尔茨布林克出版公司、汤姆森国际教育出版公司、麦格劳—希尔集团、牛津大学出版社、哈佛大学出版社、剑桥大学出版社等，无不有教育类出版的支撑。

文化类：可以分为大众文化类和精英文化类。精英文化类学术气较浓，专业化程度较高，从这一点来看，这一类更近于学术类，但又不完全是为了满足学术研究而出版的图书。这类图书多数是为了提高人们整体的文化修养，提升人生品位而出版的，只不过更加适合读书人（知识分子）来阅读。而大众文化类则更加具有普及性质，可谓有专业分类，无学术之目的，更加适合普通大众的阅读。目的是满足普通大众提高文化修养或提升人生品位的阅读需求。如今我国的文化类读物多属此类，如百家讲坛类、名人品味人生类、名人小品散文类等。

2. 教育、学习、成才类

这类出版物的市场庞大，其中可以按不同的标准分为不同的类别。如按照职业分工的不同分类、按照不同的教育对象分类、按照不同的教育场合（如职业教育、家庭教育、学校教育等）分类等。这一类图书从20世纪

90年代到目前，一直是市场的主力，其中教材、教辅是全世界热衷的出版品类。我国有实力的出版社与民营出版企业都在争抢这块蛋糕，如金太阳（江西）、世纪金榜（山东）、教与学（浙）、索盟（川）、星火传媒、曲一线等。而世界出版前50强的出版巨头也多以教育出版为主，如培生集团、学乐、汤姆森、麦格劳—希尔等。学习、进步、成功是一代代读者不辍的追求，因此教育、学习、成才类出版也将是出版业永久的蛋糕，更是初入出版领域者挖第一桶金的目标。

3. 文学类

文学是人类永恒的追求，也是人类永远的关注点。文学出版伴随着人类出版史的发展，历经千年而不衰。即便人类步入更加理性和更加追求实利的今天，作为人类精神家园的文学也还是出版业市场份额的大部分，居历年畅销书榜首的也还是文学。因此，说文学出版是出版业的半壁江山实不为过。文学出版还可以进一步细分，从文学的来源和时代划分，有中国本土文学类，有引进翻译文学类，有古典文学类、现当代文学类；从文学读者对象分，有成人文学，有少儿文学，有青春文学；从文学体裁分，有诗歌、散文、小说、纪实（如人物传记等）、影视戏剧（曲）文学；此外，近几年还出现了类型文学的概念，如职场小说、官场小说、财经小说、绘本漫话、魔幻小说、悬疑小说、惊悚小说等。

4. 生活类

生活类同样是一个庞杂的出版产品大类。为了满足读者不同生活内容的不同要求，从各个不同的角度来指导人们生活的出版物，都可以划归为生活类。吃喝拉撒睡、衣食住行乐、孕育、健美、宴游、交际、休闲、宠物、花草……无所不包。可以说这是出版业最容易赚钱的领域，因为需求量最大，所以也是书商们最热衷的领域。要想做好，同样须要从某一个专业切入进去。

5. 经济管理类

经管类图书可以分为经济类和管理类，当然也会同上述各品类图书有交叉。如学术类中会有经管类学术著作，教育成才类中就会有经管类的教材；生活类中也会有家庭理财、个人理财类的图书。总之，按照读者的分类、读者的层次以及专业的分工，会有不同的分类和不同的层级。目前选题的趋势由宏观到微观越来越细化，针对性越来越强。

6. 少儿类

同样分成不同的总类。低幼认识事物类、启蒙识字类、智力培养类、道德情感教育类、校园文学类、经典阅读类、卡通漫画类等。

以上的出版物的分类只可以说是粗略的，随着出版市场的不断细化，不断类型化，出版物的专业分类还可能出现新的标准，出现不同的类型。但是无论如何分类，都可以大致为我们所要经营的业务画出基本的范围或者专业轮廓，我们可以在这样大的范围和专业轮廓中分析选择，找准自己的市场和专业定位，努力经营下去，争取一鸣惊人或一步步地迈向成功。总之切记：专业化出版，或者说目标性出版是出版事业走向成功的重要法则之一。

二、市场方向

所谓市场方向指的是出版物所要面对的读者群体。

任何行业都存在市场环境这个问题，出版业更是如此。虽然我们做的是文化，但千万不能把自己关在象牙塔中，出版业是创意性产业，从某种程度上说是主观性较强的行业，但是市场却是现实的、客观的。了解市场环境，看清市场潜能，或者培养市场前景，是一个出版人，或者说一个出版组织领袖所必须要做得功课。因此，市场方向的把握和对读者的研究工作分不开。例如：成功进军英国图书市场的中国出版人黄永军，在读者工作上就下了很多功夫。他1999年涉足中国出版领域，创办了求是园文化传播公司，主攻社科类图书的出版。2008年，开始进军伦敦，在伦敦注册了"新经典出版社"（New Classic Press），这是中国民营出版的第一家海外出版社。他在开始自己业务之前，先研究了英国亚马逊网站和瓦特斯通书店与中国有关的各类畅销书，发现最受欢迎的是汉语学习和中国饮食、烹调类图书，而中国古典名著类并不受欢迎，倒是当代作家情感类的小说比较畅销，还有就是中国人的自传，尤其是国外中国人的情感故事比较受欢迎。此外，他还发现了一类既符合英国人口味，又有很强操作性的图书，那就是与中国有关的商业类选题，如《怎样在中国投资》《中国震撼世界》等。于是他回国物色到了《思考中国——中国成功发展的秘密》《投资中国——全球商业领袖谈中国经济》《赢在中国——全球500强CEO谈在中国投资》等图书，拿到版权后便开始了英文的翻译出版。2009年在伦敦书展上，黄永军的"中国系列"英文版摆到了展位上，3天时间订出去一万多本，取得了很好的效果。后来，他又开始了汉语教学类图书选题的策划和出版工作。这一切都基于他对英国读者需求和阅读兴趣的充分了解。

（一）对读者的了解和解读

读者：读者是具有一定阅读需要和阅读能力的群体，是出版物的消费者。读者的两大行为群体是：

（1）图书馆学意义上的读者：以借阅图书馆所藏书籍、报刊来满足阅读需要的人。这个群体只是阅读者，不是直接的购买者、消费者。但是却是间接的消费者，因为有了这些读者的阅读需求，才会有图书馆的购买行为。

（2）出版学意义上的读者：既是出版物的阅读者，也是出版物的直接购买者和消费者。图书出版的读者显然主要指的是后者，因为从行为方式上看，前者只是阅读主体，而不是购买主体，所以出版商们更加关注后者。但是也不完全是这样，因为图书馆学意义上的读者可以促进图书馆成为某类图书的购买主体，或者他们的阅读行为影响社会的阅读风尚，从而带动某一类图书的热销，这样说来，两者又是互为联系和互为影响转化的。所以我们也经常可以看到某些出版产业报关注某些大图书馆图书借阅率排行榜，这样的排行榜可以为出版产业的产品生产提供有效的参考。

（二）读者的特点

（1）广泛性。每个人都有成为读者的可能性，即便不识字的人，也可以成为读者，如读图片、读声音。读者的这种广泛性就和食品、服装的消费者一样，文化营养、信息需求和食品与服装一样，是每个人不可或缺的生活保障。从这个意义上说，读者是无所不在的，每个人都是出版产业的潜在或现在消费者。读者的这种广泛性是出版产业永久发展下去的基本础。

（2）复杂性。读者的类型、读者的层次、读者的心理是很复杂的，甚至可以说是难以理清的，这种复杂性既为图书出版的成效带来了不确定性，也为出版提供了无限可能。

（3）间接性。读者的间接性主要体现在他们的阅读客体多数为再生文献，即出版产品而非原生文献，所以脂砚斋并不是出版学意义上的读者。读者的这种间接性是文献生产存在的基础，也是出版业存在必要性的体现。

（4）不确定性。不确定性是指读者对阅读客体的选择存在很大的机动性，为了满足不同时期的不同需求、不同的阅读目的，读者对客体的选择是会发生变化的，而非一成不变。

（5）自主性。读者对阅读客体的选择不是被强迫的，而是自主性的选择。当然，科举考试所规定的图书、高考必考科目对部分读者有一定的约束作用，但也仅仅是一定程度的、部分的而非完全的规定或约束。

（6）选择性。选择性不但体现在对种类的选择上，还体现在对内容、形式、品质、品牌的选择上。选择性阅读而非盲目阅读，为出版业的竞争提供了舞台。

（三）读者的划分

这是读者复杂性的表现之一，也是出版物类型化的根据。对读者的划分有不同的标准，通常出版界会从下面几个方面来划分读者：

（1）按年龄划分。如低幼读者、少儿读者、青年读者、中年读者、老年读者等。

（2）按性别划分。

（3）按职业划分。如法律职业背景下的读者，商业、金融业背景下的读者等。

（4）地域划分。英美国家或英语国家读者、中国或汉语国家读者。

（5）按文化水平划分。如一般大众读者、知识群体读者等。

（四）读者的层次

读者层次的区分根源于读者的专业化程度和文化学养的高低。对读者层次的划分，有助于确定图书的品级。

（1）专家学者中的读者。这部分读者应该说是处于金字塔尖上的，精而少。

（2）高层次读者。专业化程度虽低，但品位很高，所谓的精英阅读群体。

（3）中等层次读者。文化程度较高的大众文化阅读群体。

（4）低层次读者。文化程度最低的阅读群体。

（五）读者需求和阅读层次、需求量的关系

（1）研究创造和探索的需求——精英阅读——数量小。

（2）求知和审美的需求——文化阅读——数量较小。

（3）实用的需求——资讯学习阅读——数量较大。

（4）消遣娱乐的需求——娱乐阅读——数量最大。

（六）阅读心理和图书品类的对应关系

阅读心理：指读者接受文化传播的心理机制，表现为对某种信息或知识的特殊的、积极的接受意向，具有感情色彩。

学术类图书——满足研究心理需求。

知识类图书——满足求知心理需求。

探索类图书——满足好奇心理需求。

趣味类图书——满足娱乐心理需求。

传记类图书——满足慕名心理需求。

艺术类图书——满足审美心理需求。

自助类图书——满足实用心理需求。

对读者的分析和了解，有助于我们综合考量市场的方向，为我们有一个正确的市场选择奠定基础。

（七）世界出版公司专业状况举例

表3-1　2012年与2011年世界出版20强

2012	2011	出版商	母公司
1	1	（英）培生	（英）培生
2	2	（英、美、荷）里德·爱斯维尔	（英、荷、美）里德·爱斯维尔
3	3	（美）汤姆森·路透	（加）汤姆森家族企业
4	4	（荷）威科	（荷）威科
5	6	（法）阿歇特	（法）拉加代尔
6	8	（西）星球	（西）星球集团
7	7	（美）麦格劳·希尔教育	（美）麦格劳·希尔
8	5	（德）兰登书屋	（德）贝塔斯曼
9	11	（德）霍尔茨布林克	（德）霍尔茨布林克
10	10	（美）学乐	（美）学乐
11	9	（美）盛智学习集团	（美、加）安佰森
12	13	（美）威利	（美）威利
13	12	（意）阿哥斯蒂尼	（意）阿哥斯蒂尼集团
14	15	（日）集英社	（日）一桥集团
15	16	（日）讲谈社	（日）讲谈社
16	17	（日）小学馆	（日）一桥集团
17	33	（美）读者文摘	（美）RDA控股集团
18	14	（美）霍顿·米次林·哈考特	（美）教育媒体与出版集团
19	19	（德）施普林格	（瑞、新）EQT与GIC控股集团
20	18	（美）哈珀·科林斯	（美）新闻集团

1.（荷兰）布里尔出版公司（Brill publishers；Brill Academic Press）

成立于1863年，拥有300多年的历史，国际性学术出版商。秉承学术等于特色的理念，主要致力于历史、宗教、哲学、圣经学、语言、国际关系、国际法等专业出版，尤其在圣经研究、神学和语言学、人种学领域的出版享有盛誉。它的创始人Luchtamans Brill与当时荷兰的学术研究中心莱顿大学建立了密切的联系。曾经创有西方世界历史最悠久、最著名、最具权威的汉学杂志《通报》（T`oung pao 1886年）。300多年来，经过几代人的努力，始终忠实于学术出版的承诺。现在美国波士顿设有分部，并与英、法、德、中国出版界有密切的合作，如：2007年，与北京大学出版社进行合作交流。

2. （英国）考根·培奇出版社（Kogan Page Publishers）

仅仅40年的历史，是欧洲最大的经管类图书独立出版商。以国际企业管理类图书为核心，致力于营销、金融、经销、人力资源、培训、物流、运输商务、国际商务、小企业经营、税收、资产管理、驾驶、教育参考、个人职业开发、个人理财、个人消费指导类图书的出版，是专而全的经管类出版企业。它的发展优势在于与有关行业协会、政府机构、商业组织建立了稳定而密切的联系。近几年比较畅销的图书有《企业按需解决方案》《风险投资基金》《与客户打交道》《企业出售完全指南》《手机革命》等。

3. （美国）麦格劳·希尔国际出版集团（McGraw-Hill Publishing Company）

超50亿美元的世界大型出版集团，20世纪以来一直位于世界出版前十强。创始人詹姆斯·麦格劳曾是纽约背部的一名教师，1884年开始从事出版业务，1888年出资购买了《美国铁路设备期刊》。另一创始人约翰·希尔曾经是《机车工程师》杂志编辑。两个人在合作之前都对科技出版有兴趣。1909年二人结成联盟，组成了麦格劳—希尔图书公司，主要出版工程学等科技类图书。20世纪三四十年代，扩大到航空、健康、核能、商业、社会科学等领域；50年代，教育出版迅猛发展，大学教材，尤其是理工类图书成为主要产品，而科技类，如石油工业类、计算机类也占有很大比例；1963年涉足外语教学类出版，经营向更多领域扩张，如金融资讯类。旗下的《商务周刊》是美国权威的商务资讯类期刊，发行量及影响指数很高。此外，拥有令人自豪的专业队伍，当然，遍及世界各地、具有丰富经验的编辑销售从业人员更是它们成功的一个重要原因。以高等教育出版为例，它们的编辑往往由各地的教育评估专家承担，并具备开发产品的能力。

4. (英国) 英国物理学会出版社 (The Institute of Physics Publishing)

1874年从物理学期刊的出版发展而来。20世纪60年代，成立了专门的出版机构，即物理学会出版社，旨在传播物理学知识，目前已经成为全球范围内领先的物理知识出版社。在美国费城、华盛顿，中国、日本、俄罗斯、德国设有分支机构，出版物销售范围覆盖全球120多个国家和地区，可以说读者群、作者群遍及世界。和各国物理学会、国际原子能机构、国际计量局、伦敦数学学会、欧洲光学学会、瑞典皇家科学院、放射保护学会、医学物理和工程学会、中科院等离子所及中国力学学会等机构合作，开展出版业务。值得一提的是，英国皇家物理学会出版社是一家自给自足的慈善机构。

5. (法国) 伽里玛出版社 (Groupe Gallimard)

1911年由加斯东·伽里玛 (Gaston Gallimard) 创建于巴黎，法国最大的文学类出版社。出版社书目品种达2万余种，涵盖8000多位作家的作品。该社出版的大量图书已经被翻译成多国文字出版发行，主要集中在人文科学经典读物方面，同时也包括历史学家和学者的最新研究成果。伽里玛出版社在建社之初就与法国文学界的重量级人物保持着密切的联系，曾得到纪德、马尔罗、格诺和加谬等人的支持，签约了大量大师级的作家；19世纪的二三十年代，伽里玛旗下的作者8次获得龚古尔 (Prix Goncourt) 文学奖；19世纪70年代，旗下的作者18次获得诺贝尔文学，27次龚古尔文学奖 (Prix Goncourt)，18次格兰特奖 (Grand Prizes)。1986年拓展出版范围，推出了"发现丛书"。伽里玛出版社有一套始终如一、行之有效的审读管理系统，在社内社外都建立了权威人士组成的审读机构——审读委员会，对稿件进行初步筛选—专业审读—社内复审—社内讨论，最终决定是否出版，著名作家加谬就曾经是审读委员会成员。所以伽里玛出版物的品质一直是精而又精的，被视为法国文学的代名词，堪称文学出版的巨人。

6. (美国) 学乐出版公司 (又名斯科拉斯蒂克Scholastic)

这是全球著名的儿童图书出版商和发行商，也是儿童教育领域的技术领头人。因成功出版了"哈利·波特"系列图书，更加为世界所瞩目。

1920年，罗宾逊（Maurice R. Robinson）在美国宾西法尼亚州的匹兹堡创立了学乐出版社，创立之初的学乐只是一家教室杂志（Classroom Magazine，一种辅导学生学习的刊物）社。当年10月出版第一本刊物 The Western Pennsylvania Scholastic。今天，学乐已经拥有35种杂志。1926年出版第一本图书，20世纪80年代进入学校教育图书市场，90年代，随着"鸡皮疙瘩"（Goosebumps）儿童恐怖系列的巨大成功，学乐得以迅速发展。该系列图书已经发展到167种，并被翻译成40种语言出版，印刷版本的销售量超过2.15亿册，此外还有电视和CD-ROM版本的产品。1997年，学乐购买"哈利·波特"的美国版权，开始出版"哈利·波特"系列图书。2000年，在美国已经极大地扩展了教育出版，并进入了儿童娱乐市场，将其传统的国际业务拓展到拉丁美洲和亚洲。目前，学乐集团年销售额超过20亿美元，处于世界出版前十强，每年出版发行超过3亿册儿童图书，畅销165个国家和地区。在加拿大、英国、爱尔兰、澳洲、新西兰、阿根廷、墨西哥、印度、菲律宾、马来西亚、新加坡、泰国、印度尼西亚及我国台湾和香港地区均设有分公司。

学乐集团的业务主要有四项：核心业务是儿童图书出版和发行，这项业务集中在美国；其次是教育出版，主要集中在北美，然后是其他英语国家市场（以英国和澳大利亚为主）。该业务板块的发展势头比较好，尤其是在阅读领域，此外还有媒体、许可证和广告以及国际活动两项业务。学乐80%的业务在美国，并在16个国家和地区开设了办事机构，其图书出口到全球市场。

学乐集团的发展战略包含三个方面：第一，通过图书俱乐部、书展和直销的方式提升其核心业务——儿童图书出版和发行；第二，通过各种新技术的应用促进教育出版；第三，发展电子商务，促进出版业务的信息传播。在正确的发展战略指导下，学乐成为出版巨头——培生集团（Pearson）、哈珀·柯林斯（Harper Collins）、贝塔斯曼集团（Bertelsmann）、艾格蒙特（丹麦Egmont）的强劲竞争对手。

学乐集团看好中国庞大的英语教育市场。2006年宣布进军中国，并与国内知名英文媒体、中国日报社与21世纪英文报社结成战略合作伙伴关系。学乐在中国的主要业务是报刊图书出版营销、英语培训以及英文报刊教学三大领域。目前，学乐在中国英语培训领域的业务已经初具规模，集团在上海开办了5个培训中心，主要为4至16岁的中小学生提供基础英语培训服务。

7. （英国）剑桥大学出版社（Cambridge University Press）

为世界历史最悠久、规模最大的纯学术与教育出版机构之一。有近430年的历史，有牛顿、达尔文、爱因斯坦、霍金这样的作者。每年发行2000余种图书及近230多种期刊，134种人文社会学科，105种自然科学类的期刊，发行遍及世界各地200多个国家，其中222种期刊有网络版。

1534年遵照皇家授令成立，但刚刚成立之初，由于伦敦处办公会垄断着印刷业务，出版业务并没有很快开展，直到1683年才开始了第一本书《关于基督圣餐的两种论述》的出版，经过400多年的发展，已经由开始专门出版《圣经》和祈祷类图书的出版社发展成了集各专业学科学术、教育为一体的出版巨头。它的业务涵盖科学技术类、人文社科类、医学类、工程技术类、外语教育类等不同学科。

高品质专业学术化出版是剑桥出版社的宗旨和不懈的追求。每年出版的2000余种新书，每一本都要由剑桥大学出版社学术委员会严谨讨论后批准，委员会由18位富有学识、来自不同学术领域的教授组成。由于出版的图书大多很专业化，又横跨几乎所有自然及人文科学，教授们的敬业、专业和投入令人十分钦佩。剑桥大学出版社理事会的出版委员会每隔一周开会，审议批准出版社的各项出版计划，这为剑桥400多年来保持高质量的出版水平提供了极大的保证。很多世界级学术巨星以能在这里出书而自豪，因为这里是世界学术的最高殿堂。

剑桥也是"数字出版的先驱之一"。剑桥大学出版社充分挖掘内容优势，利用了剑桥大学图书馆600余万册的藏书，扫描成电子书，与微软、谷歌、日立公司等合作电子书出版业务，此外，剑桥已将旗下的230多种学术期刊全部数字化并在全球销售，在英语学习图书方面，剑桥也已经构架了与教材搭配的英语在线学习系统和电子互动白板等最新教学软件，这些都为出版社的数字出版打下了基础。此外，剑桥出版社构建起了复杂精妙的数字控制平台，其信息管理系统包括了作者资料数据库、作者合同数据库、市场销售预测数据库、电子内容数据库、库存管理系统、订单管理系统和销售跟踪系统等197种信息管理系统。系统有效和准确地帮助了出版社管理所有的公司数据。

  从1998年至今，剑桥大学出版社开始正式全面进入中国市场，先后在香港、北京、上海和广州成立了代表处。目前，剑桥已经与外研社、上海外语教育出版社、高等教育出版社开展众多的业务合作，剑桥出版的外语各级别教材已经遍布中国图书市场，各类学术出版业纷纷被引进中国市场。

第四章
出版企业的组织管理与人力资源管理

第一节　组织结构及基本类型

组织结构是一个古老而广泛存在的话题,除非你的公司只有你一个人,否则,自从企业存在的那天起,组织结构就存在了。组织结构是管理范畴的概念,无论是政治管理、商业管理、企业管理,都绕不开科学有效的组织结构的设置。

组织结构的形式有无数种,也可以说,有多少公司,就会有多少各具特点的组织结构类型。公司的组织结构只有形式的不同,没有优劣好坏之分,不同的环境,不同的企业,不同的规模,会理性地选择合理的适合自身发展的组织结构。合理的组织结构能够提高整个企业的运作效率、增强市场竞争力,并降低竞争风险。认识到这一点,对于出版企业来说,十分重要。组织内的分工是因人而异的,成员的重要性由能力和贡献来决定,能力有区别,术业有专攻,贡献有大小。好的组织能让恰当的人在恰当的位置上发挥最大的作用,这也是科学的组织结构的意义所在。

一、组织

组织是由两个以上的个人有意识地加以协调的行为系统。

（一）组织的含义

从字面上看，组织有两个含义，一个是动词，一个是名词。从广义上来讲，组织是一个系统，而系统一词的范围是非常广泛的，来自古希腊语，原义是指复杂事物的总体。也就是说，从微观粒子到整个宇宙，无一不可称其为系统，而我们所要研究的组织是具有一定结构的系统。

（二）组织的限制条件

（1）两个人就能成为一个组织；（2）有意识地加以协调，两个人之间没有配合，各做各事，甚至敌对，水火不容，就不能称其为组织；（3）有共同的行为章程和工作目标，有组织就要有规范，即共同的章程。任何一个组织成员都是为着一个共同的总体目标走到一起来的。如DK出版公司的成员的一个共同目标是为国际市场出版高端、高品位、高质量的图文书。显然，出版公司也是以组织的形式存在的，构成出版组织的方向和内容是所有从业人员的行为目标，这个组织也会形成一个共同遵守的行为规范。而出版组织的目的在于协调、合作，共同发展。

二、组织结构

组织结构是为实现组织目标，对组织的全体成员进行分工协作，在职务范围、责任、权利方面所形成的结构体系，是表明组织各部分排列顺序、空间位置、聚散状态、联系方式以及各要素之间相互关系的一种模式，是整个管理系统的"框架"。组织结构不是僵化不变的机构设置，而是一个不断调整的动态结构体系，在本质上是为实现组织战略目标而采取的一种分工协作体系。组织结构必须随着组织的重大战略调整而调整。

（一）组织结构

组织内部分工协作的基本形式或框架，称为组织结构，即在职能和职务的分析设计基础上进行部门化、层级化。

1. 部门化

根据不同的职能和业务，将组织活动分解为不同岗位和部门业务，按不同标准进行划分，是一种横向的划分，其标准标志有职能、时间、工艺、产品、区域、用户等。如传统出版社的总编室、各编辑室等，每个部门有每个部门的职责，总编室负责各编辑室的管理及图书生产的事务性工作，而各编辑室本着本编辑室的出版方向和出版业务目标来安排自己的出版工作。

2. 层级划分（纵向划分）

根据管理幅度限制，确定管理层次，规定各层级管理人员的职责和权限。如一个出版企业下设有事业部，事业部又下设几个分部，各分部下有几个编辑工作室。体现了分级层管理的纵向特点。

（二）组织结构的功能

组织结构为组织成员提供一个基本的组合框架，而这一基本框架的组合目的是分工协作，其中，分工是协作的前提，协作则是分工的目的，而两者的最终目的就是能让这个组织尽可能地达到效率最大化。

（三）组织结构的实质

反映组织成员之间的分工协作关系，设计组织结构的目的就是更有效、更合理地整合组织成员的力量形成组织合力，为实现组织的目标而协同努力。

（四）组织结构设计原则

1. 有具体的任务和目标

因事设职，因职用人。如出版企业事业部制，对每一事业部的出版任务有明确的规定，或规定年出版图书品种，或规定年销售利润，根据任务和目标来设定各个岗位的职员及每个职员的职务和目标责任。

2. 分工协作

有分工，也有协作。组织结构的部门和部门之间，职位和职位之间不是封闭自行的单元，而是虽有明确分工，但是却相互联系、相互协作的系统，如出版社的总编室和各编辑室之间，就是在分工条件下的协作关系。没有明确的分工，出版工作就会失去秩序，而没有相互间的协作，出版工作也会难以有序高效地运行。

3. 精干高效

机构少而精，工作效率高。机构的多和少是相对而言的，无效的机构、无用的职位再少也是多，如传统出版社存在一个通病，就是行政部门臃肿，职位多，而专业职位却严重不足。有的出版社全部职工有40人，而编辑人员却不到10人，造成的直接后果就是出版物间接成本高，直接影响利润。显然这样的组织结构不是精干高效的组织结构。比较而言，一些民营的图书出版文化工作室，事务性机构精而简，出版物的间接成本低，总成本就低，图书的利润空间大，定价低，在市场上赢得了很大的优势。

4. 集权分权相结合

集权便于命令的下达和执行，但过于集权则会带来经营和管理的僵化，严重时还会滋生腐败。而集权分权的有效结合，会使企业的运作更加高效。

5. 权、责、利对等

权大责小、责大权小，是危险的组织。

6. 管理幅度有效

所谓管理幅度指的是一个领导者能够直接有效地领导其下属的人数。管理幅度与管理层次（最高管理阶层到最低管理组织的等级）成反比的关系。也就是说，管理幅度越大，管理层级越少。

7. 便于统一指挥，形成等级链

任何一个下级只能有一个直接的上级。

三、出版企业组织结构类型

（一）U型组织结构（United Structure）

19世纪末20世纪初，西方大企业普遍采用的是一种按职能划分部门的纵向一体化的职能结构，即"U"形组织结构。它的特点是企业内部按职能（如生产、销售、开发等）划分成若干部门，各部门独立性很小，均由企业高层领导直接进行管理，即企业实行集中控制和统一指挥。"U"形组织结构适用于市场稳定、产品品种少、需求价格弹性较大的环境。"U"形组织结构还可以细分为以下三种结构类型：

1. 直线制结构（Line Structure）

即每个主管对其直接下属有直接的管理职权，每个人只能向一位直接上级负责，主管人员有完全的职权。这种结构的优点是结构简单，责任、职能明确，决定迅速。但它的缺点也显而易见，突出的表现是在组织规模较大情况下，所有的管理职能都集中在一个人的身上，责任由一个人来承担，相应地就会增加管理的难度，容易造成集权现象。任何一个组织或企业如果有了集权现象，就容易导致腐败，国有企业在这方面表现尤为突出。

直线制结构适用于企业规模小、生产技术简单或现场作业的管理，而且还需要管理者具备生产经营所需要的全部知识和经验。这就要求管理者，特别是企业的最高管理者应当是"全能式"的人物。

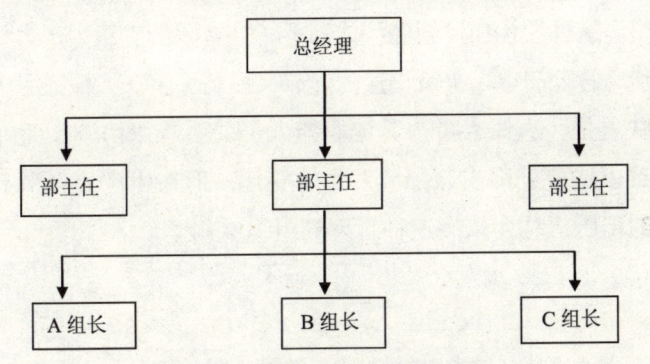

图4-1 直线制组织结构示意图

2. 职能制结构（Functional Structure）

职能制结构是按职能实行专业分工的管理办法来取代直线制结构的全能式管理模式。在组织内设置若干职能部门，各个职能部门都有权力在各自的业务范围内向下级下达命令，也就是各基层组织都要接受各职能部门的领导。下级既要服从上级主管人员的指挥，也要听从上级各职能部门的指挥，这种组织结构的优点是有利专业管理职能的充分发挥，而缺点则是下级的基层组织"婆婆"多，容易破坏统一指挥原则。就目前来说，这种组织结构已经没有现实意义，因此并不普遍被采用。

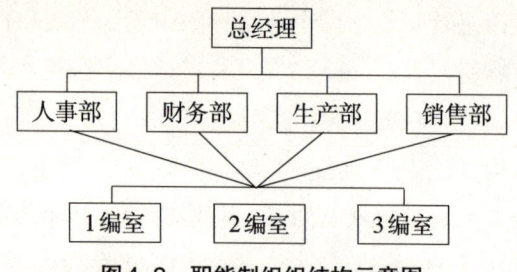

图4-2 职能制组织结构示意图

3. 直线-职能制（Line and Function System）

组织内部既设置纵向的直线指挥系统，又设置横向的职能管理系统，直线指挥系统保证直线统一指挥，职能管理系统充分发挥专业职能机构的作用。从企业组织的管理形态来看，直线—职能制是U型组织结构的最为理想的管理架构，因此被广泛采用。它的优点是，既保证组织的统一指挥，又加强了专业化管理。我国国有出版社（企业）主要采用直线—职能制组织结构，以编辑室为中心，设有编辑、校对、设计、印制、发行等多个相对独立的职能部门。这种架构在计划经济体制下，与有限的出版生产力相适应，具有分工明确、管理简单、决策迅速的优点，提高了生产，保证了质量。

它的缺点是，直线人员与其他职能人员关系难以协调。此外，传统的静态结构难以适应外部出版环境发生的变化。但在生产力水平不高的条件下，传统的出版机构多采用这种管理的组织结构。

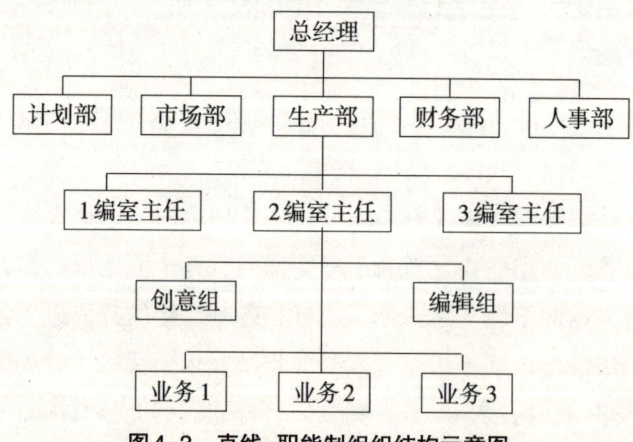

图4-3 直线-职能制组织结构示意图

（二）事业部制，即M型组织结构（Multidivisional）

在直线—职能制框架基础上，设立独立核算、自主经营的事业部，在总公司的领导下，统一政策，分散经营。这是一种分权化的体制。划分事业部的标志或标准各不相同，有的以产品为标准进行划分，如经济管理类图书出版事业部、文学类图书出版事业部、传统文化类图书出版事业部等；有的以项目为标志进行划分，如喜洋洋与灰太狼项目事业部、21世纪西方经典哲学丛书事业部等；有的以地域为标志进行划分，如华东地区事业部、珠三角地区事业部、东北地区事业部等。M型组织结构是一种多单位的企业体制，但各个单位不是独立的法人实体，仍然是企业的内部经营机构，犹如企业的分公司。

半个多世纪以来，事业部制在全球迅速推广，在现代大型企业中普遍被采用。实践证明，事业部制使大企业在扩大规模后仍可以显示小企业的优势与活力。世界很多出版集团也采用这种架构，以日本讲谈社为例，它将庞大业务按产品、受众群体、市场容纳特性等因素划分为一个个较小的业务个体。部门的编辑是一个综合性的管理者，拥有作者、编辑公司和印刷厂资源，并自主遴选课题，管理综合业务。我国出版业在逐步的市场化过程中，对这种行之有效的管理机构类型也有所借鉴和采纳。2001年初，外研社在原有的"工作室"的基础上成立"大学英语部""中小学英语部"等八大事业部。这种管理模式和经营理念的改变，激发了外研社的活力，为外研社带来了巨大的经济效益，利润从2001年的6,855万元跳跃升到2002的1.6亿元。效果非常明显。事业部制在出版业的应用，使出版社在统一的领导下，依据规定的出版范围和方向，以市场为中心，以编辑业务为主体，形成了责权利相统一的授权经营实体。这会极大地发挥各事业部的主观能动性，创造更大的效益。

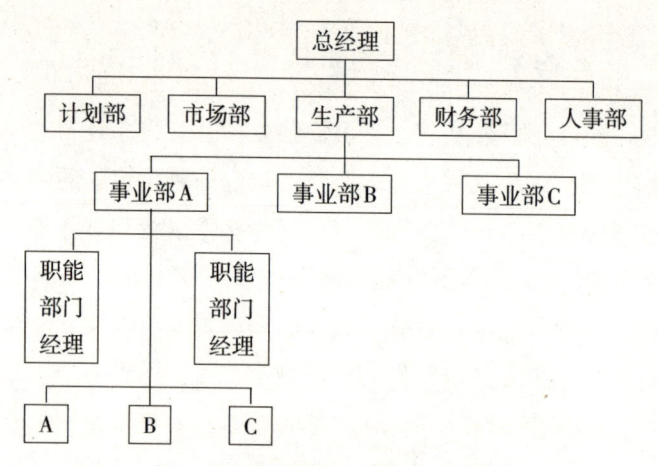

图4-4　事业部制组织结构示意图

1. 事业部的基本模式

（1）按出版范围或专业出版方向设立事业部，如外语事业部、法律事业部等。事业部的业务范围包括市场调研、选题策划、书稿审读加工、装帧设计，对定价、印数负责，对销售折扣、渠道等有建议权，负责制定营销宣传方案和促销工作，区别于传统的编辑室只从事选题策划和书稿的编辑加工工作。

例如：新华文轩出版事业部。新华文轩出版事业部是四川新华文轩连锁股份有限公司的一个事业部。新华文轩连锁股份有限公司是在四川新华书店责任有限公司基础上发展而成的，是从出版下游即发行走向上下游通吃即出版发行同时经营的一个大型文化产业。2007年在中国香港地区上市后成为连锁股份有限公司，并整合了各个出版子公司后，成立了出版事业部。下设4个职能部门（运行管理部、总编室、市场部、出版物国际合作部）和7个业务实施部门。这7个业务实施部门是按照图书品类和业务专业进行的分工，它们分别是：①助学图书开发部，是在原宏哲公司基础上成立的，主要业务负责助学类读物和职业教育类读物的开发和出版；②生活图书开发部：负责生活类、心理类图书的开发和出版；③少儿图书开发部：在原四川新华出版公司基础上设立，负责各种少儿图书、幼教类读物的开发；④社科图书开发部：从原新华立品基础上发展而来；⑤财经图书开发部：负责财经类图书开发出版；⑥传媒公司：从事少儿类期刊的出版发行；⑦文轩教育研究院：致力于现代传媒技术下的教育出版业务和教育服务业务研究。每一个业务部总负责人是各个生产线的总编辑，而不是独立的法人实体。事业部制体现了集约化和专业化的发展方向，这几个事业部各有自己的出版经营范围，类于一个出版集团旗下的各个专业出版社，但在各职能管理上，受总出版事业部的统一管理。

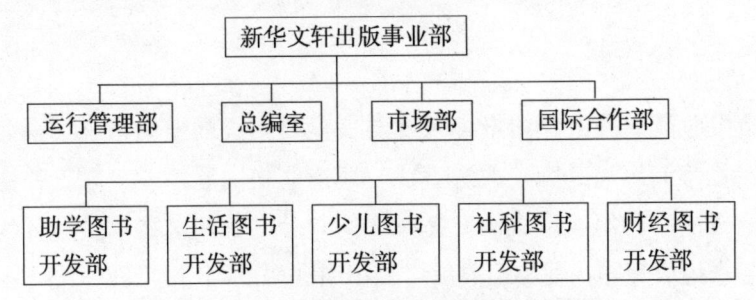

图4-5 新华文轩出版事业部组织结构示意图

（2）在纵向关系上，事业部制本质上是一种分权模式。按照"集中决策，分散经营"原则，领导层研究和制定发展战略、经营目标，最大限度地把管理权下放各事业部。各事业部有一定自主经营意识，充分发挥自身的积极性和主动性。

（3）在横向关系上，各事业部均为利润中心。在财务集中管理的基础上，各事业部分设账户，实行独立核算。各事业部之间、事业部与出版社之间分账结算，是模拟的市场关系。

（4）出版社高层和事业部内部仍实行职能式组织架构。为实现集中控制下的分权，提高管理的经济性，出版社要根据情况设一些职能部门，如资金供应和管理部门、物资采购、人事管理等部门。对事业部来说，作为独立经营单位，也要建立相应的管理部门。

2. 事业部制的优点

（1）有利于调动各个层次的积极性、主动性和创造性。如人大出版社对各事业部的选题管理主要负责其总体规模、出版结构、出版的重点和效益要求，具体的选题论证则由事业部自主负责。对各个事业部的各项业绩进行考核评估，做到奖优罚劣、按劳取酬。

（2）有利于专业化和实现规模效益。

(3)有利于培养综合管理人员。

3. 事业部制的缺点

存在分权的弊端,机构重叠,指挥不灵。对管理者要求高。

4. 事业部制适用的企业

面对多个市场的大规模的现代化企业组织。

(三)矩阵制

由按职能划分的纵向指挥系统与按项目组成的横向系统结合而成的组织。矩阵制组织是为了改进直线—职能制横向联系差,缺乏弹性的缺点而形成的一种组织形式。它把按职能划分的部门与按项目划分的小组结合起来组成矩阵,使小组成员接受小组和职能部门的双重领导。

这种组织的优点是机动、灵活,可随项目的开发与结束进行组织或解散。由于这种结构是根据项目组织的,任务清楚,目的明确,各方面有专长的人都是有备而来,克服了"U"形组织结构中各部门互相脱节的现象。它的缺点是容易破坏命令统一原则。

这种组织结构适用于一些重大攻关项目,突击性、临时性任务。

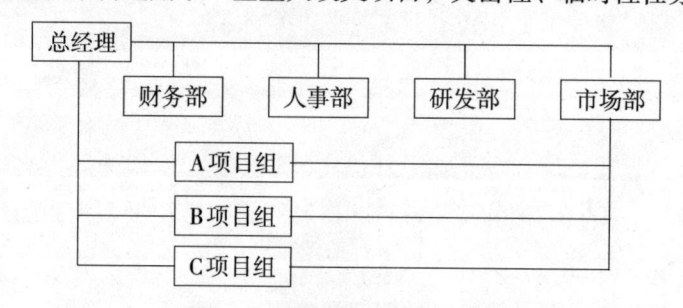

图4-6 矩形制组织结构示意图

(四)联合制("H"形组织结构,H指的就是控股holding)

"H"形组织结构是一种多个法人实体集合的母子体制,母子之间主要靠产权纽带来连接。H型组织结构较多地出现在由横向合并而形成的企业之中,这种结构使合并后的各子公司保持了较大的独立性。子公司可分布在完全不同的行业,而总公司则通过各种委员会和职能部门来协调和控制

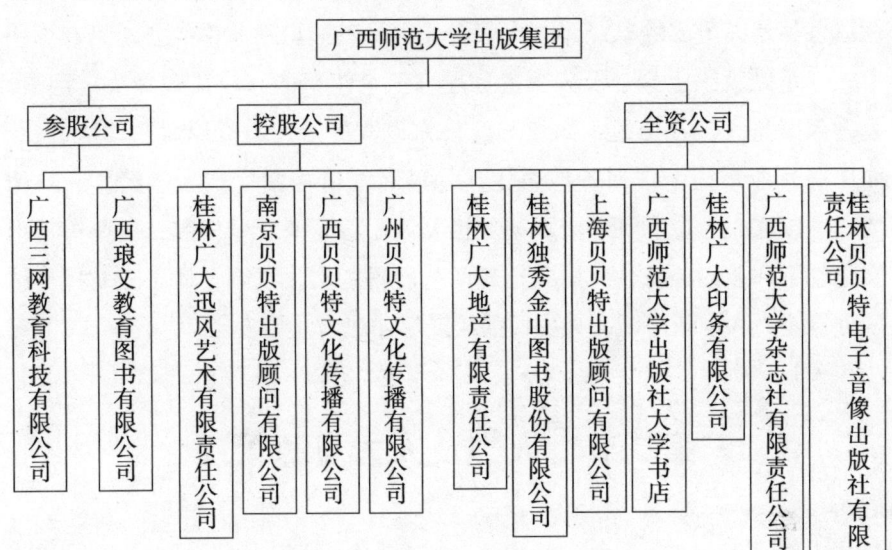

子公司的目标和行为。这种结构的公司往往独立性过强。

图 4-7　联合制组织结构示意图

（五）混合形式

多维制结构，又称立体组织结构，即既有联合制，又有事业部制或其他形式的组织形式。如北京凤凰联动文化传媒公司，在组织形式上就是联合制和事业部制的结合。

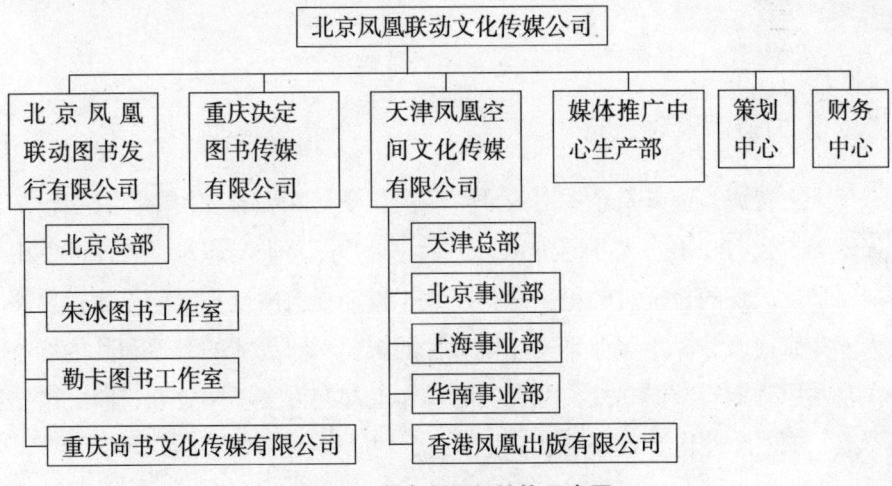

图 4-8　混合制组织结构示意图

所有事业都是人的事业，所有事业都是靠人来完成的，所以，所有事业体也都是人组成的事业体，出版企业也是一样。除非你的公司只有你一个人，否则就一定会涉及人事的问题。一个组织的兴衰成败，决定因素、关键因素是人，一个组织的核心竞争力也取决于人力资源而非其他资源。而出版企业不同于任何其他企业，是靠贩卖精神文化产品达到盈利目的的，所以在人力资源管理上不能照搬复制一般企业管理机制，而要体现出文化创意产业的独特性，以营造灵活、轻松的文化氛围，使员工发挥自己的创意能力和创新潜能，为公司的发展尽才尽力。

第二节　人力及人力资源管理

一、人才和人力

什么是人才？人才是具有某种特长的人。什么是人力？人力就是人的力量。人才不等于人力。以自己的才能为企业的发展做贡献的，虽是人才，但不是人力。因此，完全意义上的出版人力不仅仅具有智力因素的专业知识、专业技能、专业技术，还包括非智力因素的责任意识、文化理想和职业精神。

二、人力资源管理

人力资源管理是指企业对人才资源的科学培养和合理使用。其中包括人才的引入与积蓄、人才的辨别与配置、人才的培训与服务、人才的使用与保护、人才的合理流动等一系列环节，以期最大限度地利用人才，发展人才为企业服务。出版业是文化创意性的产业，对人才的管理和其他行业在基本原理上有共同之处，但在实际操作上却有许多不同之处，即个性化特点，这些个性化特点正是出版业形成个性风格及品牌必不可少的因素。

（一）人力资源管理的主要目标

1. 取得最大的使用价值

人力资源管理的首要目标，就是用科学方法使人与人、人与事作适当的配合，发挥最有效的人才运用，即"人与事配合，事得其人，人尽其才"，取得人才最大的使用价值，从而变人才为有效的人力。

2. 发挥人才的最大主观能动性，激发人才活力

美国著名学者罗伯特·塔克曾经指出："强迫手段能够带来的只是按命令的被动服从而已，只有当人们被真正地说服了，认识到政策的正确性，他们才会主动地、全力以赴地支持。"被动地服从去实现决策目标，带来的结果只能是低效，甚至无效、负效。只有"主动地支持"，才能充分发挥人的主动性和创造性，获得高效益。所以现代管理的新理念是，激励和鼓舞每个人自主地、情愿地努力高效工作。文化创意性突出的出版产业在激发人才活力、发挥人才主观能动性这一方面显得尤为重要。

（二）人力资源管理的职能

（1）研究职能——对人才资源及其开发与管理。

（2）战略职能——即规划职能，从人才是企业最宝贵的资源的观点出发，分析环境和市场竞争格局，预测未来形势及其变化，创新人才资源战略，制定人才规划，以实现企业的高效发展。

（3）选择职能——准确地发现、寻找、选择、聘用适合需要的员工和优秀的人才，把好"进口关"。

（4）开发职能——即管理职能。主要是制定科学合理的激励机制，包括竞争机制、奖惩机制、报酬机制、成功机制、配备机制等，通过任用、考核、培训、奖惩、升降、报酬、流动等手段最大限度地发挥人才的积极性、创造性，完成各项工作任务。

（5）处理职能——把好"出口关"，及时裁减、辞退、解聘不需要的人员，同时管理好退休员工。

（6）关系职能——对外使企业的人才资源管理与同行业、区域、国

家、国际的人才资源管理有机地联系起来，使外部人才资源成为本企业人才的活水源头和人才储存库。对内处理好员工与企业、上级与下级、各职能部门之间的关系。

（7）完善职能——建立人才资源管理的支持体系，包括福利、保险、医疗、安全、卫生等。

（三）人力资源管理战略

人力资源管理战略要与企业总体发展战略相适应、相结合。主要包括：
(1) 人才发现、寻找、吸引、招聘战略；
(2) 人才培养、造就、提高、使用战略；
(3) 人才保持、激励、留住、开发战略；
(4) 人才体系、梯队、结构优化战略等。

第三节　出版暨知识型企业的人力资源管理

什么样的人是出版人才？一提到"出版人才"，我们首先想到的是当代出版人应该具备的这样那样的素质，什么博闻强识、眼光独到、善于经营、强于沟通……还可能想到那些在出版领域中呼风唤雨的"领袖"们，出版行业的领军人物，如金丽红、黎波、安波顺、路金波、张晓波、吴晓波等出版名家……还有国有出版业的领军人物，曾获过国家级大奖的名牌编辑。他们是人才，我们承认。但是，出版人才不仅仅限于上述人等。出版人才资源具有无限的包容性和广泛性，它是一个整体性概念，既指那些出版界的高端人才，具有决策能力、能够引领市场的操盘手，企业的中坚力量，复合型人才，也包括那些具有某方面专业知识，某方面专业技能或某岗位具有工作能力的优秀人才，甚至还包括员工的承担工作压力和经营风险的心理能力。

20世纪90年代，美国出现了"新经济"模式，这是美国经济史上多年来没有过的现象，透过这些现象，人们普遍认识到美国新经济的增长源泉主要来自微软、英特尔等一大批知识型企业。

所谓知识型企业，是指建立在知识基础上，对知识进行生产、存储、使用和传播的企业。出版业虽然不是新经济，但从它诞生的那天起，就毫无疑问是知识型企业，因此它的人才战略和人才管理符合知识型企业的人才管理规律。

从人才在企业中的重要性来看，不断创新的能力是知识型企业人才的重要素质。所以企业人才资源管理的重点应放在如何有效地开发和利用人才的创新能力上。其主要着重点是：

一、招揽最优秀的人才

知识型企业的产品如出版物，要具有以往产品所不具备的"独特性"，只有如此，才能占领市场。因此，企业只有拥有具有创新意识、创新精神、创新能力的最优秀人才，才能在市场的竞争中占有优势。人才的价值是无限的，招揽和收编最有才华的人才比管理那些平庸的人要重要得多。

例如：长江出版集团的"金黎"组合，成为出版界招揽优秀人才，并放手使人才施展才能、发挥作用的典范。

金丽红精于策划，黎波精于渠道营销。在进入湖北长江之前，他们是业内闻名的畅销书运作黄金组合，被业界誉为"金黎"组合。他们供职于华艺出版社时，以出名人书而闻名业内，曾出版了王朔、刘震云、崔永元、白岩松、冯小刚、吴小莉、陈鲁豫、曾子墨等人的书，销量不菲。2003年后，两人一起转投长江文艺出版社，为长江文艺带来了知名的品牌与轰动效益，成为国有出版业吸纳人才、体制创新和变革的成功案例。

除了"金黎"组合，长江出版集团还招揽了"布老虎丛书"的策划人、原春风文艺出版社总编辑安波舜正式加盟北京图书中心，与"金黎"组合组成出版"金三角"。由安波舜策划出版的《狼图腾》，至今已发行200多万册，版权输出到30多个语种110多个国家和地区，成为北京图书中心获奖最多的一本书。2006年8月，长江文艺出版社注册成立北京长江新世纪文化传媒有限公司，不久又吸引了中国超人气青年偶像派作家郭敬明加入团队。郭敬明的加入，为长江文艺北京图书中心贡献的销售码洋，

2007年约8000万元，2008年达到1亿多。进入2009年，由于整个成人读物市场有较强的不确定性，北京图书中心在做成人读物方面比较谨慎，选题做的少了。但郭敬明的青春文学增长非常快，仅2009年上半年就突破了1个亿。

长江出版集团成功招揽了当时中国出版界最顶尖的人才，并且放开手脚留住人才的做法，的确是中国出版界不可多见的佳话。

二、发现人才

如果说招揽最优秀人才是理念层面的问题，那么如何发现认定人才就是具体的实践和操作了。什么样的人是人才？出版人才有哪些特质？如何考核？这是人才辨识的大文章，一时的一句半句真不好说清楚。除了我们专业课上讲的现代出版人应该具备的优秀品质和专业素质之外，衡量出版人才的标准还有很多，而且这些标准不能用来衡量一个人。如果拿所有的标准衡量一个人，恐怕难有合格者。这就需要我们有不拘一格降人才的理念了。人才不仅仅是有用之才，还必须是可用之才，适合某个岗位之才。

说到这，不妨给大家举个例子：广西师范大学出版社有一个编辑，名叫龙子仲。据言此人很怪，至少不具备所谓"团队"的精神，不善于团结协作。他孤傲，眼高于顶，不和等闲之辈往来；他的英语水平很差（好像也不符合现代出版人的要求），甚至没有达到大学毕业所要求的等级；他经常云游四方，不知所踪，一去就是几天甚至半个月；他习惯白天酣眠，晚上读书写作；他不愿用手机，只要他不想被打扰，不管是谁也别想找到他；他不能按照出版社的考勤制度准时上班，以至于一个月的工资被全部扣尽……一般的出版社很难容得下这样一个人，但当年广西师范大学出版社的第一任社长党玉敏却被龙子仲的才华和风神所吸引，把当时在校报做编辑的他招进了刚刚创办的出版社，第二任社长肖启明乃至现任社长何林夏都不但容纳他，而且还委以重任。社里规定，龙子仲可以不参加社里的考勤，还曾经任命他为编辑室主任，派其到北京，成为北京贝贝特文化传播公司的负责人，所谓"非常之人非常之用"。之所以这样重视一个自由、任性的人，是因为几任社长发现了他是个难得的非常之人才。他才华横溢，文化底蕴深厚，更重要的是他有着一般人所没有的对文化的敬仰和追求精神。他策划的"思考中医"系列，从2004年起一直很热，成为广西师范大学出版社近年双效俱佳图书的典范，是开启中医文化热的奠基之作。他主持策划、编辑了一批为广西师大出版社创立品牌效应的图书，在社会上有广泛的影响，如《跨世纪学人文存》《中国古代诗话词话辞典》，使广西师范大学出版社从文教性出版社向学术性出版迈出的第一步；《中华民国史史料外编》是广西师范大学出版社第一部大型珍稀文献，开珍稀文献出版之端绪；《科学家爷爷谈科学》获中国图书奖，成为广西师范大学出版社从文教型出版社迈向科学型出版社的开端；《郭小川全集》被媒体誉为"历史主义态度的编辑个案"，是"真正的全集"；《抗战史丛书》反响巨大。

通过这样一个例子，我们可以看出识别人才应该打破僵硬的条条框框，不要以世俗的眼光、世俗的标准衡量人才。就像伯乐相马，冷眼观看，又瘦又能吃的马，是很难和千里马联系在一起的，但却被伯乐所识，的确眼光独到。不拘囿于世俗观念，并不是说没有一般标准，一般标准应该是，这个人一定要有某方面的独特才能（如龙子仲同志国学基础非常了得），并且具有执着的精神，具有对文化的崇敬和追求（如龙子仲同志非常非常喜欢读书、思考、写作），是外表散淡，内心充满文化理想的才子。

三、人才的培训和培养

招揽最优秀的人才，并非易事。它需要机缘巧合，也需要公司在业界有好的形象、好的业绩、好的口碑、好的影响，最重要的是有好的机制、好的发展前景和收益。如果不是长江文艺及后来的长江出版集团在出版界的影响，给上述人等提供了发展的无限前景和希望，恐怕就难有当初的"金黎"组合、后来的安波舜、郭敬明的欣然加盟。由此看来，所谓的顶尖人才可遇不可求，多数人是处于金字塔中间层的人才，而且这些人才也不是一天造就的。这样看来，高素质的团队可以创造奇迹，但高素质的团队却不是奇迹可以成就的，而是企业科学的人才培训和锻炼机制造就的。在工作中学习积累，不断提高素质，是人才成长的必要条件。不但新招聘的人才需要入行、入门的培训，即便老职工，也需要不断地学习，以跟上不断变化的文化市场的发展。因此，要使员工能够较快、较好地适应工作需要，并不断创造新业绩，就必须加强对员工的培训，提高企业人才资源整体素质，使出版人才在浩翰的知识海洋里建立适应自己、适应环境的动态知识结构，综合运用知识进行创新、开发产品。纵观成就非凡的出版企业，无不注重对员工的培训和培养。如上海外语教育出版社本着人才强社的理念，制定了"学有所长、业务精干、团结协作、开拓创新的编辑出版经营管理队伍"的员工培养目标，每年都安排员工出国培训或进修，鼓励员工开展职业规划，创新"传、帮、带"机制，采取一帮一的形式，帮助新编辑在较短的时间内健康成长。为了企业的可持续发展，很多民营书业非常重视对员工的培训。星火传媒有自己的星火商学院，志鸿教育有自己的志鸿培训学院，金星教育每周五晚上开设"金星讲坛"，金太阳把每周四晚上的集中学习称为"亮光"工程。人才培训的有效方式很多，下面例举几种以供参考。

1. 人才的早期职业培训

指受聘员工一进入企业就要对其进行的职业培训。一般3个月到5个月不等。培训的主要内容是职业理想、职业价值观、职业技能、企业规范、宏观制度和法律法规等，以使新员工认识、了解自己将要从事的职业性质，培养职业认同感，掌握基本的职业技能，同时树立职业目标，规划自己的职业前景。

2. 人才的长期文化培养

书卷气是出版人重要的文化气质。这种气质源于对文化的崇敬和热爱。"腹有诗书气自华"，很难想象，一个对阅读无兴趣的人，在出版领域能够有什么样的发展和建树。诗书满腹、博闻强识、覃思精微、文采飞扬的文化气质是出版人，尤其是社科类图书出版人所必备的品质。培养员工的文化气质就是培养企业的文化精神，也是培养企业的核心竞争力。对员工文化气质的培养不是一朝一夕的事，也不是集中而训一蹴而就的事，它是一个企业常态化的工作。方式也应该是灵活多样的，如：倡导读书活动，举办读书体验演讲活动、读书征文活动；定期举办各类文化讲授班等（如饮食文化讲授班、文学讲授班、艺术欣赏讲授班、棋类文化讲授班……）。通过这样的或分散、或集中的倡导培训，培养员工的文化气质和文化品格，同时也可以增加员工的文化积累，培养员工的思维能力，开阔员工的文化视野，铸就员工的创意能力，最终反哺于企业的出版事业。

3. 人才的情商培养

热爱是最好的老师。一个出版人应该有着热爱而敏感的心，对生活、对家庭、对朋友、对社会、对世间万事万物，包括对每一本书籍、每一份杂志、每一张报纸都心存兴趣，心存热爱，心存敬仰，心存感恩。情商高者智商高，情商高者成功概率也大。所以对员工做情商的培训和培养是非常重要的。不抱怨的团队必然是充满活力的团队，也必然是高质量的创意团队。北京含章行文图书发行有限公司总经理于飞翔说：一个再有才华的人也可能在抱怨和碌碌无为中死去，但勤奋敬业、积极热情的人总会创造更多价值。让你的员工以积极的心态面对生活和工作，以爱的表情面对同事、领导、作者、读者乃至同行，以不服输的信心给人以力量，那么你的团队一定是战无不胜的。情商的培养可以融入日常工作的每一天，可以是管理者用心策划的活动，如爱国主义主题教育、感恩活动、美的体验，爱心奉献活动、各种文化体育比赛等，也可以是潜移默化的、不经意的，如一个生日的祝福、一句温暖的问候、一次真诚的谈话、午休时轻松的聊天，对生活、生命、文化、历史、哲学的轻松探讨……总之，情商的培养随时都可以进行，而且效果胜于任何正式的说教。

4. 人才的创意能力培养

创意是品牌的温床，在这张温床上，可以孵化出美丽的天鹅，这只天鹅就是企业的品牌。文化企业对人才最迫切的需求就是创意需求了，创意人才在出版业中永远是香饽饽。但是并不是所有的人才从一进入企业那天开始就具有超群的创意思维。也许他带着潜在的创意天赋，也许他有着厚重的文化积累，但仅仅是这些，创意的灵感还离他很远，还需要实际工作的锻炼，更需要公司的培训和点拨。创意培训不是一蹴而就的，他的方式也很灵活，并且因人而异，要有集中，有分散，少集中而多分散，因为创意具有个性化特点，批量的创意培训只能培养出一个模式的员工，那就谈不上创意了。鉴于此，可建议对员工的创意培训采用下列方法：

（1）鼓动法。鼓动员工就一个问题或一个项目提出大量的构想，想出的主意越多越好。这些创意并不一定都是理想的创意，但也要给予激励和赞赏。比如让员工们为自己的公司起很多名字，让员工就某个选题提出不同的运作方案等，这种方法会产生无限制的自由联想和讨论，因此这种方法也被称为头脑风暴法。

（2）限时讨论法。如就某一个问题限定3分钟或6分钟的小组讨论，成员之间可相互交换意见，互相分享，再做必要的整合评估，然后拿出小组成员共同认可的方案。

（3）个性引导法。以员工个人的专业特长和兴趣为依据，给予创意点拨引导。如某个员工的兴趣是旅游，可以引导他策划独具特色的旅游文化类图书的选题；某位员工国学基础厚实，可以鼓励他在国学出版领域创新出彩；某位员工深谙西方文学和文化，就让他在西方文化和文学出版领域大展身手。

（4）经验漫谈法。请行业有经验的高手或本企业内成功的创意编辑结合成功的案例漫谈创意经验。

（5）分析总结法。让员工分析讨论国内外出版界成功创意案例的优点，引导员工对这些案例提出"怎样才能更好"想法和建议。

（6）列举缺点法。请员工为失败的出版案例分析病因，并提出治病方案。

创意培训的方法还有很多，通过这些培训，员工的创意能力一定会快速地提高。

5. 人才的抗挫折培训

挫折承受力和其他心理品质一样，是可以经过学习或锻炼而获得的。对员工挫折培训的目的是使员工在挫折中总结教训，变挫折为更大的动力。

放权让团队以及个人成长，给他们犯错的机会，通过不断试错人才才能得到锻炼。北京汉唐阳光文化发展有限公司总经理尚红科说，没有试错的机会就没有新编辑成长的空间。当然，这种锻炼和试错需要本钱，因为错误是需要付出代价的。因此还要注意控制风险，把握好度的问题。但是具有管理才能的老板总是能以最少的代价换取人才最大限度的成长。如在员工的项目受挫或失败的时候给予更多闪光点的肯定，多一些信任、鼓励和积极的建设性意见,少一些冷嘲热讽或尖锐的批评,在员工情绪不高或感到前景黯淡迷茫时,多给他们以希望等。此外,中外著名出版人的成长历程也是员工抗挫折的适用教材,不妨经常和员工们共同回顾。

四、企业文化的凝聚作用

(一) 企业文化

企业文化是企业长期形成的、不易改变的独特精神财富,它是一个机构、团体的文化价值观念和历史传统,以及特有的经营精神和风格的共同体现,包括一个企业独特的指导思想、发展战略、经营哲学、价值观念、道德规范、风俗习惯等。

常言道,人心齐泰山移。而能令几十人、甚至上百人的心凝成一股绳的就是企业文化。企业文化是一个企业的灵魂,是组织或团队精神的核心,代表着一个组织的品格形象,是企业独特文化的长期积淀。企业文化的人本性、整体性决定了它在企业管理中要体现以人为本、注重职工的个体发展与企业整体效益的共同成长。因此,以美好的愿景鼓舞人,以共同的价值观凝聚人,以科学的管理机制激励人,以和谐的环境吸引人,引导职工把个人的奋斗目标融于企业的整体目标中,是企业文化的核心作用。由此可见,企业文化不但具有导向作用、约束功能,更重要的是具有潜移默化的凝聚功能、激励功能、辐射影响功能和协调功能。它能让企业员工在科学的机制激励下自觉地心系企业,心无旁骛地在实现企业利益的同时实现自身的价值,并且能够影响带动其他的员工,辐射到社会,树立良好的社会形象和品牌形象。

(二) 企业文化的内容

企业文化的内容主要包括物质层、行为层、制度层和精神层四个层次的文化。

1. 物质层文化

物质层文化是产品和各种物质设施等构成的器物文化,是一种以物质形态加以表现的表层文化。首先,企业生产的产品和提供的服务是企业生产经营的成果，是物质文化的首要内容；其次，企业的生产环境、企业容貌、企业建筑、企业广告、产品包装与设计等也构成企业物质文化的重要内容。就出版领域来说，企业长期以来的产品形象就是企业物质层文化的代表，如商务印书馆的辞书品牌。

2. 行为层文化

行为层文化是指员工在生产经营及学习娱乐活动中产生的活动文化，是企业经营、教育宣传、人际关系活动、文娱体育活动中产生的文化现象，包括企业的行为规范、企业人际关系的规范和公共关系的规范。企业行为包括企业与企业之间、企业与顾客之间、企业与政府之间、企业与社会之间的行为。企业的行为规范是指围绕企业自身目标、企业的社会责任、保护消费者的利益等方面所形成的基本行为规范，如出版企业员工和作者、读者之间的行为及其规范。

3. 制度层文化

主要包括企业领导体制、企业组织机构和企业管理制度三个方面，如工艺操作流程、厂纪厂规、经济责任制、考核奖惩等都是企业制度文化的内容。

4. 核心层的精神文化

核心层的精神文化是指企业生产经营过程中，受一定的社会文化背景、意识形态影响而长期形成的一种精神成果和文化观念，包括企业精神、企业经营哲学、企业道德、企业价值观念、企业风貌等内容，是企业意识形态的总和。

（三）积极企业文化的特质

企业文化就如同培养基，好的培养基可以培育出优质的乳酸菌，而坏的培养基培育出的一定是坏的霉菌。好的公司文化不但可以培育出好的文化品牌，也可以培育出优秀的员工，而糟糕的公司文化无论对企业还是对员工，都可能成为巨大的局限因素和破坏因素。要想让公司的文化变得积极，必须注意下面几个要点。

1. 企业文化不能是受制于一朝一夕的时尚，必须能够经得起时间的考验

如"做一个有文化理想的出版人"成为广西师范大学出版社建社以来

一直不变的文化理念核心。近30年来，这个价值观被所有员工所认同并努力追求。三代领导人带领员工们共同营造了平等、宽松、自由的学术思想氛围，让员工感觉到忙碌不仅是为了薪金，更是为了个人的理想，人生的追求。出版社对员工实行文化积累和经济收入两方面的业绩综合评估，激发了员工的创业精神，也能使他们潜下心来炼制精品。在这种人文精神无处不在，人格力量鼓舞员工的文化环境下，出版社涌现出了何林夏、龙子仲、刘瑞林、郑纳新、赵明节等名牌编辑，使广西师范大学出版社成为人文精神、文化学术的家园。

2. 企业文化必须是超越社会阶层的公平文化

如果组织行为只适合单一阶层的人士，而和普通员工所认同的社会价值观大相径庭，该组织绝对不可能拥有一种普遍的行为模式。因此，企业文化要想被组织内的每个成员认同，就既不能太阳春白雪，也不能只迎合下里巴人。除此之外，企业还应该倡导"共同的事业，共同的福利"的公平精神，让每个人都得到重视，都有发展的机会，都享有发展带来的利益。也就是说，员工的利益与公司的利益高度结合，高度统一，让员工认识到为公司挣钱就是为自己挣钱，公司为自己提供平台，我为公司添砖加瓦，这种归属感会加固员工的忠诚度，而这一切都缘于公正、公平的文化氛围。

3. 员工必须真正信仰企业所倡导的文化

从这一点上说，公司就像婚姻，企业高层管理者和员工必须具有共同的价值观和信念，否则公司就会陷入困境。

4. 出版商的企业文化必须根据自己的目标读者的期望值来定制和建设

因为企业文化要在企业之外获得认可，在消费者心中形成优秀的形象，归根结底还是要靠优秀的产品和优质的服务。

5. 出版企业的企业文化还应该注重强调个人主义

因为出版业是文化创意产业，具有个性化特点，因此，风格各异的名策划人、名编辑和名编辑室显得格外重要。这种个人主义不是一般概念上的自私自利，而是强调个人的独立性、能动心、个体风格和成就。鼓励员工通过个人创造，个人决策和个人负责，成为企业的名牌策划人，名牌操盘手。个人主义可以极大地激发员工创意潜能。大力提倡个人英雄主义，企业对员工的评价也应基于能力主义原则，加薪和提职也只看能力和工作业绩，不考虑年龄、资历和学历等因素。

6. 出版企业的企业文化应该营造仁爱包容、和谐宽松的氛围

包容是最重要的一个管理素养。图书毕竟是一个创新的行业，每个人的想法不同，更不能用某一个言论来判定某个创意的标准与否。此外，出版企业和一般的企业不同，严格的统一管理（如统一着装，统一上下班时间、统一的选题论证等）不适合知识型的企业，因为每个人的工作方式不一样，工作风格也不同。员工心灵深处自觉的责任意识和对企业精神、企业管理的认同作用非常巨大，因此理解、尊重、宽松的柔性管理，往往是最有效的管理。北京汉唐阳光文化发展有限公司总经理尚红科对此有深刻的体会，他说：不知道什么是管理艺术，但要说管理有什么特点，我的特点恐怕是没有管理。发行还好说，编辑就很难用条条框框去管，关键是荣誉感、责任心和悟性，这是软的东西，不好用硬的东西去管理。再如，童趣出版公司的文化精神：开放，即对所有新事物抱着开放的态度，具有包容众多文化和个性的灵活机制；激情，即对创作和讲述故事充满激情，而这种激情是一切工作的核心动力；雄心，即既雄心勃勃，又脚踏实地，求胜的决心大于对失败的恐惧。此外，有爱心（爱生活、爱事业、爱同事）、有责任心、有创新力、有竞争意识的理念把员工和企业凝结成了一个利益共同体。这样的企业文化代表了文化企业的精神内核，是值得借鉴的。

（四）企业文化建设的误区

1. 误区一：企业文化政治化

在许多企业的走廊、办公室、到各部门的墙上四处可见形形色色，措词铿锵的标语口号，如"团结""求实""拼搏""奉献"等，这些已经被滥用的词汇无法真实地反映该企业的价值取向、经营哲学、行为方式、管理风格，更遑论在全体员工中产生共鸣了。

2. 误区二：企业文化口号化

把企业文化等同于空洞的口号，缺乏企业的个性特色，连企业的决策者本身都说不清楚其所代表的具象表现，对员工自然无法起到强烈的凝聚

力和向心力的作用。

3. 误区三：企业文化娱乐化

有的企业把企业文化看成是唱歌、跳舞、打球。于是纷纷建立舞厅、成立音乐队、球队，并规定每月活动的次数，作为企业文化建设的硬性指标来完成，这是对企业文化的肤浅认识。

4. 误区四：企业文化表象化

有人认为，企业文化就是创造优美的企业环境，注重企业外观色彩的统一协调，花草树木的整齐茂盛，衣冠服饰的整洁大方，设备摆放的流线优美。但这种表面的繁荣并不能掩盖企业精神内核的苍白。

5. 误区五：企业文化僵化

有些企业片面强调井然有序的工作纪律，下级对上级的绝对服从，把对员工实行严格的军事化管理等同于企业文化建设，造成组织内部气氛紧张、沉闷，缺乏创造力、活力和凝聚力，这就把企业文化带到了僵化的误区。

五、以优良的机制用人护人

北京湛庐文化传播有限公司总经理陈晓晖有这样一句话："既然管理是一门实践的艺术，那么更多的情况是因人而异，因行业而异。在我看来管理和领导有着很大的不同，就管理而言无非就是两件事：第一，选择正确的人做正确的事。第二，创造一个公平、和谐的竞争环境。"他的这句话道出了文化公司人才管理的全部精髓。选择正确的人做正确的事上面已经说过，创造一个公平和谐的竞争环境就是我们下面要说的用人机制问题。

企业文化是攻心的软管理，那么优良的用人机制就是具体的硬件实施。有了优良的用人机制，才可以吸引人才，如周百义吸引金丽红和黎波，"金黎"组合吸引安波舜继而吸引郭敬明，有了优良的机制，才可以让员工们竞相争先创优，努力工作；有了优良的机制，还可以让人心稳定，保住人才，不致流失。关于这一点，北京时代华语图书股份有限公司的董事长朱大平有一段精彩但也实在的话，他说：在管理实践中，他们发现"流程"和"效率"是一个悖论，滴水不漏的流程，往往会牺牲效率。在他们公司，会发现一种很独特的管理现象："一把草"加"一条鞭子"，鞭打快牛，前面是草，后面是鞭子。再详细点，可分解成四个步骤，第一步，先把所有员工的激励通道全部打开，包括加薪、晋升、期权、股权、荣誉和年度激励，不计代价地激励员工；第二步，设定个体和团队目标，通过公司绩效评估体系，把指标和激励对接起来；第三步，各级主管挥动鞭子，快牛和慢牛一起抽，时间一长，慢牛变成快牛，快牛跑得更快；第四步，打完仗，再休养生息，在这种高激励、高压力环境中，难免受伤挂彩，我们的职能部门会四处"抓药方"，想一些人性化的和轻松的办法，给员工"疗伤"。朱大平的四步骤道出了优良机制的核心内容，那就是目标明确、绩效评估、奖优激慢、员工适当流动、阳光普惠。

（一）制定明确的目标

所谓的目标是希望通过努力所要达到的未来状态，即你所要完成的事，如做什么、做多少、达到什么程度。所以要制定目标，是因为一个人不会持续不断地做自己都不知道为什么要做的事。就像有些同学，茫然不知自己上大学是为了什么，他的状态就是无聊，无聊的重要原因就是没有目标，有目标才会有动力，才会有奔头。一个企业更是如此。企业有自己的总体目标，如在几年的发展后成为中国出版业老大，或者通过几年的发展使企业的经济效社会效益达到一个标准程度。企业也会有自己的短期目标，如年销售码洋十万、百万或千万。企业的目标是通过企业各部门或每个员工来实现的，这就涉及企业部门目标和员工目标的制定。没有目标的企业没有发展方向，没有目标的员工和团体也会懈怠无所作为。根据员工或各个部门的实际情况，科学地为他们制定工作目标，是实现企业长期目标和短期目标的保障。

制定目标的原则如下：

明确性：目标要清晰明确，让考核者和被考核者能准确地理解目标。如每个部门完成的盈利额、每个编辑的文字工作量等，要明确。

衡量性：目标要量化，且考核的标准相同。

可实现性：目标一定是通过努力可实现的，不能过低也不能偏高。低了无意义，高了不现实，难以实现。难以实现就难以产生持续的信心、热情和动力。

相关性：要和员工的本职工作相关，不是被考核者的工作，不能设定目标，如编辑人员不能设定发行的目标。

时限性：目标要限定时间，即在规定的时间内完成。

（二）绩效评估

指考评者对照工作目标或绩效标准，采用一定的考评方法，评定员工的工作任务完成情况、员工的工作职责履行程度和员工的发展情况，并将上述评定结果反馈给员工的过程。

制定目标不是为了把员工压得难以呼吸，而是让员工看到达到目标后所能带给自己的收益。因此目标一定要和绩效评估紧密结合，才能产生动力。绩效评估以目标位基础，以达到最大效益为目的。以往国有出版社在管理上最大的弊端就是没有完善绩效评估体系，所以一些国有出版社的编辑抱怨道：干多干少没区别，提拔干部看资历，福利待遇都一样，上面有人就是爷。而民营出版发展迅速的公司，无不赖于科学的绩效评估管理体系。科学的绩效评估管理能够最大限度地激发员工的积极性，在和激励奖励制度挂钩的前提下，能够更加有效地激发员工的创造性和工作热情。

（三）奖优激慢

目标的制定和绩效评估的最终目的是激励员工，而不是让员工看不到希望，或者被困难吓倒。奖优应该是一个企业的常态，只有奖优才能激慢，而惩罚的常态化会适得其反。因此精明的老板不做杀鸡儆猴的傻事，而是以"鞭打快马"的方式来激励员工，这里的"鞭"就是奖励，奖励包括物质奖励，也包括精神奖励、职位奖励。

物质奖励：保底工资加业务提成的薪酬制度。目前很多民营出版采用这种最基本的奖励方式。如长江出版北京图书中心就采取这种方式，据说那里的员工平均月收入高的能拿万元，低的五六千元。股权激励：这也是奖励员工的一种方式。在唐码书业，本着"谁投资，谁拥有"的原则，编辑可以对自己看好的图书项目进行投资，然后按投资比例享受项目利润的分红。还有，2008年来，志鸿教育集团先后将7家子公司独立出来，改组为股份公司，由公司总经理和骨干员工执有，将员工利益与企业挂勾。2010年，全品文化引入了分红权，企业每年拿出利润的33%给员工分红，所有员工根据职务与工龄而享不同分红权。在世纪金榜，早在四五年前就开始实行员工执股，吸纳工作3年以上的优秀员工以及中层领导成为企业的股东。而天域北斗则成立之初便是一种股份制的设计，公司规定不允许任何人控股，防止"一言堂"；他们还不断把股份稀释给优秀的新人，以确保企业交给最优秀的人。重奖业绩突出者：业绩突出者不但要加薪（高年薪制），还要给予更大的物质奖励，如为他买房、买车等。郭敬明2007年收入1000多万，2008北京图书中心共给郭敬明1700多万元，这就是重奖。

精神奖励：物质奖励很重要，精神奖励也不能少。如定期的优秀员工评比、颁发证书、口头表扬等。让员工感受到自己是企业的中坚力量，萌生自我价值实现的快乐。这样员工才能愉快地工作，最大限度地发挥自己的创造力，挖掘自身的潜能，并带动其他员工努力创造佳绩。

职位奖励：以业绩和能力为衡量是否晋升员工的标准，对中高层管理人员实行竞聘上岗，能者上，庸者下。在民营出版界，70后、80后多数已经成为公司的骨干，如2009年1月，长江出版集团特聘郭敬明为北京图书中心副总编辑，主抓青春类图书及杂志出版。而在国有出版社，还是20世纪五六十年代人掌权，"70后"、"80后"在排队，这就是体制所带来的僵化管理。为什么？因为民营的晋升由老板或董事会说了算，而国营出版社职位的晋升要层层报批审核，涉及很多因素。转企改制后好了一些，但也还是不能完全灵活起来。

4. 适当的员工流动

员工的流动分为流入、内部流动和流出三种形式。流入不用说，是招兵买马，内部流动是指职位的升降或岗位的转换，而流出则是辞职或解聘。合理的员工流动不但不会给企业带来麻烦，相反还会为企业的发展增加活力，正所谓流水不腐，户枢不蠹。注入新鲜血液毫无疑问可以为企业带来生命活力的增强（当然前提是把好入口关），内部职位的合理升降、岗位的适当调整也可以使人尽其才，用人之长，避人之短，最大发挥人才的积极力量；而适当的裁撤或人才的主动流失也并非带来消极结果。对于那些不能和企业的文化精神融为一体或无法在企业中看到自身价值得以实现的前景的员工，自动的离去是两者双赢的选择，而对于那些能力低下，不能完成企业为他提供的职位、岗位目标的员工，适当的裁撤并不代表管理的非人性。企业不是慈善事业，更不是人情交易，那些能力差、却又想"赖"在公司的人往往是靠亲朋面子进来的人。国有出版社这样的人很多，因为国有出版社的管理者不是出资者，靠关系进来却又没有能力的人员损害的不是管理者的利益，而是国家或集体的利益。但民营企业的管理者就是出资者，或者管理者受聘于出资者，一般不会养无能的关系户。

（五）阳光普惠

对所有员工都要采取的人性化的管理和服务。这是能够让员工安心正常工作的最低保障，也是企业用工法律化、制度化的要求。如为正是签约的员工上五险一金，为外地或没有成家的员工解决吃、住的问题，为外来务工子女解决就学问题，解决家属就业问题等；还有，适当的困难补助、节假日福利发放、适当的文体娱乐活动等。这些有的是法律法规范畴的硬性工作，有的是人性化管理的软性策略，硬性的必须做，软性的尽力做，让员工无后顾之忧，有被关怀之感，公司自然就会有凝聚力。

第四节　企业员工暨出版人的基本素质

一、职业出版人的思想品格素质

思想品格素质是做好任何一项事业的前提。但是以文化传播、文化传承、弘扬人类正能量为使命的出版业对从业者的思想品格有尤其高的要求。那么，当代出版人应具备哪些优秀的思想品格呢？

（一）出版人要有健康的心理素质

要想做好任何一项工作，都要求从事此项工作的人员具有健康的心理。以一个健康的心态投入一项事业，是事业成功的保证。编辑出版的心理健康状态对做好编辑出版工作尤为重要。原因很简单，因为编辑出版是人类文化的传播者，也参与人类文化的创造，是人类精神文明程度的标志。编辑出版活动不但创造、积累、传播有形的知识文化，同时也塑造着无形的，但却无时不在的民族品格和人类灵魂。如果塑造者是病态的、不健康的，他的成果显然也该是病态的、扭曲的。出版人如若没有一个健康的心态面对生活、社会和人生，就难以以正确的审美取向和价值标准来衡量美丑善恶，自然也难以正确地选择、取舍哪些内容适合传播，哪些内容不适合传播。

在数字化时代，出版人的综合素质越来越受到社会和业内的关注。复合型、全能出版人近几年成为一种较为时尚的职业用语。的确，在市场竞争越来越激烈，出版业面对国内国外、业内业外、传统和现代的压力日益加大的今天，编辑出版从业者成了出版事业成败于否的关键，现代出版语境下的出版人承担着来自四面八方的责任和压力，"塑造民族文化的工程师""文化产品的总设计师""精品文化的创造者""开拓""创新""慧眼识珠""沙里淘金""点铁成金""社会效益""经济效益"……所有的美誉和鼓励都与沉重的责任、巨大的压力连在一起。既要把好关，又要赚大钱；既是文化产品的把关人，又是文化产品的生产者和销售者，出版人的双重身份所承担的责任在当代的中国是任何其他行业都无法相比的，而且在现有的出版体制下这种双重身份还将继续维持下去。这就要求出版人不但具备良好的政治理论修养，又博又专的文化知识结构，熟练的编辑业务能力，还要有健康的心理素质。只有这样，才能在健康积极的心态下承担起繁荣中国出版业，促进出版业健康发展的重任。

作为当代出版人，应该具备怎样健康的心理素质呢？笔者认为应该从以下几个方面来考察。

1. 健康的心态是对社会有责任意识

谈到"责任",人们更容易把它归于道德范畴,而很难把他同人的心理健康与否联系在一起。其实,责任意识恰恰是人应该具有的健康心理素质,它和道德相关,外化的行为更容易让人们对此做道德评判,但作为一种意识,责任却不是道德范畴所能完全涵盖得了的。所谓的责任意识,是一种努力行动、使事情的结果变得更积极的心理。一个人的成长历程就是不断健全责任意识的过程,是否有责任意识也是一个人心智成熟的标志。一个万事不关心,遇事就推脱责任的人很难说是一个健康成熟的人。一个对社会、对家庭、对朋友不负责任的人,也往往是对自己不负责人的人。如果对他人、对社会不负责任可以归结为道德的缺失,那么对自己不负责任则要找一下心理根源。吸毒、酗酒、犯罪等行为都是缺乏责任感的表现,且或多或少地根源于此类人的心理不健康。冷漠地对待生活,冷漠地对待世态万象,美激不起倾慕之情,丑引不起憎恶之感,善不让他感动,恶不让他疾恨,这样的人怎么会有责任意识?没有责任意识又怎么能令人信任,又怎么能成就大业?许多成功的事例表明,决定一个人成功的关键不是智力因素,而是责任意识等的非智力因素。

出版人是人类文化知识的制造者和传播者,把人类先进的文化,优秀的文明奉献给读者,是编辑出版的本职工作,也是职业的价值所在。对历史、当代和未来肩负着重大责任和使命的出版人,如若缺失责任意识,非但不能开拓进取,严格把关,就是简单的"剪刀加糨糊"的工作也做不好。出版人的整个工作流程——策划选题,取舍稿件,审读加工,设计把关,服务营销——无不以责任意识为保障。缺失责任意识的出版人不会也不可能充分发挥其主观能动性和聪明才智,做出不辜负"人类文化工程师"雅号的成就。

出版人的责任意识在具体的工作中体现在下面几个方面中:

第一,出版人要对自己所编辑出版的出版物的思想品质负责。胡乔木同志曾经强调过:书籍和国旗一样,是代表我们国家的。出版人的任务就是推出优秀的出版物,反映社会的发展和文化传承,还要推出导向正确、健康向上、雅俗共赏、服务百姓的作品,抵制媚俗、竞俗、低俗、滥俗、庸俗的作品，倾情打造超越时空的精品力作，把读者带向更高雅的审美与思想境界。我国的出版事业是具有中国特色社会主义的出版事业，以正确的舆论引导人，以科学的理论武装人，以优秀的作品鼓舞人，以高尚的精神塑造人是出版人的神圣职责。真假不分，美丑不辨，善恶混淆是不负责任的表现，传播危害国家和民族利益，危害读者心灵健康的出版物是不负责任的表现，造假书、伪书更是丧失良知的行为。一个有责任意识的出版人不会让自己的职业生涯留下这样的不安和遗憾。某些门户网站点击率较高的读书频道往往是一些低俗的作品。许多出版人肆意迎合读者庸俗的阅读需求和倾向，向读者，甚至青少年读者提供精神鸦片，使读物成为"毒物"。据调查，那些点击率高的读物多为"泛黄""泛黑""泛暴力"的文化垃圾，而点击者、阅读者也多为心智尚不成熟和健全的青少年，这显然是出版人不负责任所带来的后果。

　　第二，出版人要对出版物的专业品质负责。保证编校质量，一直是对编辑出版工作最基本的责任要求。但是，近几年由于市场竞争的激烈，编辑责任意识的缺失，编辑对案头工作的投入越来越少，有些编辑甚至根本不看稿。在对黑龙江省图书编辑的调查中，有60%的编辑认为编辑的主要精力应放在选题策划上，24%的编辑认为编辑的主要精力应放在市场营销上，而剩下的只有16%认为编辑的主要精力应放在审读书稿和编辑加工上。62%的编辑经常自己不看书稿，而是花钱请外编来为自己的书稿把关，而还有18%的编辑通过减少编校次数来缓解出书频率高、工作压力大的矛盾。这样做的直接后果就是出版物编校质量的下滑。如果地方的质量检查机关再可以"通融"的话，后果更是不堪设想。我国新闻出版机关每年都对部分图书进行编校质量检查，结果却令人遗憾。如2003年对辞书的质量检查，有19种辞书不合格，差错率在万分之五以上的达3种；2004年以来连续对少儿图书、教辅图书的检查，结果也并不理想。以2006年为例，许多教辅图书存在严重的知识性差错，文字性差错，甚至还存在题和答案对不上的现象；而对全国地图类图书质量专项检查中发现，有8种不合格图书。

　　令人担忧的不是有多少不合格的出版物，而是在现今的编辑意识中，图书质量不合格好像不是什么丢脸的事，反正完成了经济指标，多拿奖金才是荣耀的事，编校质量合不合格又有什么关系呢！荣辱观的错位直接导致了责任意识的缺失，这是最令人痛心的。

第三，出版人要对作者、读者负责。出版人，尤其编辑，是连接作者和读者的纽带，对作者负责就是正确地认识和评价作者的作品，认真诚恳地帮助作者，为他们提出修改意见，尊重作者的创作，做到不敷衍，不臆断，不凑合，不妄纂。不敷衍就是面对作者的稿件不能简单地说好和不好，尤其对初次投稿的作者，更要热心地为他们提出建设性的意见；不臆断就是不凭自己的主观想法来决定作品的去留，而要客观冷静地分析，理智地取舍；不凑合就是不盲目地作出出版某本书的决定，决定出版的书稿要严格地履行三审三校一读的程序，一定把错误消灭在印刷之前；不妄纂就是不要凭自己的主观臆断对书稿大动干戈、随意改动，要改必有据，改必有理，改必有征。

从图书出版的角度说，图书作为一种特殊的商品，必然在读者的手中实现它的价值。从这个意义上说，图书出版业的终极目的是为读者服务，通过向读者提供健康的文化消费品，以满足人民群众对文化知识的需求来实现自身的价值。如果说作者提供的精神资源是图书出版的源头，出版人是图书出版的实现者，那么，读者需求则是图书出版的第一目的和第一存在的理由。没有了这个理由，图书出版业也就没有存在的必要，自然也就没有存在的基石。因此，脚踏实地，立足读者，眼睛向下，关注读者应是出版人的第一理念和第一行为依据。对读者负责就是以读者的健康需求为本，不迎合读者庸俗底下的需求，更不能钻读者无知的空子，以满足读者需求为借口，趁机大发不义之财；对读者负责就是以读者的需求品质为本，为读者提供编校质量合格的图书；对读者负责就是以读者的需求信任为主，为读者提供优质的售前售后服务。这一点在目前应特别强调，出版人要有和读者建立良好互动关系的素质，如热情接待读者的来访，虚心接受读者的建议和批评，认真阅读并回复读者的来信等。但遗憾的是现代编辑在对待读者这个问题上缺乏虚心、耐心和热心，眼睛只向上、向钱，殊不知，忽略了读者，就是忽略市场，忽略编辑出版的意义。

2. 健康的心态是正确认识社会现实，与社会和谐相处、共同进步的能力

亚当·斯密在《原富》一书中曾提到"开明人士"，他认为"开明人士"就是在追求个人利益的同时，也增长了社会利益。具有健康心理的人在健康的社会环境下，总是能使个人利益和社会利益保持一致，个人情感和社会情感、个人观念和社会观念、个体道德和社会群体道德和谐共处。那种不能与社会、与周围环境协调，甚至常起冲突的人，心理或多或少都有些不健康（这自然要排除那些非正常社会环境下的独醒者）。他们对现实生活缺乏足够的热情，喜欢用灰色的目光注视社会人生，因此难以感受社会进步带给他们的益处，在他们的眼睛中，社会到处是弊端，到处是不如意，他们常常怨天尤人，满腹牢骚。具有这种心理特质的出版人不会对社会进步的文化事业投注情感，不会对作者、对读者怀有爱心，更加不会有理智、健康的审美情趣和价值取向。而正确的价值判断恰恰是一个出版人必备的品格和能力，价值判断、审美品质直接关系到对选题方向的确定，关系到对书稿思想倾向及内容的把握，可以说这是关系到一本书灵魂的大问题。近几年书刊市场上出现的一些带有灰色情调或人生观、价值观不健康甚至扭曲内容的图书，和出版人的灰色心理不能说没有关系，像《心藏大恶》《天下有贼》等便是。而网络令人趋之若鹜的虚假信息，也或多或少和传播者的心理不健康有关。

3. 健康的心态是尊重客观规律，保持心理平衡

正确认识现实，还要尊重客观规律，这也是当代出版人必备的心理素质。编辑在策划选题，运作出版各环节的工作时，应对本项目的外部环境和内部条件，做客观的、实事求是的了解分析，例如市场需求状况，出版的历史和现状，本出版社的条件等。有些出版人在不进行调查研究的情况下一意孤行地上选题、上项目，表现出刚愎自用的自大症心理现象。而有些编辑则害怕面对现实，害怕了解市场的真实情况，抱着听天由命的赌博心态去策划选题，操作出版，这都是面对激烈的市场竞争心理情绪无法秩序化的结果。在这种失衡的状态下，出版人往往表现出浮躁的情绪，看别人的书赚了大钱，成了"风光无限"的畅销书，便也跃跃欲试地去"造"畅销书，于是纵身一跳，却不知那是个美丽的陷阱。这种因不能冷

静地分析出版环境和客观规律而导致的心理失衡可以说是造成中国当今大众出版滥、庸、堵的重要原因。从目前我国的图书出版现状来看，从2005年到2011年，中国图书品种增长66%，但销量却增长不到4%。如果出版人再不让自己平静下来，再不好好地调整自己的心态，那么后果不堪设想。

出版人既要尊重客观规律，又要在现实面前保持心理平衡，其实这两个方面是相互联系的。尊重客观规律，承认客观现实，则易于做到心理平和，平和的心态也更加便于对客观现实作冷静的观照，两者是相辅相成的。

什么是心理平衡呢？这是一个心理学中的概念，这里不作过深的探讨。但简单地说，心理平衡就是一个人内心情感的秩序化，是自觉自愿的意识表现。人的内心情感的秩序化与对客观秩序的承认、尊重是相统一的。如果一个人对客观秩序产生厌恶情绪，心理往往就会表现出失衡的情绪状态，从而反过来导致对客观秩序的干扰和破坏。犯罪心理学认为，犯罪的人往往都是心理失衡者。

对于社会文化的建设者和传播者来说，内心情感和客观秩序的统一，是对社会承担责任的前提和保障。心理平衡，才能认同社会现有的秩序，也才会对社会产生强烈的责任意识，使自己时时处于理智而积极的状态，这是一个出版人积极地进行编辑创意的重要前提，也是出版人更加科学、合理、有序工作的保证。

此外，只有心理平衡的人，才会对美感有更加强烈的追求。编辑的审美需求，是编辑工作中任何一个环节都不能缺少的。

4. 健康的心态是具有良好的心理承受能力

心理承受力可以理解为个体对挫折、苦难、压力等非自我性环境信息处理的理性程度。良好的心理承受力是当代出版人最重要的健康心理特征之一。编辑出版工作责任重大，前外研社社长李朋义说编辑是"社会主义的文化警察"[1]一点也不过。除了这个身份外，编辑还是各个出版单位的经济造血主力，庞大的机构，几十口甚至上百口的员工等着养活，激烈的

---

[1]《出版人》2005年12月24期，第45页

竞争、沉重的经济指标、失败和挫折、滞销退货、库存积压，时刻考验着出版人；一年几百万字的编辑量和一不小心就编校质量不合格的后果，让编辑们每日如履薄冰，诚惶诚恐，如坐针毡。当今社会哪一种职业还会比出版人所承受的心理压力大呢？这样说来，出版人如果没有超常的心理承受力是无法扮演好文化警察和文化产业竞争人的双重角色的。至于如何才能练就良好的心理承受能力，不是本文要探讨的问题，此不赘述。

总之，良好的心理素质是当代出版人综合素质的重要组成，以往我们对此重视不够，实践证明成功的出版人都是人格健全、心理健康的人，因此考察一个人能否做编辑出版工作，心理健康应是重要的考察内容。有关编辑出版的职业教育，编辑出版的高等教育也应该把心理素质、心理健康教育纳入教学计划和教学内容中。而作为出版人本身，也要时刻注重对自身心理素质的培养，出版业内更应该营造良好的工作环境，欢娱的工作氛围，关心出版人的职业生活，让他们在健康的心理条件下创造佳绩。

（二）出版人要有正确的政治方向和人生观

我国十分重视出版物的意识形态属性（精神文化性）。在我国相当长的时期内，出版为社会主义服务、为人民服务的宗旨不会变，出版贴近生活、贴近群众、贴近现实的原则不会变，出版物传播文化、积累文化的功能不能变。坚持正确的出版方针，坚持正确的理论导向是我国出版事业的指导性纲领。党的十八大更是前所未有地把文化产品的质量问题写入政府工作报告之中，而这里的"文化产品质量"，首先强调的就是文化产品的政治质量和内容格调质量，这是一个国家、一个民族文化安全的保证。因此，出版人的政治方向和人生观，直接影响着新闻出版工作的方向。

1. 政治理论修养是做好编辑出版工作的保障

可以说，政治理论修养是出版人最重要最基本的素养，这不仅表现在出版人对党和国家方针政策的理解和把握，还表现在具有较强的政治敏感力。因此，出版人要做到以下几个方面：

第一，要努力学习马克思主义、毛泽东思想、邓小平理论和"三个代表"重要思想，以确保用正确的政治理论来指导编辑出版工作。在思想观念和导向等大是大非问题上，出版人要时刻与党中央保持一致，同社会主义和谐社会的文化建设方针保持一致，同广大人民的根本利益保持一致，树立为人民服务，为社会主义服务、为党和社会的工作大局服务的观念。

第二，出版人要有阵地意识，做到守土有责，不辱使命，坚决抵制西方敌对势力对我国人民政治思想的侵蚀和危害，不出版具有错误倾向、给党和国家建设事业带来恶劣影响、破坏健康发展秩序的图书，坚决抵制"三俗"（庸俗、低俗、媚俗）。

第三，了解国家出台的与文化建设事业相关的政策文件，在一些重大问题上不至于偏离国家主流意识形态的表述。

树立政治意识是对文化产品把关的需要，是维护我国文化安全的保证，也是更好地为读者提供优秀文化精神产品、繁荣我国文化产业，实现文化强国发展战略的要求。

2. 树立正确的人生观、价值观和世界观

对社会存在和社会现象的看法不同，就会形成不同的世界观、人生观和价值观，不同的生活环境、不同的教育背景也会影响一个人世界观、人生观和价值观的形成和变化。尤其是随着世界经济一体化，市场经济的发展，互联网传媒的普及，我们每天都可以接收到来自不同方向的不同声音和观念。这都会扰乱我们的接受神经，让我们失去判断能力，甚至偏离正确的世界观、价值观和人生观。编辑出版工作者生活在这样复杂的社会环境中，不可避免地也会受到影响，但是，坚持马克思主义人生观、世界观、价值观的宗旨不能变。马克思主义的世界观、人生观、价值观的精髓是辨证唯物主义，体现了高度的社会责任感和科学性，马克思主义理论的宗旨是为人民服务，推动社会科学有序地向前发展，体现了全人类人民共同的物质利益和精神利益。可以说，马克思主义的世界观、人生观、价值观永远是指导我国编辑工作的理论基础，对此我们应坚信不疑。至于社会习染的享乐主义、奢靡之风、官本位思想，都是马克思主义所反对的，我们应当坚决摒弃，更不应当出版涉及这些内容、宣扬这些价值观的出版物。

3. 出版人还应该树立法制观念，努力提高遵法、守法和依法办事的自觉性和实际能力

法律法规是人们的行为准则，更是编辑出版工作者的行为准则。改革开放以来，我国的法制建设取得了很大的成就，有关新闻出版等传媒领域的法律法规也不断充实和完善。先后出台了一系列有关知识产权、出版管理、网络出版等管理条例，如《中华人民共和国著作权法》《出版管理条例》《印刷业管理条例》《音像制品管理条例》《互联网出版管理暂行规定》《出版物市场管理规定》，以及重大选题备案制度、禁止一号多用的规定等，这些法规、文件为编辑工作明确了方向，保证了我国出版业沿着正确的方向健康有序地发展。吃透这些法规文件，我们的工作就会少走弯路，少犯错误。此外，国家新闻出版总署（现在的新闻出版广电总局）和中宣部就新闻出版随时出现的新问题、新动态，每年都会适时地发布一些文件和规定。如1999年中宣部、新闻出版署先后发布了《关于查禁印刷法轮功类非法出版物、进一步加强出版物印刷管理的通知》《关于不得出版宣扬愚昧迷信和伪科学内容出版物的通知》；2000年，新闻出版署发布了《关于坚决制止发表和出版政治观点错误的文章和图书的通知》等。类似于这样的文件具有很强的针对性，但我们不能把它们理解成临时性的、一阵风似的文件，它们同样具有长期的法律效力，不能以为通知中涉及的问题随着时间的推移淡化了，就可以忽视它们。在没有宣布废止某"通知"某文件之前，这些"通知"和文件仍起法律法规的作用，对出版行为、对编辑工作的约束力等同于具有长久效力的法律法规。

（三）出版人要具备高尚的品格

近几年，关于民族品格的话题很多，一个民族具有怎样的品格，关系到整个民族的发展。中华民族的主体品格是什么？我们能举出很多闪光点，如吃苦耐劳、诚实守信、仁爱重礼、忍辱负重、和谐友爱等。中华民族所以秉承这些优秀的品格而几千年不变，原因之一就是我们有几千年的文化传承。传统文化的精髓哺育一个民族，塑造着一个民族的品格，可见，文化传播对一个民族品格的塑造作用多么巨大，今天，文化传播同样

在塑造、提高着民族的品格。出版人品格的高下，影响文化产品品格的高下，文化产品品格的高下，影响整个民族品格素质的高下。可见，出版人品格在文化传播中的重要性，出版人品格是出版人素质的重要内容，它和出版人的文化素质、政治素质、心理素质一样，是出版人主体的必修的内功。

1. 什么是品格

品者，品位也；格者，风格也。

品格是一个人的品位和格调。它是生命个体德、才、学、识的综合体现，是以上诸因素相互作用形成的品行、操守、信念、气质。

品格具有普遍性。优秀的、高尚的品格是人类先进分子所共同具备的，因而品格被视为个人和民族力量的源泉，是世界上最强大的发展动力之一。品格的普遍性形成群体的共同道德和价值标准。

品格也有特殊性，个体因不同的社会文化背景，不同的家庭、教育环境，会形成不同的品格。品格的特殊性形成个体的个性风格。

出版人既要秉承品格的普遍性所形成的群体道德和行为操守，更要在群体品格规范下来张扬自己的的个性风格，只有这样，才可以策划、编辑出版既不违背社会群体操守，又有个性特点的文化产品。出版人通过自己的素质，可从多方面影响出版物的品质和格调。有什么样的编辑就有什么样的出版物，任何出版物都深深地打上编辑品格的烙印。一代优秀的编辑甚至可以造就一个优秀的文化时代。如"五四"运动前后，一批学贯中西、忧国忧民的优秀知识分子（编辑）高举科学和民主的大旗，创办了《新青年》，团结了更大一批爱国青年，从政治、思想、文学等各个领域对封建思想进行批判，介绍和宣传马克思主义，从而引导了中国社会的巨大变革，才有了新民主主义文化和今天的社会主义文化，这和那一代出版人的品格是分不开的。

大体上说，出版人应具有的优秀品格表现在下面几个方面：

（1）优秀的出版人对文化事业应有很好的理解能力，从而对编辑出版工作有很强的职业认同感。所谓的职业认同感，指的是一个人对自己职业的正确认识和从业态度。一个人对自己的职业认同程度高，则工作的主动性、积极性高，相反，对自己从事的职业缺乏起码的认同，就很难做好自己的工作。编辑出版职业是文化传播事业，从事的是构筑和创造人类文化的工作，因此，积累优秀文化，宏扬先进文化，传播先进文化，是一切出版人应有的职业认同和职业责任，有了这样的职业认同，我们就会觉得自己所从事的事业很崇高，很神圣而伟大，便会积极热情地全身心投入工作。如果只把编辑出版职业看成一般的为稻粱谋的差事，终会有无聊乏味的一天，很难把工作做好。因此，正确的职业认同感，对于做好编辑出版工作是非常重要的。

（2）遵守高尚的职业道德也是一个编辑出版工作者应有的品格。编辑出版工作者的职业道德具体表现为奉献精神、负责精神、自律精神和遵规守则精神。这四种精神被明确写入《中国出版工作者职业道德准则》中。

奉献精神：就是忠诚于自己的本职工作，勤勉努力，甘为人梯，不图名利的精神。如我国著名的编辑家邹韬奋、周振甫等，把编辑出版工作视为毕生奋斗的崇高事业，任劳任怨，勤勤恳恳，甘为他人作嫁衣。没有奉献精神，是很难做到这一点的。

负责精神：对作者、读者负责，是编辑出版工作者职业道德的一个重要方面。有高度的社会责任感就是要多出好的出版物，不能只凭自己的兴趣，也不能一味地迎合一部分受众非健康的文化需求，更不能见利忘义，背义弃责，出版假书、伪书、坏书，更不能在网络上传播有违社会主义核心价值观的内容，否则不但会坑害读者，危害社会，也会葬送自己的职业生命。

自律精神：自律精神就是秉公办事，自觉遵守法纪，遵守国家外事纪律，不泄露国家机密，不搞人情稿、关系稿、有偿新闻，对书稿要以质量效益为准则，坚持一视同仁。要清正廉洁，不能利用职权谋求与作者共享著作权或分享稿酬，不能收受作者的辛苦费、礼物等。

遵规守则：中国出版工作者协会为加强出版工作者的职业道德建设，制定了出版工作者职业道德准则，这是出版工作者必须遵守的准则。

（3）优秀的出版人对文化艺术应有很高的鉴别、欣赏能力，具有高尚的审美情趣。人类创造了文化，不管是知识的还是观念的，也不管是制度的还是行为的，并非都是优秀的，而是良莠不齐、先进和落后相混杂的。

文化积累和传播的意义在于保存和宏扬有益于人类社会向更合理、更美好的方向发展的优秀文化和先进文化。什么是优秀文化和先进文化，需要我们鉴别和筛选，这就需要出版人有良好的文化鉴别能力和高尚的审美情趣，否则，很有可能使自己的工作背离职业操守。

（4）优秀的出版人始终保持正确的价值取向。在文化传播过程中，编辑的价值判断、价值取向起着决定作用。价值是事物（包括观点、态度）对人的一种有用性、利人性，何为有用？何为有利？需要用一套标准来衡量，这就是价值判断。人们依照价值准则来判断，便决定了人的价值取向。价值准则有普遍性，也有特殊性，普遍的价值准则是全社会普遍认可和遵守的取向标准。文化传播的主要任务就是按照普遍正确的价值标准传播正确的普遍的真理。出版人如果缺乏价值判断力，或持有与大众相悖的错误价值观，自己的产品就很难为大众所普遍接受，甚至还有可能引起价值冲突，使公众思想迷乱。

二、职业出版人的文化业务素质

出版人不但要具备上述的思想品格素质，还要具备相当高水平的文化业务素质，才能适应现代出版的发展要求。出版人应具备的文化业务素质主要表现在以下几个方面。

（一）文化学识水平

出版工作是一种文化工作，其中的编辑工作是科学性、学术性很强的工作。它要求出版人具有相当高的文化学识修养，具有丰富的知识储备，良好的知识结构。从学历上看，助理编辑要具备大学本科以上文化程度，并通过全国编辑职业资格认定考试，对编辑、编审等不同层次的人员也有不同的要求。但是，从总体上来说，编辑人员的学识主要体现在以下几个方面：

1. 具备学科专业知识

出版是专业性很强的文化传播工作，这就要求编辑必须具备所从事的编辑业务所涉及的专业知识。简单地说就是，经济类图书的编辑要有经济学方面的专业知识，医学编辑就要熟悉医学方面的专业知识，其他学科的编辑无不如此。编辑只有具备了专业知识，才能在所编辑的领域有发言权，才能慧眼识珠，科学制定选题，选择优秀作者，鉴别书稿的质量，在编辑加工时才能做到准确、有据、合理。如果缺乏专业知识，学无专长，很难适应专业性很强的编辑出版工作。对编审、副编审等高级编辑工作者来说，更应该对某学科有较深的研究，甚至要是某学科的专家。专家是指固守某一专业领域，毕其一生对其进行探讨研究，并取得一定成就的人，如核物理领域的"三钱"、水稻专家袁隆平、红学家周汝昌等。编辑出版意义上的"专"不要求达到上述专的程度，但要具备某专业的基本素养，目的是在编辑审读稿件时对专业作品、专业成果具备足够的把握和把关的能力，不至于让有价值的成果不见天日。如广东经济出版社的《中国南海海草研究》、贵州科技出版社的《黔金丝猴的野外生态》两部书，是填补两个领域空白的出版物，很具有专业和学术价值，如果编辑不具备这两方面的专业修养，就不会有这两本书的出版。至于目前许多伪科学、泡沫成果大行于世的出版乱象，学术出版的低质和庸滥，与目前出版人的去专业化倾向也是息息相关的。由此可见出版人的专业化素质对于出版业的科学发展是多么的重要。

2. 具有广博的科学文化知识

出版人在学识上不但要专，还要博。知识面越宽越好，懂得的越多越好。因为编辑所编的图书，涉及的内容广泛，尤其是社会科学类及一些交叉学科类图书，更是广泛复杂。所以，编辑如果缺乏广博的知识，很难胜任编辑出版工作（如编辑金融类的小说、商战类的小说，不懂点金融、商业基本知识，就很难胜任；编辑历史小说，不懂历史也不行）。从这个意义上说，出版人更应该是一个杂家。《汉书·艺文志》云："杂家者流，盖出于议官，兼儒墨，合名法。"编辑出版所指的杂家，就是通才、兼才，即所谓兴趣广泛，涉猎广博，奉行世事洞明皆学问的主张，来从事出版事业。

3. 不断充实自己的知识储备，更新知识

社会不断发展。科学不断进步，知识不断更新。飞速发展的时代（知识经济）不断涌现出来的新学科、新成果、新观念，甚至新词语，都需要我们不断地充实自己，更新自己，否则，跟不上时代文化的发展，就无法做适应时代文化的出版人。因此，出版人不应该吃老本，更不应该故步自封，要有开放的视野，包容的精神，积极吸纳新思想、新观念、新知识、新语言，要编到老，学到老，永远充当时代文化的小学生。只有这样，才能与时俱进，不被文化的发展所淘汰。

（二）语言文字功夫

这是出版人所应具备的最基本的业务素质。因为出版业务主要是和文字打交道，是在语言文字的世界里开展的。语言文字是出版工作的基本工具，也是出版工作的手段和目的，更是出版工作的基础。如对选题风格的把握，对书稿的审读加工，对校样的检查处理，对图书的促销宣传，和作者的沟通等，无不需要有一定的语言文字运用能力。离开语言文字就没有书籍，也就不会有编辑出版工作。语言能力差最直接的恶果就是编辑出版的产品差错率严重超标，如图书、报刊、网络传播的内容编校质量不合格，甚至因为一字之差带来严重的社会影响，危害读者，危害社会。由此可见，提高语言文字能力是出版人一日不能忽视的问题。

（三）编辑出版基本功

编辑出版基本功是指在编辑出版理论指导下处理稿件、设计策划项目、编校能力、印刷传播实际运作能力和营销宣传能力的总和。这些能力表现在出版环节的各个方面，主要包括对出版物基本知识的认识和了解，对各类出版物生产规律和工作程序、工作技术的掌握和熟悉，如开本、装帧设计、版面知识、字体字号、成本预算、利润估计、定价策略、稿酬、版权版税、出版法规、印刷发行等。出版业务基本功对于出版业员工来说是必不可少的，而且职称级别越高，对业务能力的要求越高，这就要求编辑出版员工系统地学习出版业务知识，同时在实践中不断积累经验，不断地探索，这样才能成为一名合格的出版人。在数字时代，出版人的业务基本功还表现在对新技术、新设备的熟练应用（如软件的应用、数码技术的应用）等，这是提升文化传播能力的现实要求。

（四）熟练的语言沟通能力，主要体现在不同语种的相互译介能力

中国文化的世界化是中国出版业的重要课题，也是一项艰巨的使命。就目前来看，制约中国文化的世界传播的因素很多，如中国在世界政治、经济舞台的地位，中国整体经济实力等，但还有一个重要的因素是语言的问题，即缺少优秀的翻译家，主要是能把汉语从意义到韵味完美翻译成外语的人才太少。外语人才是我国的稀缺资源，既熟知中国文化，又精通外语的人才更少。目前，我国出版业国际化人才的储备相对不足，人才的培养和激励机制也与国际化建设的需求不相适应，这正是我们出版企业开展国际化经营的主要矛盾。莫言获得了诺贝尔文学奖，有三个原因：第一是莫言的作品被看好，让评委、让国际上的读者喜欢；第二是中国的出版界这些年积极推动作品"走出去"，莫言的作品被翻译成英、德、法、意、日、瑞典、西班牙等十几种文字，让评委和读者有喜欢的机会；还有一个原因是，那就是翻译，翻译其作品的多是国际大牌翻译家，比如翻译成英文的美国翻译家葛浩文。这样看来，要让西方人喜欢中国文化，首先要让他们懂中国文化。目前，趁着中国整体实力不断上升这个契机，让中华文化走向世界，是新一代文化传播者的机遇，也是光荣的使命，要想不愧于历史给予我们的机遇，不辱时代肩负于我们的使命，关键还是要学好外语。改革开放30年，中国的外语热成就了中国的经济发展，让中国的产业走向了世界（硬实力），那么，下一个30年应该成就的是中国文化的世界传播和影响，提高的应该是一个国家和民族的软实力。

（五）社会活动能力

编辑出版工作的性质、任务决定了出版人必须具有一定的社会活动能力。出版人是社会活动家，要时刻把自己置于主流社会之中，不断积累文化资源（作者资源、文献资源），结交各界名流。一个出版人社会活动能力的高低，关乎其策划能力和执行能力，社会活动能力强，便能够占有更多的作者资源，获得社会名流的支持。出版人是一本书、一个栏目的策划

者、组织者、宣传者，这就要求出版人有广泛的社会联系和社会活动，特别是在激烈的市场竞争条件下，社会活动能力显得尤其重要。社会活动能力主要体现在以下几个方面：

1. 收集信息和调查研究的能力

编辑出版的工作离不开调查研究，离不开对信息的收集整理和提升。策划选题，组织作者，出版的这两项关键性工作，都离不开采集、处理信息和调查研究的能力，这不仅仅体现在那些有计划、有组织、有专题的调查和信息收集，还包括在日常生活、工作中随时随地掌握、收集信息和调查研究的能力。

2. 同有关部门及作者打交道的能力

出版工作涉及的社会面很广，和文化行政管理部门、同行、发行部门、读者、作者，甚至媒体宣传部门，都会发生联系。因此，出版人要学会和这些交叉的、平行的行业或个人打交道。这里的学问不是在书本上可以学到的，面对不同的部门、不同的人有不同的交往方式和准则，需要我们在实践中慢慢摸索和体会。

3. 参加有关会议和学术活动的能力

编辑有必要经常参加一些会议和学术活动，这不仅可以开阔眼界，学到相关的知识，提高专业水平，而且是结交作者、合作伙伴，获取重要信息的好机会。如图书定货会，图书博览会、某一研究领域的学术研讨会、文学创作会、记者招待会等，有的编辑参加这些会议，只是一看了事，一听了事，一走了之，而有的编辑却能充分利用这样的好机会，广交朋友，多方探讨，收集信息，策划选题，物色作者，这种能力产生的作用是不可估量的。

第五章
出版产业的产品质量管理

第一节　出版产品及出版产品质量内涵

一、出版产品

出版产品又称出版物。用文字、图像、声音或其他符号按一定的主题和结构系统组织成独立的整体，以印刷或非印刷的方式复制在一定的载体上以向公众传播的文化产品，称为出版物。由此可见，非传统意义上的出版物的概念涵盖很广，不仅仅是传统纸媒的书报刊，也包括音像制品、电子出版物、互联网出版物及各种印刷品（如各种装潢印刷品等）。

1. 出版产品的性质

所有出版物都是承载着一定精神创作内容的物质产品，因此所有出版物都具有精神产品属性和物质产品属性。但本质属性是精神性。

出版物的精神产品属性指的是，出版物的内容是人类精神文化财富的凝聚。其中作者撰写、编辑加工过程中所形成的思想、观点、结构、体裁、表达方式和符号等，都具有个人精神创作的特点，并对受众产生非强加的、难以磨灭的精神影响。出版物的物质产品属性指的是出版物的物质形态、生产形式、流通方式都和一般的物质产品相同，都要投入大量的体力、脑力劳动，使用各种生产资料和生产设备，投入一定的人力资源和物质资源，并通过市场交换和流通实现价值和使用价值。出版物的本质属性指的是出版物的上述两种属性中，精神产品属性是主要属性。因为出版物的使用价值不在于它的物质形式和特点，而在于其所承载的精神内容。消费者消费的是出版物的精神内容，因此，出版物贩卖的也是其精神文化内容，要靠其精神本质来实现它的价值。由此可见，无论出版物的形式如何变化发展，出版物物质载体的科技含量、技术手段多高，其使用价值还是体现在其内容，即精神文化价值上。

2. 出版产品的功能

出版产品的功能体现在四个方面：第一，思想观念的交流和宣传；第二，科学文化信息的积累和传播；第三，人类文化生活的提供和满足；第四，人类精神品格、文化素质的塑造和提高。

了解了出版产品的性质和功能，对正确理解出版产品的质量内涵具有重大意义。

二、出版产品质量及内涵

出版产品的质量指的是内容质量和物质质量的统一。具体包括：出版产品的内容质量、出版产品的编校质量、出版产品的复制印刷质量，出版产品的设计质量、出版产品的环保质量。

第二节　出版产品的内容质量及管理

基于出版产品的功能和本质属性，出版产品的内容质量被视为衡量出版物质量的第一要素，是出版物质量的核心。一种出版物的内容质量低劣，载体无论多精美，形式无论多高档，也不能说明此产品质量精良。由此可见，对出版物的内容质量管理，是出版物质量管理的核心内容，是出版产品质量管理的根本工作。

在我国，政府高度重视出版物内容质量的管理和检查工作。尤其改革开放30多年来，相继出台了一系列质量管理规定，为出版物的内容质量提供可操作性的衡量标准，使我国出版物在内容管理上有法可依。

一、出版产品内容质量内涵

出版物的内容质量包括很多方面，对不同的出版物的内容要求也各有侧重。这里主要强调出版物内容的基本要求，包括下面几个方面：

1. 思想观念的先进性

出版物所宣扬、体现、表达的人生观、价值观、社会发展观要符合人类进步的正确方向，能够激发人积极有为的精神，不宣扬和营造颓废的情绪和环境，不渲染拜金主义、享乐主义、物质至上主义等和社会正能量相抵触的人生理念。

2. 文化精神的优秀性

出版物是文化精神产品，应以积累传播人类优秀的文化精神成就为己任，自觉抵制落后的、庸俗的、低俗的和媚俗的文化内容，为人类的精神生活营造清新的空气。

3. 科学知识的准确性

出版物的一个重要功能是积累和传播科学成果、普及科学知识。这就要求出版物在内容上要更加注重科学性和准确性，严谨防范伪科学和虚假不实的知识内容充斥于出版物中。

4. 语言的规范性和文明性

出版物是一个民族语言传承的重要渠道，也是一个民族的人民学习语言的楷模和必要途径。在我国，当代内容的出版物的语言应该符合现代汉语的语言规范，不乱造词汇，不滥用容易引起歧义和歪曲意义的网络语言，更不可大量使用粗俗、鄙俗、肮脏的语言，使出版物成为净化语言环境的楷模。

5. 行为习惯的合法性

公民意识和法律意识是一个国家、一个民族文明形象的标志，涉及影响公民行为规范及法律意识内容的出版物要自觉地承担正面引领的作用，不在出版物中宣扬或渲染有违公共道德和法律的行为，更不可对犯罪行为、犯罪现场做过分夸张的再现和描写。尤其是针对未成年人的出版物，更应自觉规避此类不健康的内容。

二、《出版管理条例》（2011年3月修订版）对内容质量的规定

《出版管理条例》第二十五条：

任何出版物不得含有下列内容：

（一）反对宪法确定的基本原则的；

（二）危害国家统一、主权和领土完整的；

（三）泄露国家机密、危害国家安全或者损害国家荣誉和利益的；

（四）煽动民族仇恨、民族歧视，破坏民族团结，或者侵害民族风俗、习惯的；

（五）宣扬邪教、迷信的；

（六）扰乱社会秩序，破坏社会稳定的；

（七）宣扬淫秽、赌博、暴力或者教唆犯罪的；

（八）侮辱或者诽谤他人侵害他人合法权益的；

（九）危害社会公德或者民族优秀文化传统的；

（十）有法律、行政法规和国家规定禁止的其他内容的。

第二十六条：以未成年人为对象的出版物不得含有诱发未成年人模仿违反社会公德的行为和违法犯罪的行为的内容，不得含有恐怖、残酷等妨害未成年人身心健康的内容。

第二十七条：出版物的内容不真实或者不公正，致使公民、法人或者其他组织的合法权益受到侵害的，其出版单位应当公开更正，消除影响，并依法承担其他民事责任；报纸、期刊发表的作品内容不真实或者不公正，致使公民、法人或者其他组织的合法权益受到侵害的，当事人有权要求有关出版单位更正或者答辩，有关出版单位应当在其近期出版的报纸、期刊上予以发表；拒绝发表的，当事人可以向人民法院提起诉讼。❶

---

❶《出版管理条例》，中华人民共和国中央人民政府，http://www.gov.cn/zwgk/2011-03/19/content_1827821.htm，［2015-5-16］，21：53。

三、出版产品的质量管理、监督和检测

我国无论在计划经济时代还是在市场经济时期，都非常重视对出版物的内容质量管理，建立了一整套、可落实到出版物生产及发行各个环节的质量管理体制和监督检查机制。这些体制和机制如果能够认真有效地实行，对保证出版物内容质量一定会起到很好的作用。下面从出版物生产的各个环节来解读我国出版物内容质量的管理和监督机制。

（一）选题工作

选题工作是出版工作的前提，也是出版物内容质量保障的前期工作。没有好的选题工作，没有好的选题，或者说选题的方针、宗旨有偏差和错误，出版物的内容质量就难以保证。因此我国各级出版管理机关及各出版机构都非常重视选题工作，力图在选题的环节把好内容质量关。

首先，《出版管理条例》第一章第三条不但明确指明了我国出版事业的指导方针，同时也为广大出版工作者指明了设计选题的方向："出版活动必须坚持为人民服务、为社会主义服务的方向，坚持以马克思列宁、毛泽东思想、邓小平理论和'三个代表'重要思想为指导，贯彻落实科学发展观，传播和积累有益于提高民族素质、有益于经济发展和社会进步的科学技术和文化知识，弘扬民族优秀文化，促进国际文化交流，丰富和提高人民的精神生活。"第四条指出："从事出版活动，应当将社会效益放在首位，实现社会效益与经济效益相结合。"

其次，具体到图书出版工作的选题工作上，我国严格实行选题论证和选题审批制度。出版机构对所要运作出版的选题从内容到可行性进行三级论证后，上报出版行政管理部门进行审批，重大的选题还要报请相关部门审读全部书稿及备案管理。这可在源头上保证出版物内容质量。

（二）审稿工作

审稿工作也是保证出版物内容质量的重要保障。我国严格实行稿件的审读制度，使内容质量不合格的稿件过不了三审关，不能出版。

审稿是指对稿件进行审读、评价、决定取舍,并对需要修改的稿件提出修改要求和建议的活动。审稿是编辑工作最重要的、承上启下的环节和程序,也是出版工作不可忽略的制度性工作。审稿的目的是准确全面地评价稿件的内容,鉴别稿件的质量,决定取舍,提出修改意见。

1. 审稿的目的

稿审的主要目的是对内容进行审读。首先对书稿政治导向和思想倾向的审查和把握。稿件的内容所反映的政治立场、政治观点治倾向是否正确;是否坚持正确的出版导向,是否有违背出版方针、原则的内容;有无与现实法律法规相抵触的内容;其次对书稿科学性和知识点及艺术的审查。观点是否正确,是否是伪科学?知识点是否准确无误?知识是否具有稳定性?对文学作品的艺术表现形式、表现风格。艺术价值的准确评价和定位。

2. 审稿的制度

在我国,具体到图书出版上,我国建立了一整套严格的书稿审查制度。

首先是三级审稿责任制度,简称三审制,是由初审、复审、终审三个审级组成的审稿制度。

初审:由具有编辑职称或具有一定条件的助理编辑人员担任。其职责是通读全稿,对书稿的政治导向、思想倾向、稿件价值、内容、体例、结构、语言风格、写作水平、两个效益、书稿的优缺点等作全面研究审查,对稿件作出恰当的评价,最后以《审读意见报告》的形式表明是否可以采用的态度,对无法把握的内容,提请复审注意。

复审:由具有正、副编审职称的编辑室主任一级的人员担任。复审是三审中的第二审级。其职责是通读全稿,对初审意见表明自己的态度,对初审提出的原则问题给予判断解决,同时弥补初审因知识不足、功力不到、工作疏忽遗留下的问题,最后形成复审意见。

终审:又称"决审",是三审制度中最后一级审稿。由具有正、副编审职称的社长、总编辑担任,或由社长、总编辑指定的具有正、副编审职称的人员担任。主要审查稿件的政治导向与思想倾向,并从本单位选题规划、出版特色、品种结构等方面审查书稿的取舍,最后作出决定性的判断。

其次，坚持责任编辑制度。以图书生产为例，图书的责任编辑负责一本图书的全部工作，不但担任初审，还要负责稿件的内容把握和文字加工，对图书的内容质量负法律责任。

最后，除了三审外，还要有外审和会审作为必要的补充。

外审：指将稿件送本出版单位以外的专家或有关部门审读。某些专业性特别强或难度大、难以把握的稿件，需要送有关专家审读。外审首先是专业人员，此外，外审不能代替三审制中的任何一个审级。

会审：经过三审的稿件，没有达成一致的意见，可以进行会审。除三审人员外，还可以请有关人员参加，进行集中讨论研究，以便作出准确评价和处理。

会审和外审是三审的补充，但不能取代三审。外审的专家要合适（本领域的专家学者），外审意见可作为三审的重要依据和补充，但不能代替三审意见。

审稿制度和审稿工作是保证出版物内容质量的中期把关环节，也是最重要的、不可忽略的环节。这个制度在传统的书报刊领域起到了重要的质量保证的作用。

（三）检查评审工作

书稿装订前的样书检查制度、出书后的评审制度以及质量检查制度是保障出版物内容质量的后期保障机制。图书装订前的样书检查是指印装厂在每种图书印刷完毕后，先装订几本样书，送出版社检查，如发现问题，及时处理，以保证即将装订的图书不存在内容或其他方面的问题，印装厂在没有接到出版社可以装订通知前，不得擅自将印刷好的图书册页装订出厂；出书后的评审制度是指出版社的图书质量评审委员会（由具有高级职称的编辑或专家组成）定期对本社所出版的图书质量进行审读、评议，对质量有问题的图书，进行相应的处理；图书质量检查工作是指出版行政管理部门组织专家定期对各出版单位出版的图书进行的质量检查，包括内容检查、编校质量检查和印装设计检查等，其中的内容检查是促进出版物内容质量提高的重要手段。

第三节　出版产品的编校质量及管理

出版物的编校质量指编辑校对的质量。编校质量也是内容质量的基本保障和标志。我国对传统的书报刊编校质量有明确的标准。图书的差错率在万分之一（不含万分之一）以下、期刊的差错率在万分之二（不含万分之二）以下，报纸的差错率在万分之三（不含万分之三）以下为合格，否则为不合格。

一、编辑加工

编辑加工是责任编辑对可采用的原稿，按出版要求进行修改和整理，使之成为可以依据印制的书稿。

编辑加工的意义：

第一，编辑加工是保证出版产品编校质量的第一道关口，就图书出版而言，没有全面细致的编辑加工工作，就等于没有给校对工作提供一个可供参考的原稿，校对工作就失去了可依据的底本，也就难以保证校对工作的质量，最终难以保证出版物的编校质量。

第二，编辑加工是编辑工作中一个独立的、不可代替的环节。编辑加工是在审稿的基础上进行的，但审稿不能代替编辑加工。审稿是从大处着眼，是对书稿在宏观上的取舍判断，而编辑加工是从小处着手，把决定出版的书稿修改整理成可以发排的书稿。

第三，编辑加工是提高图书整体质量的重要环节。任何一部高水平的书稿都难免存在差错、疏漏或不符和出版要求的问题，不需要编辑加工的书稿是不存在的。编辑加工是全面提高书稿思想内容和语言文字水平的必要保证，更是消除错误，弥补疏漏，解决问题的手段。

第四，编辑加工是对作者、读者负责的表现，也是维护出版者和编辑声誉、形象的重要手段。对作者负责是把作者的书稿完美地呈现出来，对读者负责是为读者提供优质的文化精神产品。满纸错误的图书不仅是对作者不负责任，也是对读者的不尊重，其后果不但损害了文化传播的高尚事业，也大大地损害了出版者的形象和利益。从这点上说，编辑加工是维护文化事业和出版事业的神圣工作，不可轻视。

二、校对工作

（一）校对是由古代校雠技术演进而来

现代校对是出版生产流程中编辑后、传播前的质量把关工序。它以专业的校对职员为主体，以编辑发排文本（原稿）和原稿排版打印的样稿（校样）为工作对象，以猎错纠谬为手段，目的是把一切差错消灭在出版物印刷传播之前。

现代校对的性质：现代校对是出版工作的必要延续，它通过有序、有效的工作对编辑工作给予补充和完善，是出版工作必不可少的、制度化的工序，也是保证出版物编校质量的重要工作程序。

（二）校对的功能

1. 校异同

段玉裁说："照本改字，不讹不漏。"

具体说，校异同的要旨在"异同"上，要求校书人将同一种书的不同版本逐字逐句进行比照，发现它们之间的差异，或者漏字、多字，或者用字不同，或者句子有别，发现了"异"后，"据异同而定是非""择善而从之"。因为不同的版本之间出现了"异"（不同），但不能立即断定哪个本子是正确的，必须进行比较分析，作出是非判断，选择其中更恰当、更合理的，"择善而从之"。有时可能诸本皆错，那就需要推理判断。现代校异同不同于古代校异同，现代校对意义上的"校异同"是比照原稿核对校样，发现了校样上的"异"（与原稿不同），原则上应依据原稿改正校样，而无须进行是非判断，这叫作"对原稿负责"。

2. 校是非

段玉裁说："定本子之是非。"

校是非不同于校异同,它的功能是发现"本子"(古代校是非的对象是原著,现代校是非的对象是原稿)之是非,这与"异同"无关,因为几个本子都相同却可能都是错误的。就是说,要分析字义、词义、文意,从而做出是非判断。所以,段玉裁认为:"校书之难,在于定其是非。"校是非的难决定了校对者必须有严肃认真的态度,有对出版物和作者负责的精神,有丰厚的学养和广博的知识。

现代意义上的"校是非"是在校样上消除原稿的错误。一般情况下,书稿在发排之前,编辑都要做认真的加工,原稿的差错基本已得到纠正,但也不排除有加工不到位、疏漏的可能。因此校是非是校对的主要职责。现在的书稿基本上是电子版,没有可供对照的"原稿"校是非就更加重要了。

(三)校对制度、程序及职责

由于书稿的性质、特点、质量不同,校对的工序不尽相同,但基本上遵循着"三校一读对片"的工序,必要时,在"三校一读"之前还要进行"毛校"。

毛校:一般由排版公司自行校对,主要目的是校出误排、漏排、排错顺序的地方。毛校改版后打一校样供一校人员校对,自此进入真正的"三校"阶段。

"三校"即三个校次,这是必须坚持的最低限度的校次。

一校:把一校打样和原稿相核对的第一次校对,是整个校对的基础,因为一校改版后打出二校样,一校样就成为二校的比照物。因此一校的主要职责是纠正打印错误,尤其要注意字、词、句、标点符号的错误和重复,更要注意重复打印、误排、漏排、跳行、起行不当处。此外,一校还要核对标题级别是否混乱,图表及说明文字是否安排适当,注释序号与正文是否符合,字体是否不当等问题。

二校:一校稿改样后即出二校样,供二校人员校对。二校前一般要核红,即对照一校样看一校校出的错误是否改正过来,同时还要斟酌一校是否改得正确和恰当。核红后再对照原稿逐字逐句校对。二校是对一校的补充，除了进一步消灭一校没有校出的错误外，还要重点解决没有被发现的原稿错误，以及标题、字体、行距是否规范，书眉、页码是否有误，目录和正文是否相符等。

三校：三校是一般稿件（质量好，专业性不强，规模不大）的最后一个校次，带有把关性质，所以非常重要。有经验的编辑一般要把三校的任务交给经验丰富、文字功底强的专业校对人员。三校之前同样要核红，然后对照原稿通校一遍。三校的注意力不仅仅要集中在正文，还要遍及扉页、封面、版权页、篇扉、目录、附录、索引等，更要注意目录和正文是否相符。

"一读"（通读清样）：即终校（三校）改版后的通读检查。清样是三校后改正打出的样稿。经过三校后，书稿基本不会存在质量问题，但还有存在不当之处的可能。责任编辑要对清样进行最后的把关检查，这是比三校更重要、更全面的质量检查，是出软片或硫酸纸前的最后把关，因此每个细节都要顾及到，千万不可疏漏。如果有必要，三校后应打出两三份清样，除责任编辑外，还要请不同的专业人员看，最后把两三个人看的样稿汇总，再交由排印厂改正、出片。

对片：是当代校对制度的创新，它是计算机排版制片新工艺的产物。计算机排版制片，有可能发生文字错乱丢失，因此制片完成后，必须将胶片一一与清样对照。对照的方法是：将胶片压在清样上面，通过移动胶片，使胶片上的字符图表与清样完全对合，如发现不能完全对合，则要采用对校法，将胶片与清样对校，改正错误。

（四）校对的方法

1. 对校法

即以同书之祖本与别本对读，目的是校异同。现代意义上的对校法即以原稿与校样对读，发现错误给予改正。对校法的功能体现在校异同上，主要目的是消灭排版过程中所产生的误排、多排、漏排等错误，从而保证出版物的编校质量。

2. 本校法

以本书前后互证，而抉择其异同，则知其中之谬误，这里的"异同"指的是书中的前后是否矛盾。本校法表面看，其功能趋向于校异同，但此处的"异同"不同于对校法中的"异同"有原稿或祖本所依，因此需要校对人员格外认真。

3. 他校法

以他书校本书。这里的"他书"指的是参考书、工具书等，其目的是校是非。即发现或怀疑书稿中某处有错误，但原稿又不足以作为改正的依据，需要查阅其他参考书或工具书来进行改正。他校法的目的是改正原稿中存在的问题，在某种程度上弥补了编辑加工工作的疏漏和不足，是编校质量的重要保证。

4. 理校法

怀疑或发现书稿的某处有错误，但又无确切可靠的依据来判断，就需要根据自己的知识积累和学识水平，运用分析、推理来判断是非，理校法的目的也是校是非，此种校对方法难度更大，要求校对人员的文化学识水平更高。

（五）校对工作的管理

校对不仅是技术性很强的工作，也是保证出版物质量的管理性工作。以图书出版为例，校对工作的统筹安排和管理，是责任编辑的主要任务之一，也是出版机构质量保障体系的重要环节。纵观校对的管理工作，应注意以下几点问题：

第一，严格按照"三校一读"的程序来安排校对工作；

第二，校对人员的安排要合理，一般情况下，一校、二校、三校的人员无论从学识水平还是校对经验，水平应逐级升高，三校人员的学识水平应该最高，此外，三个校次最好不要安排一个人来完成。

第三，严格校对的检查制度，责任编辑要对每一个校次进行检查，把握每个校次的工作质量，并对校对人员进行适时的指导，以帮助校对人员提高校对业务，此外，出版机构的相关部门也要对三校后书稿等进行总体的检查，以确定出版物在印刷出版之前的质量标准，从而保证出版物的质量。

三、编校质量检查

编校质量是我国出版物质量检查的重要内容。2011年5月，我国新闻出版总署成立了出版产品质量监督检测中心，并正式下发试行了《图书编校质量检查办法》，规范了图书编校质量检查流程和检查要求。2012年，此中心并入国家新闻出版广电总局，更加强化了出版产品的质量监督和检测工作。

1. 国家赋予新闻出版广电总局出版产品质量监督检测中心的主责

（1）依法加强出版产品的内容和质量监管；

（2）依法实施出版产品质量监督检测；

（3）依法推动质检工作体系和质量保障体系的建立与完善；

（4）为精品生产创造良好的质量环境。

以上的四项职责中，有关对出版产品内容和质量的监督和检测工作，很大程度体现在编校质量的检查和监督上，每年都例行安排全国出版产品的编校质量检查工作。此外，各省、自治区、直辖市的出版行政管理部门也例行对本辖区上一年的出版产品进行编校质量检查。

2. 编校质量检查的方式

编校质量检查一般采用抽查和指定检查的方式。

抽查，指不定期、不定目标、数量和范围的检查方法，这是编校质量的常态化检查工作。指定检查指检查部门指定某类产品、某种产品的检查工作。

3. 检查程序

出版产品的编校质量检查包括初检、复检、反馈、仲裁、结果发布等程序和环节。

（1）初检：由相关专家对出版产品的编校质量进行检查，计算出差错率。

（2）复检：对初检的出版产品进行第二次检查，主要审核初检的工作质量和检查结果是否公正、标准。进一步核准差错率，判决编校质量是否合格。

（3）反馈：将初检和复检的记录及检查结果返回出版单位的责任编辑，出版单位及责任编辑如有异议，可以在接到通知后15日内提出申述意见，如没有异议，对检查结果给予确认，将申述或确认的材料返回到质量检查部门。

（4）仲裁：专家根据初检、复检及反馈材料，对检查结果进行最后的认定，对编校质量是否合格做出最后的裁定。

4. 检查样本来源

一是要求有关出版单位提供符合条件的产品目录，由实施检查的部门确定检查产品品种后，通知出版单位提供样品；二是从市场或其他渠道收集出版产品信息、确定供检查的出版产品品种，从市场上购买供检查用的样品；三是在进行出版产品印装质量检查时采集样品进行检查。

5. 编校质量检查的内容、范围和检查量

编校质量检查的内容包括：（1）对内容的检查；（2）对所含知识性、逻辑性、科学性、常识性的检查；（3）对文字加工、语法、文法、标点符号、数字用法等应用情况的检查；（4）对出版形式规范应用的检查。以图书出版为例的检查范围包括：图书的正文、封面（包括封一、封二、封三、封底、勒口、护封、封套、书脊）、腰封、扉页、版权页、前言（或序）、后记（或跋）、目录、插图及其文字说明等。每种图书正文部分的抽查内容（或页码）必须连续10万字，全书不足10万字的，必须检查全书。

6. 以图书为例，编校质量检查的错误类型及计算方法

2005年颁布、2012年修订的《图书编校质量差错率计算方法》对图书的编校差错类型及计算方法给予了明确的规定（见附录一）。

第四节 出版产品装帧设计、印刷复制质量及管理

除了编校质量管理外,出版产品的质量还包括装帧设计及印刷复制的质量管理。出版物的装帧设计指出版物的物质载体表现形式所采用的各种语言符号、材料、方式手法的总称。出版物是文化精神内容和一定物质载体的完美结合,有了文化精神内容,还要有一定形式的物质载体,来表现和承载出版物的精神文化内容。如传统出版物的物质载体材料的选定、各组成部分的结构安排、各种工艺语言的设计及运用、装订及印刷形式等;数字出版感光材料的选择、内容在电子屏幕上的呈现形态以及各种语言符号(文字、图像、声音等)的有机结合。出版物的装帧设计、印刷复制质量是出版物质量的重要组成部分。国家对这一部分的检查和管理也是出版物质量检查和管理的重要内容。

一、《出版管理条例》对出版物装帧、复制质量管理的规定

2011年3月19日颁布的《出版管理条例》第五十条规定:出版行政主管部门"对出版物内容和质量进行监管",第五十一条规定:"出版行政主管部门根据有关规定和标准,对出版物的内容编校、印刷或者复制、装帧设计等方面质量实施监督检查。"这些相关的规定不但强调了出版物编校、装帧设计、复制印刷质量的同等重要性,而且明确了出版产品装帧设计、印刷复制质量检查和管理机构,可见国家对出版物物质生产,即装帧设计、印刷复制质量管理的重视。

此外,我国《图书质量管理规定》(1997年6月26日)第3条也明确规定:"图书质量包括内容、编校、设计、印刷四项,分为合格、不合格两个等级。内容、编校、设计、印刷四项均合格的图书,其质量属合格。内容、编校、设计、印刷四项中有一项不合格的图书,其质量属不合格。"第6条规定:"图书的整体设计和封面(包括封一、封二、封三、封底、勒口、护封、封套、书脊)扉页、插图等设计均符合国家有关技术标准和规

定，其设计质量属合格；图书的整体设计和封面（包括封一、封二、封三、封底、勒口、护封、封套、书脊）扉页、插图等设计中有一项不符合国家有关技术标准和规定，其设计质量属不合格。"第7条规定："符合中华人民共和国出版行业标准《印刷产品质量评价和分等导则》规定的图书，其印刷质量属合格；不符合中华人民共和国出版行业标准《印刷产品质量评价和分等导则》规定的图书，其印刷质量属不合格。"第18条规定："对于印刷质量不合格的图书，出版单位必须及时予以收回、调换。出版单位违反本规定继续发行印刷质量不合格图书的，由省级以上新闻出版行政部门按照《中华人民共和国产品质量法》第五十条的规定处理。"

《图书质量保障体系》第9条规定："图书的责任编辑……负责对编辑、设计、排版、校对、印刷等出版环节的质量进行监督。"第10条规定："图书的整体设计，包括图书外部装帧设计和内文版式设计。设计质量是图书整体质量的重要组成部分。提高图书的整体设计质量，是提高图书质量的重要方面。……图书的整体设计也要严格执行责任设计编辑、编辑室主任、社长或总编辑三级审核制度。"第36条规定："坚持图书编校、印装质量检查制度。编校、印装质量是图书整体质量的重要组成部分，对图书的社会效益和经济效益产生重要影响。坚持经常性地对图书编校、印装质量进行检查，有利于提高图书的整体质量。各出版社和主管部门要根据国家制定的图书质量管理规定，每年至少分别进行两次图书编校、印装质量检查。"

《音像制品制作管理规定》第27条第5款规定："制作的音像制品不符合有关质量、技术标准和规定的，由出版行政部门责令改正，给予警告；情节严重的，并处3万元以下的罚款。"

我国《电子出版物出版管理规定》（2008年2月21日颁布）第23条规定："电子出版物应当符合国家的技术、质量标准和规范要求。"

二、装帧设计规范（以图书为例）

图书的装帧设计也称为"图书整体设计"，包括外部装帧设计和内文的版式设计。外部装帧设计又包括开本设计、封皮设计、装订设计、印刷工艺设计、材料设计等；内文版式设计包括字体字号的设计、版心设计、文字排式设计、图文关系设计等。

（一）开本设计

1. 图书的开本：图书的开本指的是一本书幅面的大小。开本的计算方法为：一张印刷用纸裁成多少份，就是多少开本，如一张印刷用纸裁成16份，图书的开本就是16开。图书开本数和图书幅面的大小成反比，开本数越大，图书的幅面越小。相同的开本也有大小的不同，那是因为印刷用纸的规格大小不一，以32开为例，目前图书市场采用的纸张规格有这样几种：787mm×960mm、787mm×1092mm、850mm×1168mm、880mm×1230mm、900mm×1280mm、1000mm×1400mm等。

2. 图书开本裁切的方法

（1）几何级数裁切出来的开本最方便，也最经济。所谓几何级数裁切，是指把一张印刷用纸按2的n次方的级数来裁切，也就是把一张印刷用纸对折的次数乘以2，得出多少就是多少开，如下图：

图6-1　几何级数裁切法

（2）非几何级数裁切法，指对印刷用纸沿着纵向和横向直线平均裁切，如20开、24开、36开、40开等，如下图：

图6-2　非几何级数裁切法

（3）非几何纵横混合裁切法，把一张印刷用纸不是沿直线横向和纵向裁切。这种方法是最不经济的裁切方法，一般不被采用。如下图：

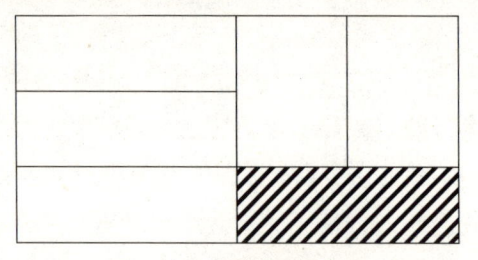

图6-3　纵横混合裁切法

3.确定图书开本的规则

（1）根据图书的内容和性质确定开本：一般情况下，虚构类文学作品、人物传记、学术著作、严肃内容的图书适合大32开、小16开，诗集多用长32开，散文或小品文多采用小32开。

（2）根据图书的字数和书稿符号的形式确定开本。文字少的图书采用小一些的开本，如《谁动了我的奶酪》《书商的旧梦》等，采用小32开；文字量大的采用大一些的开本，如《德川家康》《红楼梦》，采用大32开或16开。图表和插图多的也采用大一些的开本，如《中国少年儿童百科全书》《画说中国》等，采用大16开。

（3）根据读者对象和发行方向确定开本。如婴幼儿读物的开本小一些，老年读物的开本相对大一些；供阅览室、图书馆陈列的图书采用的开本要符合国际标准，中小学生随身携带的手册要小一些。

（二）封皮设计

封皮是图书的外部形式，具有表现主题、内涵，保护图书、宣传图书的作用。封皮设计包括封面、封二、封三、封底、书脊、勒口的设计。

1.封面设计：即封一的设计。

2.封面设计的原则

（1）找准风格定位。对一本书整体风格的宏观定位非常重要，定位准，才能准确地为一本书的封面立意、构思，定位不准，无法使书的内容和形式和谐统一。对图书风格定位的关键是熟知图书的内容、文字风格、体裁、读者对象。不同内容、不同风格、不同读者对象，封面风格的定位不同。例如，辞书的封面要庄重、严整、规范；古籍类图书的封面要凝重、深沉、厚重；艺术类图书的封面要高雅、浪漫；儿童类图书封面要清新、活泼、色彩鲜明……此外，每本书也有属于自己的个性风格。《大家小书》是学术大家写给众生的文史类普及读物，读者对象是一些注重扩大知识和提升文化品位的读者，封面设计者很准确地给这套书定位为"现代书卷气"和"权威普及本"的完美融合，即现代人读的很有文化品位的文化普及读物。因此，在设计封面时，没有采用强烈的刺激色调，画面结构也在平稳中求变化，内敛而不张扬。封面中"大家"的印章是中国元素，强调中华文化的内涵，同时体现了"大家"的权威，对书的品位给予恰当的定位。当然，给图书封面的风格定位不是简单地给图书贴标签，不应概念化，更不能僵化，应在把握主体风格的前提下求变求异，即便是同类的图书，也会因各自不同的内容有自己的风格，因此，在设计封面时要有选择性和随机性。不能千人一面。例如，《梅兰芳传》和《卓别林传》都是文艺界人士传记，但设计风格却不能一样，一个应具有古典美，庄而典，婉而丽；《卓别林传》则应具有幽默诙谐的风格，如果两者风格强行统一，或对调一下，则会十分滑稽。

（2）注重意韵的开掘。所谓"意韵"就是精神内涵。封面设计要恰切地表现图书的内涵，使内容和形式、风格与内容相统一，这就要求设计者用恰当的构图和色彩艺术地表现图书的精神内涵。用形式表现内涵和意韵，要避免过于直白具体，而应含蓄、艺术地呈现主题和意韵。因此，象征的手法常被用于封面的构图设计中，如钱月华设计的《闻一多全集》就是一个典范。闻一多在中国现代史上，既是一位具有鲜明艺术个性的诗人学者，又是一位刚正不屈的民主斗士。如何在设计中表现其文学作品典雅、沉稳的个性风格，又呈现闻一多富于斗士精神的一面呢？书的封底是一抹黑色，给人以深沉压抑感，象征着政治气候和时代氛围，表现出"不在沉默中爆发就在沉默中死亡"的意蕴，封面上红色的火焰在闪耀、跳跃、升腾、燃烧，象征着不甘于在黑暗中沉睡的战斗精神——闻一多的精神（闻一多曾自喻自己是一座在黑暗中积蓄力量的火山。抗战时他把自己家中全刷成黑色，表明自己时刻被黑暗包围着）。而明与暗、冷与热、动与静的交织辉映，蕴涵了这样的意蕴：尽管这位民主斗士倒下了，但其精神永远不死，犹如燃烧跳荡的火花。主题思想被完美地体现出来，意蕴得到了升华。初版《彷徨》《呐喊》的封面设计也很好地体现了作品的意韵，《彷徨》封面橘红色作底，暗蓝色底纹，墨色作画，右上角是西下的太阳，左边三个人坐在同一把椅子上向着太阳，画面传达出紧张迷茫的情绪氛围，表现了20世纪二三十年代中国知识分子迷惘、彷徨、失意的精神状态。这个封面是20世纪20年代著名封面设计家陶元庆设计的，他一生虽然短暂，但设计的许多封面具有永久的生命力。鲁迅本人非常欣赏这个封面，说它非常有力，看了让人感动。鲁迅自己为《呐喊》设计的封面，底色深红，如静静蕴藏着的某种即将爆发的力量；红中透出一丝隐约的光明，蕴育着仿佛隐现的希望；封面的正上方是一块横矩形的黑色方框，框内用篆刻的黑体阴文书名——"呐喊"和作者名"鲁迅"，体现了他书中蕴含的无穷力量。这种设计，恰到好处地表现了鲁迅在《呐喊序言》中所说的："假如有一间铁屋子，是绝无窗户而万难破毁的，里面有许多熟睡的人们，不久都要闷死了。然而是从昏睡入死灭，并不感到就死的悲哀，现在你大嚷起来，惊动了较为清醒的几个人，使这不幸的少数者来受无可挽救的临终的苦楚"……"然而几个人既然起来，你不能说绝没有毁坏这铁屋的西望。"[1]读到这样的文字，再品味封面的意蕴，可谓恰切之至。

谢冰莹《从军日记》的封面，用稚拙的儿童画装饰封面，以儿童的天真、稚拙烘托书的内容的严肃，产生的效果却非常奇妙，关于这个封面，谢冰莹表示，这幅画带给她的是狂喜，是美的爱，是爱的笑。这本小书所追求的正是美和爱。可见封面含蓄地呈现了书的内涵，与那些直接诠释图书内容的封面相比，自由独到之处。

译林出版社的《呼啸山庄》封面构图是：猛烈北风中荒凉的山庄、委靡倒向一边的树木，象征人性的扭曲和被摧残。恰好诠释了小说主人

---

[1] 鲁迅.《呐喊》. 北京：人民文学出版社. 1973，第5页

公——山庄老主人养子变态的人性。《冯骥才名篇文库》的设计，也很好地反映出原作的深刻内涵及作者的文化心态。白色的羊皮纹纸显得自然、朴实，深棕色的丛书名、黑色的书名竖排于书的右侧，左下方大块面的空白正好给上方飞奔的骏马浮雕让出一个空间，飞马扬起鬃发，厚朴中透出飘逸之气。设计者选马作为十本书封面上反复出现的唯一图形，是因为"不仅冯先生属马、姓里有马、人长得高头大马，更因为他作品里洋溢着一种宝马神骏之气"。用异形的汉白玉大理石刻出的马的浮雕，既有民族精神，又有现代气息，与作者作品中深厚的传统气息相合。书籍的勒口、书脊、目录上也精心点缀一枚马形印章，使书有一种不可分割的整体印象和难得的文化意蕴。

再如，1981年出版的《九叶集》，是一本中国新文化运动初年九位诗人的合集。设计者曹辛之先生用一棵大树九片富有生机的叶子比喻九位诗人，寓意深邃，启人遐想。全书构图平稳，树叶错落有致，设色单纯、雅致，把该书的内涵，含蓄而诗意般地呈现给读者，体现了一代大师的功力。

内容实用性很强的图书也可以用象征手法来表现内容。成功的例子如《临床骨科学》，这本书的创意设计堪称绝妙，用象征的手法代替了大多数医学解剖图的直白。"人"字形的支架富有多重意味：断裂的主干通过金属部件的连接和支撑得到修复；最妙的是主干上生出嫩绿的新芽，点明了骨科学对生命的价值。整个创意充满理性，又富有人文关怀的感情色彩，构图十分严谨，设色凝练，黑白灰节奏分明，文字安排大小疏密有致，此设计曾获得全国第五届书籍装帧评比金奖。

（3）突出主要信息。封面设计要简洁清晰，切忌用一些多余且杂乱的信息、符号干扰读者的视线，应该让读者在一瞥之间就看见书名及醒目简洁的促销语。有些设计者生怕读者不了解图书的容，封面上呈现一大堆的宣传提示文字，有的生怕图片太小，不吸引读者的目光，结果，使图书的封面文字太多以致凌乱，图片太满以至让人透不过气来，结果，最该牵住读者眼睛的地方被掩盖了，喧宾夺主的设计元素使封面丧失了整体美感，可谓费力不讨好。简洁不是为了省力，是为了突出主要信息，简洁也并不是简单。歌德说："简洁和天才是孪生姊妹。"简洁要求设计师具有很高的审美能力和视觉语言表现力，化繁为简，惜墨如金，尽可能做到以最少的设计语言传达最多的视觉信息。简洁、准确的设计语言相当于文学中的"一语惊人""片言居要"，是装帧设计理念的最高境界。好的设计者懂得如何用空白来说话。如《狼图腾》和《漫话东坡》的封面设计，整体色彩单一和谐，并有大量留白，没有过多的图片和色彩，也没有过多的文字信息，使主要信息如书名醒目而突出，起到了吸引读者，不干扰读者的目的。

（4）展示个性，但不要怪异。所谓个性就是与众不同，是繁华中的素雅，激昂中的平和，喧闹中的安宁，是可口可乐中难以品到的那杯"爷爷泡的茶"，是珠光宝气、霓虹闪烁过后的"青花瓷"。我们生活在一个个性极度张扬的时代，个性消费是时代的浪潮，个性的创意也是经营一切、创造一切的生命。作为文化产品的图书和其他产品相比，对个性化的要求更高的。虽然图书的个性体现在内容、版式等方方面面，但封面设计却第一直觉的要素。如何让自己的图书在书海中最先跳入读者的眼帘，如何让自己的图书在同类中别具风采，是封面设计的关键。当然，追求个性不能陷于怪异。有的设计者为了追求"与众不同"，把书的封面设计得不伦不类，如让花木兰穿上迷你裙，让林黛玉穿吊带裙，让雷锋睁着圆圆的卡通眼等，这种有意为之的、不和常理的"个性"只能令人作呕。有个性的设计一定能在平和之中让人感受到别具一格的美，而不是突如其来地让人诧异。

3.封面设计的规律

（1）书卷气的设计：以文字为主，突出书名，以字的造型及巧妙的排列、构成、色彩搭配，创造一种形式美感。如《活着的理由》等，书名字很突出，但在色彩上和封面浑然一体，封面的构图简单，色彩单纯，给人很浓的书卷气。

（2）艺术表现型的设计：以抽象的装饰图、线纹及色彩搭配文字，艺术地表现图书的内涵，这种设计感染力和视觉冲击力很强。抽象艺术完全不受自然形和色彩的限制，抽象美是指升华的、非具象的形式美，是在似与不似之间找到一种设计语言，用抽象的形态来暗示或表达书籍内容的思想或理念，造就一种视觉冲击力或形式美感来吸引读者，给读者以更多的思维空间。

《祭红》这本书的封面设计是成功地用抽象手法创造出的高品位作品。从封面构图上看，一个极简洁、抽象白色古瓷瓶，巧妙地通过书脊把封面、封底连为一体，只有前后翻转对应地看才是一个完整的瓶形。封面的红色与封底蓝色暗喻着新旧两个时代，古瓶的抽象图形跨过红和蓝，表示这只饱经沧桑的古瓶在两个时代的不同经历及主人公曲折的命运。整个设计简洁、概括，很好地把握住了《祭红》这部小说的内涵，给读者以极富意蕴的启示。若设计者用具象写实的手法把古瓶处理得极其逼真的话，那么《祭红》给人的感觉就不是现在这个反映名贵红釉古瓶的小说，而是陶瓷图谱之类的一些书籍了。

（3）时尚、具象型的设计：运用现代技术手段，选择恰当的图片或设计恰当的图画衬托文字来表现书稿的内涵，表现主题更直接。真实的设计，容易引起人的重视，具象的形体，给人信任感。一本关于装修的书籍，可以用写实的效果图或室内照片来装饰；服装设计类的书籍，可以用身着时装的模特儿的照片来表达书的内容，这类设计明白简洁，能真实、准确地再现书籍所包含的内容。

4.书脊、勒口、封二、封三、封底、护封、腰封的设计

封皮是一个整体，封面的设计固然重要，但也不能忽视其他部位与封面整体统一的设计，有时还要有护封和腰封的设计。

书脊：《图书和其他出版物的书脊规则》规定："连接封面和封四，以缝、钉、粘或其他方法装订而成的转折部位，包括护封的相应位置称书脊"。书脊的设计规则：书脊厚度大于或等于5mm的图书及其他出版物，应设计书脊。图书和其他出版物及其护封的书脊名称应与其封面、书名页上的名称一致（出版者名称用图案者除外），不应有文字和措辞的变化；一般图书书脊上应设计主书名和出版者名称（或图案标志），如果版面允许，还应该加上著者或译者姓名，也可以加上副书名和其他内容；系列出版物的书脊名称，应包括本册的名称和出版者名称，如果版面允许，也可

加上总书名和册号；多卷出版物的书脊名称，应包括多卷出版物的总名称、分卷号和出版者名，但不列分卷名称；期刊及其合订本的书脊名称，应包括期刊名称、卷号、期号和出版年份；书脊名称一般采用纵排，横排也可采用；书脊名称的排印应醒目、清晰、整齐，使人易读，并便于迅速查找；若出版物太薄，厚度小于5mm或其他原因不能印上书脊名称时，可以紧挨书脊边缘不大于15mm处，印刷边缘名称，其内容除出版者名称不列入外，其他的内容与书脊名称相同。边缘名称排在封四。书脊字体字号可根据书脊的大小、书脊的颜色、图书的整体风格确定。

勒口：勒口是封面的一部分，是由封面超出切口部分折叠而成的。勒口的大小（宽窄）由图书的规模（厚度）、装帧要求等因素决定，一般不小于图书宽幅的1/3；勒口的颜色一般和封面的底色一致或统一（可采用颜色由深到浅的渐变色）；勒口可没有文字、图标，也可以适当放置作者照片、简介，后勒也可以放置责任编辑、装帧设计者、丛书介绍等。

封二、封三：一般不安排文字，尤其是大勒口图书的封二、封三更没有加文字的必要。不带勒口的封二、封三可适当放置一些有关图书促销的信息，但不能过滥。

封四：封四可以说是封面的延展，也是展示给读者看的重要部分。封四的色彩要与封面一致，除标志性的图案（如社标、丛书标等）外，一般不用图片，但可以放一些文字，如缩小字号的书名、名人的推荐赞语、图书特点的提炼等，此外，必须放置在封底的还有条形码的扫描图、定价。

护封：与书身不装订在一起，包在图书封面外的一层包封，也称外封、包封等。用料往往采用更厚些的纸张，主要功能是保护封面，也起到装饰或宣传作用。精装书采用护封的较多。在设计上，除了要呈现封面的主要信息（书名、作者名、出版者名）外，有时还增加一些起到促销和宣传作用的内容。

腰封：护封的一种，即半护封，像腰带一样包在图书封面的中间或下部，主要用来装饰或补充封面表现的不足。腰封不必呈现图书封面的信息（如书名、作者名、出版者名）等。

（三）装订设计

图书的装订是把图书各组成部分组装在一起的工作程序。装订形式的选择和设计由图书的装帧形式所决定。我国目前图书的装订形式主要有下列几种。

1. 骑马订

将图书的封面包在图书的书身外，将书身总页面一分为二，从中打开，用订书机在订口处将书身和封面用铁钉订牢。这种装订方式非常适合页面少的小册子，成本低，技术操作简单。但牢固性不强，在翻看的过程中书页容易从中间损坏，进而散落。

2. 平订

将书页按顺序叠排在一起，在图书订口处距离书脊4mm—5mm处用铁订或装订线将书页订牢，然后再将封面粘上去的装订方式。这种装订方式一度是我国图书主要的装订方法，长时间被运用，但目前已很少用。因为同样，这种装订方式也只适合书页少的出版物，而且封面是单独粘上的，容易脱落。

3. 无线胶订

将书帖与书帖、书身与封面等全部组织完全用胶粘在一起的装订方式。这是目前我国平装书普遍采用的一种装订方式。它的优点是成本低，装订胶能很好地将书页粘到一起，尤其适合书页较多、书身较厚的平装出版物，并且保持了出版物书脊部分的平整，美观好看。但要特别注意胶的质量，如果胶的质量不好，书在翻看过程中容易散页。

4. 锁线订

将书帖一帖一帖地在中缝处用线订成册，书页的中缝可以完全打开。这种装订方式同样能保持出版物的平整度，页数多的出版物，尤其一些精装的出版物常采用这种装订方式，是目前比较常用的装订形式。

5. 锁线胶订

这是一种胶订和锁线订结合在一起的装订方式。先用锁线的方式将书帖装订成册，然后再用胶在书脊处将帖与帖、书身和封面粘在一起。这种装订方式使图书更加牢固，不易散页，且书脊平整。目前精装书常采用这种方式装订。

（四）装帧形式设计

前面讲的是图书具体部位、工序的设计，装帧形式设计是指图书装帧总体方式的设计。图书从装帧形式上分为平装书、精装书、线装书、散页书（卡片）和套装等。不同的装帧形式，采用不同的装订方式、封面原料和工艺。

1. 平装

封面用软纸为原料，如200克铜板纸，采用骑马订、锁线订、平订、胶订等装订形式，封面和书身大小一般大，有的有勒口，有的没勒口。

2. 精装

封面采用硬纸壳、木料、塑料、皮革、纺织品等材料，有的精装书还配有护封、腰封、套封等，书脊分为方脊、圆脊两种，书的封面一般要大出书身3mm左右，称为飘口。此外精装书还设有堵头布、书签带等。装订多采用锁线订的方式，有的也结合胶粘订。

3. 线装书

用线把书页和封面在图书右侧订口5mm左右的地方装订在一起。这种装帧方式是从古代延续下来的，主要用于古籍出版，现代出版有时模仿这种线装的形式，增加图书的古典风格。

4. 散页书（卡片）

书身和封面不装订在一起，以单页的形态呈现，或放在盒子里、袋子里，一些卡片类出版物也属于这种。

5. 套装

把一系列平装、精装或线装的多册图书放在一个书函或书套中。这种装帧方式主要是为了强调出版物的整体关联性，强化了出版物的装帧设计效果。当然书函或书套也在一定程度上起到了保护图书的作用。

（五）书名页的设计

1. 相关概念

书名页：图书正文之前载有完整书名信息的书页，包括主书名页和附书名页。

（1）主书名页：载有本册图书书名、作者、出版者、版权说明、图书在版编目数据、版权记录等内容的书页。包括扉页和版本记录页（版权页）。

（2）附书名页：载有多卷书、丛书、翻译书等有关书名信息的书页，位于主书名页之前。

2. 书名页的设计规范

（1）扉页：提供图书的书名、作者、出版者。位于主书名页的正面，即单数页码面。扉页上的书名包括正书名、并列书名及其他书名信息。正书名的编排必须醒目；扉页上的作者名称要采用全称，并与封面作者名称一致；翻译书应包括译者和原著作者的译名；出版者名称采用全称，并标出其所在地。

（2）版本记录页：提供图书的版权说明、图书在版编目数据和版本记录。位于主书名页背面，即双数页码，也可单独放置在扉页前或正文后。版本记录页必须刊载版权说明、图书在版编目数据、版本记录、出版责任人记录、出版发行者说明、出版物载体形态记录、印刷发行记录等内容，要求信息准确，著录规范。

（3）附书名页：附书名页应列载丛书、多卷书、翻译书、多语种书、会议录等相关信息。如丛书名及丛书主编；多卷书总书名及总卷数、主编、作者，翻译书原作者名及原书名、原出版者及出版地、原出版年及版次、版号、版权等；多语种书的两种语言及其他语种的书名、作者名、出版者名等；会议录的会议名称、届次、日期、地点、组织者等。

(六）版式设计

1. 版式设计

版式设计也叫版面设计，根据确定下来的开本（幅面），把书稿或报刊的内容科学合理、又具有艺术性地进行编排与处理。

2. 版式设计的原则

内容和形式要协调一致；尽可能有效地利用版面空间，降低成本；尽可能地降低阅读疲劳，做到悦目与易读。

3. 版式设计的内容及基本要求

图书、期刊的版式设计的主要内容（要素）有：版心大小、排式，天头、地脚、切口、订口，书眉，页码，正文字体字号、行距字距，标题层级及占位、字体字号，图表等。

（1）版心：指每一版面上容纳文字或图表的部位。版心不包括书眉、页码及天头、地脚、切口、订口。版心的大小及版心的排式是图书、期刊版式设计的主要内容。

版心的大小：版心大小要从书刊的内容、读者对象、书籍的性质来考虑，版心的大小以版心的宽度乘以高度来表示。开本一定的情况下，版心的大小是有一定规律的。一般情况下，大32开的图书，版心为103mm×159mm，但也要根据书刊的内容、性质、读者对象做具体变化。

版心的排式：排式是指正文的字序和行序的排列方式。版心的主体文字（正文）主要有两种排式，即横排和竖排（直排）。现代书刊多采用横排，但古籍多用竖排。横排的版心还有通栏（单栏）、双栏、三栏之分。32开、16开的5号字图书，一般排通栏，小5号、6号字的工具书一般排双栏，有的排3栏，16开的期刊多排双栏或三栏。

（2）天头（上切口）、地脚（下切口）、外切口（翻口）、内切口（订口）：天头指版心上端的空白部位，又称上切口；地脚指版心下端的空白部位，又称下切口；外切口即版心右侧空白部位；内切口是版心左侧装订部位的空白部分。切口与切口、切口与版心的位置比例关系是版面主体面貌的重要体现，也是版面表现力的体现，因此对各切口的设计是版面设计的重要内容之一。我国的习惯，天头宽于地脚；西方的习惯则地脚大于天头。还以32开图书为例，一般天头25mm，地脚19mm，内切口20mm，外切口17mm。但也有版心处于版面中心，四面切口相等的设计方式。当然，出版物的内容和性质也决定切口的大小。如学术著作的外切口和下切口相对大一些，方便读者边阅读边做批注；工具书的切口相对小一些，版心相对大一些。

（3）书眉和页码：最初的书眉指横排版排印于天头处的书刊名和章节名。一般双面码排印书刊名，单面码排印章节或篇章名。随着现代版式设计理念和设计方式的不断创新，书眉的位置也发生了很大的变化，一部分图书或期刊的书眉排印在书刊的外切口处。书眉的作用一是方便读者翻阅和检索内容，读者只要打开图书，就会通过书眉的篇章名知道此时所阅读的内容，也大大方便了记录和著录工作；二是书眉对版面起到了装饰和美化作用，和书眉的文字相衬托，还有标识性的横线、水线、星号线等，称为"书眉线"。也有在文字下加暗影或在文字两端加标志性图标的，以增加版面的美感，吸引读者的注意。书眉的设计风格多种多样，但多以简洁、适用为原则，但也根据不同性质和内容的图书灵活设计。如文艺类图书的书眉雅致、灵动、活泼；学术类图书的书眉庄重、简约；传统文化类图书的书眉多以中国元素的符号作标识，现代时尚类图书多以简约的时尚元素符号作标识等。

页码指图书页面排列次序的数字码。页码分单码和双码，我国习惯上，图书的第一面总是从右手面起，因此单码面又称为右手面，双码面又称左手面。书刊的页码可以放在地脚的中间，也可以放在地脚的两侧，如单码放在地脚的右侧，双码放在地脚的左侧，实现单、双面的对称；页码还可以放在外切口上，有时也放在天头的适当位置。须要特别注意的是，图书中插页一般不占正文的页码，而还有一些页面（如一些空白页及和正文一起印制的图表页等）占有页码，但为了美观却不印出页码号，这在专业上称为占暗码。页码的作用毫无疑问是起检索作用，因此，图书正文的页码要和标注在目录章节上的页码一致。此外页码的设计也要追求一些美感，如适当做一些标识、装饰性的设计，选择适当的字体等。但页码设计不要喧宾夺主，如过分的装饰掩盖了页码，或者使页码不清楚等，丧失了页码的检索作用。

（4）正文字体字号、行距字距：正文的字体字号及行距字距是版面设计最主要的内容。不同的字体字号及行距字距，不但关系到书刊版面的容量，影响书刊的生产成本，也会给读者的阅读带来不同的心理感受，影响阅读的兴趣。

字体是指印刷文字的体式。中文的印刷字体分为基本体、变体和艺术体三大类。基本字体常用的有宋体、仿宋体、楷体、黑体四类，在这四类基本字体的基础上，可以变化出报宋体、等线体、宋三体、准圆体等，还可以根据需要将字体压扁或拉长，更可以变斜、变黑，变化手段很多。艺术体包括隶书和魏碑体。外文也有正、斜、黑等不同体式。如此丰富及变化的字体对书刊的版面设计提供了更多的选择，因此选择恰当的字体也就成为设计者面对的重要问题。字体的选择要考虑书刊的内容、出版物的性质、读者对象及版面间各要素的关系等。以文字为主的成人图书一般采用宋体字排正文，采用宋体、楷体或黑体排各级标题，采用仿宋体排引文、诗歌、序跋、注释等。宋体字端庄大方，刚中有柔，浓淡适中，易读性强，是书报的常用字体；楷体字柔和悦目，给人以轻松感，一些小学课本、儿童读物、时尚美文等图书，也常常采用楷体排正文；黑体字浑厚有力，醒目大方，适用于标题和重点字句，但不宜排书籍的正文和报刊长文，以免给人以沉重感；仿宋体字秀丽挺拔，轻快悦目。字体是印刷艺术的语言，字体的合理灵活运用可以使读者产生愉悦的心理感受。尤其计算机技术条件下的字体运用更加灵活多变，在灵活运用字体的时候，还应该尽量照顾到版面的和谐与统一，更要照顾到字体呈现出来的效果，做到变化中有和谐统一，变化中求清晰悦目。

字号是表示字大小的级别。我国传统上用号数表示字的大小，把字分为初号、小初号、一号直到八号，号数越大，字级越小。在号与号间，还有作为过渡的小×号，如小4号、小5号等。除了以号指称字的大小外，我国也借鉴国外以点数（point）指称字级大小的方式，称为"磅"，磅数越大，字号越大，10.5磅相当于5号字，9磅相当于小5号。字需要变体时，如变长形和扁形，磅的标法是二维的，如长仿字三号是15.75乘以12磅；扁黑三号是15.75乘以21磅。

出版物中的字号大小虽然没有严格的规定，但精心设计字体大小，不但可以科学合理地安排版面，使版面即能最大限度地容纳内容，也可以使读者轻松阅读，不致产生疲劳感。字号的选择同样受出版物规格、性质、内容和读者对象的制约。一般出版物多采用5号字排印正文，工具书和手册可用小5号；近几年国际标准的16开本书籍流行，小4号字用于正文的也较多；低幼读物、老年读物的正文一般采用大一些的字；而字数少的出版物也多采用大字。此外，篇、章、节、目等，字号应依次递减，如篇用2号，章就相应地用3号，节用4号，目用小4或在字体上有所变化，以示区别。

字距、行距是指字与字之间、行与行之间的距离。字距、行距的大小由一定大小的版心容纳字数的多少所决定，反过来，字距行距也决定了一定大小版心所容纳字数的多与少，同时也决定了版面疏密程度所呈现的版面效果。字距行距太小，显得版面太拥挤，读者阅读费劲；字距行距太大，显得版面太松散，内容单薄，给读者的感受是缺乏内涵，价格的水分大。因此适当的字距行距也是版面设计的重要内容。字距和行距一般以同样大小字的倍数或分数来计算，也有时以毫米来计算。但有经验的编辑或排版人员只要规定好版心的行数和每行的字数，一般来说就可以得到比较合理的字距和行距。下面以表格的形式来例举几种开本出版物合理的版面容量。

表6-1　版面容量表

开本	版心尺寸（单位mm）	每面行数	每行字数	字号	行距
16开	207×147	35	40	5	5号5/8（2.296mm）
	212×151	37	41	5	小4号1/2（2.1mm）
	213×151	39	41	5	5号1/2（1.8375mm）
	225×148	44	23×2（双栏）	小5	2mm（常用）

续表

开本	版心尺寸（单位mm）	每面行数	每行字数	字号	行距
大32开	159×103	27	28	5	5号5/8
	160×103	28	28	5	小4号1/2
	158×103	29	28	5	5号1/2
小32开	147×96	25	26	5	5号5/8
	148×96	26	26	5	小4号1/2
	147×96	27	26	5	5号1/2

（5）标题层级及占位、字体字号。

标题不但是出版物内容的重要组成部分，是内容的纲领，也是版面的眉目和眼睛，对版面起着重要的调节和美化作用。因此标题的设计也是版面设计的重要内容之一。标题包括篇章题、节题、目题等，按照层级分，可分为一级标题、二级标题、三级标题……标题的呈现方式有两种，一种是传统的呈现方式，如：

第一章

第一节

一、

1.

2.

3.

……

另一种为罗马数字阶梯式的标题，如：

1.

1.1

1.1.1

1.1.2

……

标题的设计须要注意以下五个方面的问题：

第一，标题的字体最好同正文有所不同，同一级标题的字体字号、占位及呈现方式要相同。

第二，从第一级标题到最后一级标题，字号要由大向小顺次递减，如一级标题用2号字，二级标题用3号字，三级标题用4号，四级标题用小4号等；标题的占位也要随着标题的层级逐渐递减，如一级标题占五行，二级标题占三行，三级标题占两行，四级标题占一行等。

第三，大标题的长度一般不超过版心宽度的4/5，标题转行时应以不破坏文意和不被曲解为原则，尤其不把虚词转为下一行的第一个字。

第四，标题可以顶格排，也可以居中或齐肩排，但同一级别标题排式的要一致。

第五，正文标题要与目录标题内容完全一致。

(6) 图表设计。

图表是图片、表格的统称。很多出版物的图表是和正文一起排版的，是正文的重要组成部分。图表不但具有形象直观地阐释说明内容的作用，穿插在正文中的图表还有效地活跃了版面，为版面增加了美的元素。所以图表的设计也是版面设计的重要内容。图表的设计应注意下列问题：

第一，图表的位置要和正文相关的内容接近，尤其以文字为主的出版物，图表应该本着图随文走、文先图后的原则排。

第二，图表的说明文字要和图表所呈现的内容一致，标号要准确有序。

第三，横排表格的宽度不可超过版心的宽度，竖排表格的宽度不可超过版心的高度；图片多为横排，宽度或高度可以超过版心，甚至可以超过版面（"出血"）。

(7) 引文和注文规范。

引文和注文是出版物中常见的元素，也需要规范地设计。引文分文内引和文下引。文内引的文字字体字号和正文字体字号相同，用引号表示即可，文内引要标注出处的注释号；文下引是指引文在需要引用的文字下单独成段，不需要用引号的引用方法，文下引在排式上可与正文不同，一般前缩两格，后缩两格排，也有前缩两格，后齐脚排的。字体一般用区别于正文的字体，如正文用宋体，引文用仿宋体或楷体等，字号可以和正文一致。文下引一般不用标注出处，或在引文下直接标注出处。

注文即注释文字，是对正文相关内容的解释和出处说明，注释分三种形式：

第一种为文中括注，又称夹注，即不用标注注释号，把注文直接放在需要注释的内容后，用括号括上。这样的注释直接明了，但是如果一个版面有很多这类注释，则给人以打断原文，使原文前后内容不连贯的感觉，因此需要注释的内容很多的情况下，不宜采用夹注的形式。但如果把正文的文字和夹注的文字区别开，如字号小于正文，字体也有所区别，则会大大地方便读者阅读。

第二种为脚注，又称页下注，即将注文放置在当页地脚的注释方式。这种注文同样方便直接，每面的注释单独排序，从1开始，但在排版时要注意文中注释序号和注文序号的准确对应。注文可以齐肩排，也可以第一行缩格排。字体要选用和正文有区别的字体，字号也要小半号。

第三种是篇章后注或书后注，即把每篇、章的注文放在该篇、章后，或把全书的注文统一放在全部正文之后的注释方法。这种注释方法不容易阅读，须要注释的内容很多的出版物不宜采用此种方法。采用这种注释方法需要注意的是，因为全篇、全章或全文的注释号顺序依次排列，容易出现重复和丢失的情况，此外文中注释序号和注文序号要准确对应。同样，也要注意字体字号和正文的区别。

（8）图书辅文的设计。

图书的辅文指一本书中帮助读者理解和利用正文内容的辅助性材料，以及印在书上向受众提供有关本书的各种信息的内容。书籍的辅文按功能可分为三类：

第一类为识别性辅文，即出版者向读者和受众提供的有关本书的各种信息，其中包括:书名、作者名、出版社名、出版时间、开本、印张、书号、定价等。

第二类为说明和参考性辅文，包括介绍作者和本书内容的文字，专家学者对本书的推荐和评语、出版说明等。如：作者介绍、内容提要、前言、序言、跋（后记）、注释、附录、参考文献、勘误表等。

第三类为检索性辅文，包括目录、索引、书眉、条码、在版编目数据等。一些辅文的设计已经在前面的相关问题中有所涉及，这里主要就说明和参考性辅文的设计要求做简单的提示。

①作者介绍：作者介绍是对本书作者自然情况和学术、艺术等成就的简单介绍。一般由作者提供文字材料，由编辑对文字材料做精炼的加工。作者介绍的文字不宜太多，一般在百字左右，最多不超过200字。作者介绍一般排在有勒口图书的前或后勒口上，有的还可以配上一幅作者照片，有时作者介绍也排在图书的封底，但不宜排在封一上。

②内容提要：内容提要是对图书内容和性质、特点和价值、读者对象等做的概括性介绍。多数情况下由作者提供，编辑进行编辑加工，但有时也由编辑根据书稿的内容和价值来撰写。内容提要不是促销宣传语，除了文字须要俭省外，还要做到平实，概括性强，不可做过分的夸张，当然文学作品的内容提要除外。内容提要一般不超过200字，排放的位置除了前后勒口外，也可以放在封四上。

③前言：出版前言是对图书简要内容、出版目的和意图、写作或编写过程、改版前后情况等做的简要说明，一般由编辑代表出版者撰写。出版前言的文字量多于内容提要，一般不少于500字。出版前言不可放在图书的封面上，要单独放置，用与图书正文同样的纸张，单独编页码，一般放在扉页后、图书所有内容的前面，用和正文有所区别的字体排，不上目录。

④序言：序言分自序和他序。自序是作者、译者、编者自撰的序言，说明写作、翻译、编写的意图，写作经过，达到的水平，资料来源等，其中也含有对内容的介绍和评价，使读者在进入正文的阅读之前便会对图书有一个多方位的了解。他序又称"代序"，一般由编著者委托了解自己学术背景、创作经历或在本书所涉及领域具有权威地位的人员撰写。他序的内容更加注重对图书所涉及领域的历史、背景及前景，图书的内容和价值，作者的水平做公允的评说。序言一般放在前言后目录前，有时也放在目录后，放在目录前的序言不体现在目录上，放在目录后的序言要在目录上有所体现。但无论放在目录前还是放在目录后，都要以区别于正文的字体排版，单独排码。

⑤凡例：凡例为工具书、大型文献、古籍等类图书中必备内容之一，它是对图书的体例、内容格式标准、涉及范围、标注符号、使用说明等的介绍，因此又称为"体例""使用说明"等。凡例放在前言后，有时放在目录前，有时放在目录后。同样，放在目录前不上目录，放在目录后必须上目录。单独编码，用区别正文的字体排版。

⑥跋（后记）：跋和后记是正文后用于评价内容或说明写作经过的文体，由作者撰写，有时还包括出版经过、资料来源、对写作过程给予自己提供帮助者的致谢等。跋放在正文后，同正文页码相接。

⑦参考文献：参考文献指编纂、撰写过程中所参考或引用的其他文献资料。学术著作、古籍整理、人物传记、历史文献等许多类出版物都有参考文献。参考文献放在正文后，和正文接排页码，但须另面排。按《文后参考文献著录规则》，这里对参考文献的编排形式和标准做一下说明：

A. 对图书文献的著录的格式：

序号.作者.书名.版次（第一版可略）.出版地：出版者，出版年

如：

5. 朱福铮.世界书刊出版市场.北京：中国大百科全书出版社，1995

6. （英）斯坦利·昂温（著）.谢琬若等（译）.出版概论.北京：中国书籍出版社，1989

B. 对期刊论文文献的著录格式：

序号.作者.篇名.刊名.出版年（期号）：起止页码

如：

5. 王春阳.建造自己的"航空母舰".中国出版.1999（2）：23-26

6. 童燕萍.写实与虚构的对立统———《堂吉诃德》的模仿真实.外国文学评论．1998（3）：57-66

C. 文集中单篇文章文献的著录格式：

序号.作者.篇名.见：主编.论文集名.出版地：出版社，出版年.起止页码

例如：

5. 张秀民.我国最早的金属活字.见：阳海青主编.版本学研究论文集.

北京：书目文献出版社，1995.37-40

6.王亮.工作流技术与出版社管理规范化.见：王关义、李治堂主编.出版管理可言论.北京：中央编译出版社，2010.139-146

D. 报纸文献的著录格式：

序号.作者.题名.报名，出版日期（版序）

例如：

5.陈昕.发达国家图书出版产业发展经验的借鉴及比较.出版商务周报，2007-08-05（03）

6.肖峰.从性别哲学到年龄哲学.光明日报，2013-03-26（11）

有些图书在著录参考文献时，在篇章名、图书名、期刊名上加了书名号，这也是允许的一种形式，但一定要做到统一，不能有的加有的不加。

除了以上辅文，有的图书书后还有附录、勘误表等，这里不一一讲解。

第五节　出版产品的绿色环保质量及管理

对出版物绿色环保质量及其管理的重视历史并不长，因此目前大多有关出版学及其管理学的学术著作、高等教材没有这方面内容。认识到出版物的健康、环保问题，在西方始于20世纪80年代，日本及欧美发达国家率先倡导绿色出版理念，经过30多年的努力，绿色出版已经从单纯的理论倡导走向了实际应用。目前，绿色出版理念已经深入影响全球出版业的从业者，以强大的影响力推动全球出版向着健康、环保、节约的方向发展，同时，出版业是资源能源消耗密集型产业也已经为全球所共识。传统印刷出版业所产生的废气、废水，对纸张及其原材料（木材）的耗费，数字出版的器械设备生产及其废弃物，交通运输及能源（水电）的消耗所带来的碳排放等，无不对环境造成严重的污染和破坏。基于环境现实的迫切压力及出版业在环境问题上所占的权重，全世界的出版业清醒地认识到倡导和自觉遵循绿色出版理念的必要性和现实性，各国政府也把绿色发展作为对世界负责的重大承诺。近几年，绿色出版理念在我国也得到政府管理者及业界同仁的重视，如我国在2008年哥本哈根会议上郑重地向世界承诺，到2020年，我国单位国内生产总值二氧化碳的排放量比2015年下降40%—45%。2008年，弘文馆出版了我国第一本100%用再生纸印刷的绿色图书《阿米》；此后，我国绿色出版不断发展。2011年，新闻出版总署和环境保护部联合下发了"绿色印刷业十二五规划"。在此规划中提出，到"十二五"末期，我国将基本建设绿色印刷环保体系，力争使绿色印刷企业数量占我国印刷企业的30%。我国新的印刷环保标准自2011年3月2日开始实施。2011年3月，新闻出版总署发出通知，2011年继续开展"3·15"出版产品质量监督检测活动，尤其加大对少儿类图书的印刷复制质量、环保指标进行检查，以印刷复制质量检测为主，突出环保质量检测❶。2013年，我国整个出版印刷产业链的绿色环保进程不断提速，从环保耗材到印刷全过程的绿色化，再到绿色出版的各环节，一个完整的环保产业链正在形成。2013年5月13日，由中国印刷技术协会、中国印刷杂志社联合举办的"《中国印刷》绿色出版行动合作签字仪式"在北京举行，此次活动旨在传播绿色出版理念，通过传播绿色印刷技术促进绿色出版，在这次签字仪式上，金东纸业、天津东洋油墨、北京地大天成印务等大型企业共同签署了《关于共同推动〈中国印刷〉绿色出版工作的合作协议》，以实际行动倡导和推动了我国绿色出版、绿色印刷的发展❷。2013年11月26日，2013年北京绿色印刷产品促进商务交流会召开，交流会上展示了从供应商到印刷企业再到出版社，北京绿色印刷的全面成果，包括清洁生产展示、彩色出版印刷产业链展示等。可见我国对绿色印刷理念及其实际操作的重视。

一、绿色印刷

绿色印刷是指采用环保材料和工艺，印刷过程中产生污染少、节约资源和能源，印刷品废弃后易于回收再利用再循环、可自然降解、对生态环境影响小的印刷方式。绿色印刷要求与环境协调，包括环保印刷材料的使

---

❶ 出版参考.2011年4月下旬刊
❷ 出版发行研究.2013年第6期，第40页

用、清洁的印刷生产过程、印刷品对用户的安全性，以及印刷品的回收处理及可循环利用，即印刷品从原材料选择、生产、使用、回收等整个生命周期均应符合环保要求❶。

绿色印刷的内涵：

第一，健康安全的材质利用。如图书纸张的细菌含量、油墨成分的有害物质（铅、汞、苯等）含量，少儿，尤其婴幼儿图书装订材料（铁钉），电子网络阅器读对读者身体的辐射及视力的损伤等，都会给消费者带来健康的隐忧。目前世界及我国相关印刷质量管理部门正在加强各种指数、标准的研究，为把各种危害的指标降到最低而制定一个科学合理的检测标准，以绳墨或指导印刷业的绿色发展和经营。

第二，低碳、节约、环保的生产经营。如传统出版物印刷所依赖的造纸业对环境的污染以及对深林植被的破坏一直是各国环保部门关注的主要目标。以美国为例，美国的书业领先于世界的同时，也引发了严重的环境问题。美国绿色出版倡议协会和书业研究集团2008年3月公布的调查报告《环境发展趋势与气候影响》表明，2006年美国共出版图书41.15亿册，用纸160万吨，其中可循环纸5%，美国书业年碳排放量高达1240万吨，其中对于森林砍伐而造成的碳排放量约占62.7%，造纸、印刷占26.6%，发行和零售占12.7%。传统图书印刷业的非绿色性质由此可见一斑。但是是不是新媒体就百分之百绿色环保了呢？业界有一种约定俗成的"共识"，那就是，一说到出版对环境的破坏，就以传统的印刷出版业为靶心，一谈到绿色出版就标举数字出版为方向。理性地思考一下，数字出版真的如有些学者主张的那样，是不折不扣的绿色出版吗？其实也不尽然。数字出版的原材料及设备，如芯片、电磁的生产和废弃，数字出版对能源的消耗（如电能），数字出版设备对环境的污染和破坏也是有目共睹的。从这个意义上说，把绿色出版这块宝全压在数字出版上，并非理智的选择。因此，以科学的精神和态度权衡传统印刷出版和数字出版在环境破坏问题上的权重是十分必要的。

---

❶ 百度百科

二、绿色环保印刷质量标准

为贯彻《中华人民共和国环境保护法》，减少平版印刷对环境和人体健康的影响，改善环境质量，有效利用和节约资源，我国环境保护部2011年3月2日颁布的《中华人民共和国环境保护标准·环境标志产品技术要求·印刷·第一部分：平板印刷》（HJ2503—2011），在这个标准中，对印刷业的相关环境标准，如对平板印刷原、辅材料，印刷过程的环境控制，印刷产品的有害物限值等都做了严格的规定，同时还规定了相关的技术内容和检测方法，详细内容见附录二。

第六章
出版产业的经营

出版产业经营的方向不同，经营的类型也不同。如传统图书出版主要经营纸质版的实物图书，现代数字出版主要经营网络信息的传播。但是无论经营什么，传统出版的一些工作流程、经营理念还是具有普遍的指导意义，而数字时代的新理念、新意识也给传统出版注入了更新的经营理念。本章结合传统与现代的出版方式和经营理念，来介绍出版产业经营的特点和一般规律。

无论是组织结构管理还是人才管理，都是为公司的主要业务服务和保驾护航的。出版实体的主业毫无疑问是出版，不管是传统纸媒实体书的出版还是数字出版，对主业的规划和运营管理永远的公司高层的头等大事。

出版业务的经营和管理是公司一切活动的中心和目的，是对公司出版业务方向和目标、工作计划和流程、工作组织和制度以及工作标准的规划和运筹。由此可见，出版业务的经营包括的范围很广。这里主要讲解出版计划、产品结构、选题及出版资源的开拓等带有战略性的问题。

第一节　出版计划和产品结构

出版计划和选题结构是所有出版公司的中心工作，也可以说是一段时间或相当长时期内的工作方针，是公司工作的指导原则和灵魂。因此，出版计划和选题工作向来被公司的灵魂部门所重视。

出版计划由长远规划和短期目标所组成,具体包括选题结构、产品的优化和布局、出版方向、产品规模、产品数量及产品结构的科学合理布局。关于出版方向,在前面有所讲解,下面就生产规模及选题结构做重点介绍。

一、生产规模的科学规划

一个出版公司的出书规模包括短期内的规模和长期的目标规模,它的科学合理与否直接关系到出版社对人才的要求和安排,对财力物力的合理运筹。产品规模体现在实体书上,主要指出书的总品种、总印数、以及总字数、总码洋数。不同的出版规模对出版能力的要求不尽相同,同时也决定一个出版公司能否科学发展,良性循环。因此科学地规划短期和长期出版规模,是公司发展策略的最重要组成部分,它关系到出版公司的发展和命运。

(一)短期规模

短期规模是相对于长期规模来考量的。短期规模可以以月计,也可以以季度计,年度规模就相当于一个中期规模了,通常又称为年度规划。一个刚刚起步的出版公司,短期的生产规模着眼点应该是显性效益,当然不排除好的社会影响和社会效益因素,但最为重要的是基于经济效益的考量来制定短期规划,急功近利的心理追求在此时是无可厚非的;但一个有了一定规模的文化公司的短期规划应该是长期发展规划的有机组成。也就是说,短期的出版规模决定了长期规模。

(二)长期规模

长期规模可以涵盖年度规模,两年期或三年、五年规模。事实上长期规模的谋划已经涉及一个企业的总体发展方向的问题了。因而,长期规划不仅涉及一个企业的经济实力发展,还涉及企业的形象和品牌建设。任何企业都追求眼前利益,但仅仅追求眼前利益的公司终究有一天会连眼前利益都丧失掉。可见,长期规模的谋划是一个企业长久生命力的保障。

（三）生产规模的科学化

这样看来，处理好短期规划和长期规划关系就显得尤为重要。无论长期规划还是短期规划，都有一个策略问题，不同的策略会有不同的结果。如何科学地规划长、短期的生产规模呢？规划生产规模应考虑下列问题：

1. 根据公司的实力规划短期出版规模

万丈高楼平地起，千里之行始于足下，这种创业理念，非常适合一个刚刚起步的企业。你是一个刚出校门的学生，或者是刚刚组建一个小公司的老板，带着梦想迈进图书出版领域，公司的第一桶金要从你的第一个月的生产计划中挖掘，所以第一个生产计划至关重要，也很致命。考虑公司的力量和实力，量力而行，有多大的能力办多大的事，这里的"力"包括公司的人力、物力、财力以及社会资源（如印刷、发行、书号等资源）的利用能力。

（1）一般情况下，一个不足10人、流动资金不足500万的小公司，每月出书应在5~6种，前提是前期的市场调查研究工作、选题工作及作者工作都就绪，且你的队伍很精干，至少有两三个特别精于策划、出版的成熟策划人和编辑。而拥有一两百人、成熟的大公司一个月的出书品种当在20~50种。

（2）此外，还要根据短期内可流动资金多少来规划短期出版规模。同时要预算好出一本书的成本及预期的发行量。粗略估计一下，出一本书的成本（不包括出版社管理费用、办公费用、人力资源费用等间接成本）大致如下：

固定成本包括以下各项：

纸张：内文70g轻型纸，封面250g铜版纸，UV+覆膜

开本及印张：正16开，17印张

印刷数量：6000~8000册/6000~10000册

字数：30万

定价：29.80元

审校费：3000元

封面设计及出片：800元（平均价位，有的贵些，有的便宜些）

内文排版、出片、纸样（5元/页）：1400元

间接成本：4000元（包括人均月薪，房租，办公耗材及水电费等，以8人的公司规模算）

变动成本包括以下各项：

印刷费：封面、环衬纸款及封面工艺印刷按每个0.9元计算，内文70g轻型纸按160/令计算。

6000册印刷费：27900元（封面、环衬纸款及封面工艺印刷：5400元；内文纸款：17000元；内文印刷、封塑、打包：5500元）

8000册印刷费：36900元（封面、环衬纸款及封面工艺印刷：7200元；内文纸款：22400元；内文印刷、封塑、打包：7300元）

10000册印刷费：45900元（封面、环衬纸款及封面工艺印刷：9000元；内文纸款：28000元；内文印刷、封塑、打包：8900元）

储运费：发货20元每件，每件40本；退货运费按30%的退货率计算。每个品种都存在退回再发的情况，有部分退货费由客户承担。这里将再次发货费和客户承担的退货费两两相抵了，既没有核算再次发货费，也没有减除由客户承担的退货费。

6000册储运费：6000/40×20+6000×30%/40×30=4350元

8000册储运费：8000/40×20+8000×30%/40×30=5800元

10000册储运费：10000/40×20+10000×30%/40×30=7250元

正常版税：（首印10000册以下的一般稿件的税率在6%—8%之间，这里取7%的平均值。）

首印6000×29.8×7%=12516元

首印8000×29.8×7%=16688元

首印10000×29.8×7%=20860元

总计成本：

6000册：版税：68966元

8000册：版税：83588元

10000册：版税：98210元

利润计算：

总码洋：29.80×6000 =178800元

29.80×8000=238400元

29.80×10000=298000元

销售实洋：（以50%折扣全部发货）

6000册：89400元

8000册：119200元

10000册：149000元

利润：

6000：（89400−68966）−（89400−68966）×13%≈17778元

8000：（119200−83588）−（119200−83588）×13%≈30983元

10000：（149000−98210）−（149000−98210）×13%≈44188元

以上是理想的情况。如果发行率为70%或80%，恐怕6000册就要亏本，8000册略有盈余，10000册比较理想。但是一本书如果印6000册可发出80%的话，那么印8000册的发行量就不会是80%了。这个账也还是要算的。

有了上面的"小九九"，即便不是百分百地准确，你也应该大致了解一个月出5种书、8种书或10种书所要需的资金了。

当然，除了考虑以上两种因素外，也还要考虑其他的条件。如果你的选题个个是精品、极品选题，投放市场一定大卖，人手不够可外聘，资金不足可集资，可参股，也可贷款。这样的情况下，规模就不是所谓的客观条件可以束缚的了。记住：在各种资源要素中，人才是第一要素，决定成功的主要因素还是人所发挥出的创造力。

2. 以单品种的印数及发行量来考量规模，而不是以品种数来考量规模

我们知道，一本书的发行量越大，印数越多，其单位成本就越低，盈利的空间就越大。两本书各发5000册和一本书发10000册，同样都是10000，结果却大不同，前两本都亏损，后一本却盈利。这一点，长江出版集团旗下"金黎"组合的北京图书中心的运作经验特别能说明问题。北京图书中心刚刚启动时，每年出版的书只有几种，十几种。"金黎"组合

走的是精品路线，品种很少，但规模不小，效益自然很高。北京图书中心2003年4月成立，到2003年底只出书8种，年销售码洋却达到2012万元；接下来的2004年出书16种，年销售码洋4000万元；2006年，年销售码洋5700万元……直到2009年出书品种也只有30种，年销售码洋却已经达到3.2亿元。

"金黎"组合以精良的单品种换取大印数、大码洋的做法，和一些出版社动则一年出书上百种而发行码洋却很少的做法相比，显然是经济而划算的。

当然我们不是"金黎"组合，不可能一开始就像他们那样出什么，什么就大火，就井喷，但是他们惜号如金的规模生产方式是我们当借鉴的经验。

二、产品结构

规模是量的问题，结构就是各品类在量中的比例问题。出书结构是指全部出版的图书中某些细分要素间的数量比例关系。出书的结构可以从一个侧面体现出公司的出书主要方向、品牌特色、图书的整体质量，它关系到一个出版公司生死存亡和长久的发展。科学的产品结构要解决好下面几种比例关系：

（一）畅销书和常销书

如果把图书的出版比作栽种植物，那么畅销书就是短期可以见到成效的蔬菜种植，当年种当年吃，今年吃没了，明年再种。而常销书就是果树，种一次，年年结果，年年见效，效益的持续期可达几年，甚至几十年。

1. 畅销书（bestseller）

这是一个舶来词汇。20世纪初，美国《读书人》创建了图书销量排行榜，评出销得最好的图书，创造了这个词。畅销书是一个商业概念，在西方经济学家的讲义中没有好书的概念，只有畅销书的概念。20世纪末，畅销书的概念进入中国，成为出版人追逐的目标，也成为图书市场的风向标，这表明了中国出版开始走向市场化。开卷的畅销书排行榜从1998年开始，到2014年已经有16年的历史。从开始的每年、每季度、每月出炉畅销书排行榜，到今天每周出炉一次，从开始的宏观畅销书排行榜，到今天无比的细化，分出各类畅销书排行榜，可以说，畅销书一词每时每刻都刺激着出版人的神经，激发着、挑拨着出版人的热情和热血。

（1）畅销书的特质。

①时尚性。畅销书是时代的宠儿，也是时代的风向标，它应时代风尚、时代文化环境而生，也引领一个时代的潮流，助推和导引着这个时代的文化风向。综观每个时代的畅销书，无不是一个时代的宠儿与弄潮儿的双重角色。如20世纪80年代的西方文化、文学类图书，90年代的武侠言情类（金庸、琼瑶等）、名人传记和隐私类图书、闲适散文，《世界上最伟大的推销员》《学习的革命》等的适用类图书；21世纪的青春文学、类型小说、健康保健、财经金融等，都和时代的文化环境、文化需求息息相关。时代的发展造就了畅销书，畅销书也满足了时代的需求。

②销量的井喷性。尽管在一定的时期内没有一个特别明确的销售数字来定义畅销书，但畅销书最直接的特点就是短时间内实现惊人的销售量。如《谁动了我的奶酪》1998年9月由美国普特南出版公司出版后，两年中销售2000万册（月平均销售量为：83万册），雄踞亚马逊网上书店第一名约80周，同时迅速跃居《纽约时报》《华尔街日报》《商业周刊》最畅销图书排行榜第一名；2001年由中信出版社在中国大陆出版，不到一年的时间重印9次，创造了中国畅销书的奇迹；2004年中华书局出版的阎崇年的《正说清朝十二帝》两个月销售30多万册；2006年出版的《于丹论语心得》也在短时间内有很大的销售量，目前已年均销售80多万册，如果排除几年来持续常销的因素，出版最初几个月的销售量一定也很惊人。这样的例子很多。

③通俗性、大众性。不太读书的人也在读，专业读书的人不见得读的书，就是畅销书。如读于丹的《论语心得》的人肯定比完整读过《论语》的人更多；《鬼吹灯》《盗墓笔记》并不是专业的考古工作者要读的书；读《明朝那些事儿》《历史是什么玩儿意》的人比读《中国通史》的人多；读《货币战争》比读《政治经济学批判》的人多，而且不知要多多少倍。所

以如此，是因为畅销书的文字内容多通俗易懂。例如经济危机一来，你去啃曼昆的《经济学原理》，肯定啃不动，读《货币战争》就觉得特别简单、清楚，又刺激。历史类图书也一样，多少年来一些所谓的正史类图书不太受读者喜欢，为什么会这样？是因为这类图书要么是干巴巴的难懂的史料堆积，要么和现实八竿子打不着，也就失去了"为鉴"的价值；要么是僵化的解读、正统的评判，读起来显得生硬而缺乏触动灵魂的柔性。可《明朝那些事儿》《历史是什么个玩意儿》就不一样了，它们语言时尚通俗，角度新颖，历史人物血肉丰满，活灵活现，他们的故事就像发生在身边，就像发生在昨天，接地气，没有高深的距离感。还有就是，嘻哈似的评说，读着省劲儿，不用太品也有味儿，就像肯德基、麦当劳，把味都抹在表面上，色、香、味都很直观，一到嘴里就让你不自觉地、迫切地吞下肚，享受着，消遣着，也好玩儿，所以也就卖得很良儿。关于这一点，也有人说，做畅销书要本着向下"笨"的原则，最大限度地降低图书的文化品位，使之浅显化，使你的书能让更为弱智或更为单纯的读者读懂。当然这话有点过，但有一定的合理因素。

④满足期待性。之所以称为满足期待性，而不是功能性，是因为畅销书的确有一些可以解决人们现实生活中人们普遍关心的问题，但多数只是迎合了读者对解决某个问题的期待心理。也就是说，畅销书即便不能百分百地、科学地指导读者解决人生的各种问题，但至少可以和读者同呼吸、共命运。它关注你关注的问题，它了解你的困惑所在，它能走进你的心灵，虽然给你出的所谓"妙招"大部分不太妙。但抓住了社会群体普遍关注的问题就一定能抓住读者的心灵。如人类共同关心的健康问题、爱情问题、婚姻问题、财富问题以及个别族群一定时期内所关注的住房问题、平等问题、教育问题、环境问题等。对解决某一个问题存有期待心理的人越多，此类指导性的书就越容易畅销，因为需要满足的期待心理多，畅销书就具备了这种满足期待心理的特点，所以受到大众的热捧。如个人理财类、健康指导类、家庭教育类、职场小说类等。《杜拉拉升职记》满足的是从书中获得职场生存技巧和法则的期待心理，很多官场小说也同样是为了满足获取官场生存、博弈技巧的期待心理。

（2）构成畅销书的元素：即那些因素决定一本书能否畅销。

构成畅销书的元素很多，在图书的选题策划阶段，我们要考虑的重要因素是：图书的主题是否为大众所关注？内容是否独特？是否提出了令人耳目一新却又容易被读者接受的理念、概念？图书的构架、形式、装帧设计是否迎合大众的阅读心理习惯？文字风格是否符合目标读者的口味？书名是否够吸引人，令读者眼前一亮？定价是否具有同类书的优势……在考虑这些元素的基础上，运作一本畅销书还要重点注意以下几个方面：

①作者要具有畅销的理由。作者在畅销书的成功几率中占有30%以上的因素。好的、知名的作者会让图书拥有保证的"票房"，就像一部电影要有具有号召力的主演一样。从这个意义上说，作者就是一部书的主演。

②创新。一定要使你的选题具有吸引读者的差异因素。如同样是邓丽君传记，但《邓丽君画传》就具有了以往有关她的传记的独特之处。这就是差异，也可以说是选题的优化。

③时机。出版的时机非常重要。要使你的书适时地配合社会的气氛和社会潮流，生不逢时则空谈畅销。例如2008年美国大选前奥巴马传记类的图书、金融危机显示出征兆时《货币战争》等金融类图书等，具备了时机的优势。

2. 常销书：(backlist)

有人把常销书等同于再版书，其实不太确切。常销一定得再版，但不是所有的再版书都是常销书。例如某本常年见不到的书，因为某个机缘而有了需求，再版重印，但并不能说这本书就是常销书。所谓的常销书是指那些可以经受住时间的考验，除了印刷费用和销售费用，不再需要任何其他投入，更不需要特别的宣传和营销，受社会发展和变革影响相对较小、没有时间限制，年复一年地长期销售的图书。常销书是出版企业的重要财富，没有常销书就没有人类文明，美国有六十多年"工龄"的老出版人杰生·爱泼斯坦说，没有常销书，就没有出版事业，言外之意是，没有一定比例常销书的出版社，必死无疑。由此看来，把常销书比作一个出版企业的看家书，说常销书的积累是一个出版社的百年大计，一个国家和民族的文化砖石，一点也不为过。常销书具有以下特质：

（1）大众经典性。大众类常销书有长期稳定且巨大的市场需求，从读者对它的认识上看，具有永恒不变的经典性。常销书多为经由人类文明史检验且需求量永不衰竭的经典著作，同时，也一定在历史上曾经或一直受关注和热捧的书。所以常销书一定是曾经的畅销书，如《安徒生童话》《格林童话》，一经出版就风靡世界，而且只要有孩子在成长，就会有大量的《安徒生童话》《格林童话》的需求，第一它们经典，第二它们有子子孙孙无穷无尽的需求。还如，《唐诗三百首》《文选》《红楼梦》等古典名著，中国传统的蒙学读物《三字经》《百家姓》《千字文》《弟子规》《千家诗》等。如果你不太了解哪些书是常销书，只要看看小学生必读课外读物、中学生必读课外读物就可以知其大半了。

（2）市场稳定但需求量有限。如《说文解字》《文心雕龙》《楚辞》《四书集注》《大戴礼记》等学术性强的常销书，需求量有限，而且，非有资质的专业出版商一般不会染指这类书的出版。但是如果有一个很好的切入角度，把这些很学术、很高难的经典做大众化的文本转化（例如《诗经》《论语》《老子》等的文本转化），它们也会走下高高的圣坛，或可成为大众类常销书。

（3）积累性。无论是大众类常销书还是学术类常销书，都具备积累性。积累性表现在三个层面：第一表现在文化的积累，如果没有千年不衰的传承和市场需求，就不会有现在的《诗经》和《论语》等传统文化类图书的常销，其他品类的畅销书也是如此；第二表现于品牌的积累，一个出版企业品牌的建设往往不靠畅销书而是靠常销书，如商务印书馆、人民文学出版社、上海译林出版社；第三表现在创造利润的积累，一本常销书可以以很低的成本不断为出版企业创造经济利益，这种细水长流、年年结果的累积，是支撑出版企业不断发展壮大脊梁，也是百年树人一般的大计。所以有远大志向的出版商无不以大气力打造代表自己品牌特色的常销书，有了这样的常销书，就好比种植了一颗果树，会年年开花结果。

3. 合理的畅销书、常销书策略

畅销书可以为企业快速获得明显的效益，常销书是企业不老的常青树，二者可以说各有优势，不可偏废。但是一个精明的老板一定能够巧妙地处理好二者的关系，制定出合理的出版格局，让自己的企业既能瞅准机遇，开发一部分畅销书，同时重视常销书的培育，让常销书形成一定的规模，从而缔造良好的出版结构。关于畅销和常销的科学策略，下面几点可供参考：

首先，刚刚起步的小公司以及公司面对发展困境的时候，如果一时难以抓到可以快速畅销的出版资源，不妨从大众类常销书做起。常销书的许多出版资源容易被认可，且容易获取，如许多进入公版领域的世界传统文化类资源，这样可以在投入较小的前提下稳步使公司成长壮大。须要注意的是，做这一类的常销书要争取价格优势，还要研究同类图书的特点，做出自己的特色。

其次，具有专业学术基础和背景的出版企业要守住自己的专业特色，开发你无我有、你有我精、你泛我专的专业选题，以专业化、学术化出版守住自己的常销书品牌，并在此基础不断深化和扩大自己的常销书品牌，从而使企业健康地发展下去。

再次，有了一定规模的出版企业常销书的比例应该不少于50%，大的出版公司一般常销书占整个出版规模的70%。畅销书、常销书的合理比例可以保证出版企业无论面临何种艰难的境况，都可以从容面对。例如2008年，"六一"儿童节前夕，很多做少儿类畅销书的出版社遇到了汶川地震这一重大事件，本来准备好的在"六一"前跟着动画片上市的图书因为汶川地震，电视台对动画片的延播而搁浅。如外研社少儿分社几年来一直凭借《快乐星球》《小鲤鱼历险记》等影视的联动而活跃于少儿图书市场，该社的《音乐与魔盒》本来等着"六一"前上市，却因动画片的播出计划延期而入库，因为缺少常销书，面对2008年的非常变故，他们感到了非常大的压力。面对同样的环境，接力和浙江少儿等出版社就显得非常从容，因为他们有着足够的常销品牌来唱戏，尽管那一年浙江少儿的《奥运福娃漫游记》的营销计划也受到了一定的影响，但是因为长期以来他们建立了科学的产品结构，十几年积累的常销书如"中国幽默儿童文学创作丛书""冰心儿童文学新作奖丛书"等，每年销售的数量在五六万套，有了这些稳定的常销书，不但可以支撑着社里对畅销书的大胆开发，而且在非常时期还可以起到弥补畅销书力量不足的作用。接力社也是如此，面对2008年的"出版小年"，接力社也不断抛出他们的"秘密武器"，以曹文轩"大王书"为龙头的"十大原创系列"在此时非常抢眼，而总编辑白冰说，这次井喷，是多年积累的结果。中国少年儿童出版社更是常销书积累的大户，在2008年，他们把工作的重点放到了常销书品种的打造和再开发上，他们图书的重版率高达60%，"美绘本""十万个为什么""上下五千年"等经典品牌涵盖500多种常销书。

从以上的例子可以看出，在畅销书断档的低谷，经久不衰的常销品种可以是出版社的坚实低盘和后盾。

第四，积极开发具有常销品质的畅销书。畅销书和常销书不是水火不容的两类品种，两者中间也不是一定存在一条不可逾越的鸿沟。如曾经的凡尔纳的科幻小说、阿加莎·克里斯蒂和柯南·道尔的探案小说，包括《飘》、金庸等人的武侠小说，当年都是畅销一时的大众读物，但是经过时间的考验和淘洗，已经成为经典常销书了。离我们较近的如余秋雨的《文化苦旅》、姜戎的《狼图腾》、杨红樱的少儿小说、《哈利·波特》系列、《窗边的小豆豆》等畅销书，都已表现出了常销的潜质，有成为常销书的基因。至于是否真的一销百年千年，那要后人见证。但就现实意义来说，连续十年以上一直有稳定销量的书，就应该算是常销书了。这种既能在短时间内大量销售，很快见到效益，又后劲十足，长期不断地得到读者青睐的图书，应该成为出版商的理想目标。

第五，把畅销书培养成常销书。前面说过，常销书往往是曾经的畅销书。如何把握住具有常销品质的畅销书出版资源，如何把畅销书培育成常销书，这是出版人不可不思考的问题。可以成为常销书的畅销书很多，是否可以最终成为常销书除了要看其品质外，还要看我们如何培育，如何运营。品质的问题是出版前要解决的问题，如眼光、如选题的创新性、如编校质量，如装帧形式等。而产品的市场培育和营销运营问题，则是后续要用心打造的问题。

A. 多层次多侧面地宣传营销，可以把一部畅销书打造成常销书。

B. 不同版本的畅销书可以铸就读者头脑中经典的观念，使之成为常销书。如《沉思录》很有可能称为常销书。

C.下列品类的图书成为常销书可能性较小：

时事风头类图书：事过境迁，风声过后无人问津。如时评类《中国可以说不》《中国不高兴》难成常销书；非典类、汶川地震类图书、奥运类图书、世博类图书也不会常销不衰。因此《福娃奥运漫游记》就无法和《喜洋洋与灰太狼》《变形金刚》较劲。

明星类图书（不包括那些被公认的艺术大师级人物）:如杨澜的《凭海临风》、赵忠祥的《岁月随想》《岁月情缘》，倪萍的《日子》，刘晓庆的《我的自白》《宋世雄自传》，姜昆的《笑面人生》、白岩松的《痛并快乐着》、崔永元的《不过如此》、陈鲁豫的《心相约》、朱军的《时刻准备着》、徐静蕾的《老徐的博客》、黄健翔的《像男人一样去战斗》等，早已成为过眼烟云，即便这些人没有过气，人们也是关注他新发生的故事，而不是那些被人们嚼烂了的陈芝麻烂谷子。

和电视剧、电影互搭的图书（不包括经典作品、名家作品改编的影视剧）：如《编辑部的故事》《渴望》《爱你没商量》《过把瘾》等，今天已经没有几个人记得了。至于不久前和眼前的《闯关东》《士兵突击》《蜗居》《北京青年》《甄嬛传》以及婆婆类、丈母娘类、媳妇类、女婿类的书，不久的将来它们或成为明日黄花，被人遗忘，怎么能成为常销书呢？一旦电影、电视过了热播期，书就会慢慢退出市场。

跟风类搭车类：跟风、搭车类的书难以成为常销书。如当年热销的《谁动了我的奶酪》，直到今天还在销售，大有成为常销书的趋势。但是那些名目相近的跟风"奶酪"们，早就销声匿迹了；同样，一锅锅的"麻辣""水煮"，一波波的"隐私""废"（《废城》《废墟》）品，"细节"类，"戏说"类，还有搭车的"加西亚"一族等，均因为缺少开拓性、独特性以及内容的经典性，只能陪着主角在市场上热闹一时，便默默地、且永远地离开。

4.案例点睛

（1）低价经典而常销的"现代文库"成就了兰登书屋。兰登书屋成立于1927年，Random是"偶尔""随意"之意，所以有这样一个名号，是因为兰登书屋成立不久就要面对美国经济大萧条时代（1929年）的到来。从1929年10月开始，经济危机从金融业蔓延整个美国，出版业也在劫难逃，受到很大的牵连。从1929年到1933年，美国图书市场的销售额从1.82亿美元锐减至8200万美元，有近40%的出版社被迫歇业。而就在这样的市场环境中，尚属出版业小字辈的兰登书屋不仅没有关门大吉，反而继续繁荣发展，穿越风暴驶入蓝海，过着大萧条时代少有的滋润生活。那么是什么让兰登书屋在大萧条时代如此繁荣的呢？是一套低价经典而常销的"现代文库"，这套丛书的内容暗合了20世纪初美国知识界拥抱现代主义的潮流，成为时代精神的产物，有点像我国20世纪80年代的"走向未来丛书"。事实上，兰登书屋的雏形就脱胎于专为出版"现代文库"而设立的"现代文库公司"，而这一系列丛书在"不经意间"成为大萧条时期兰登书屋的生命动力。可以说没有"现代文库"就不会有今天的兰登书屋，是常销书保证了兰登书屋的现金流，保证了出版社的正常运转，之后才有足够的资金去做畅销书。兰登书屋的创始人贝内特·瑟夫在《我与兰登书屋》一书中感慨道："如果回到1925年，Liveright没有把'现代文库'卖给Donald和我（现代文库是1916年由Horace Liveright与合伙人创立的大型低价再版书选题项目，由于Liveright经营不善，最终把这个项目以22万美元的价格卖给了贝内特·瑟夫和他的合伙人），那么，他和他的出版社就有可能挺过大萧条，而我们正是由于这次收购才兴旺起来，并为三十年的重要发展奠定了基础。"他还说："一个出版社首先要有'现代文库'这样的品牌常销书，才能在此基础上'随意'出版自己喜爱的图书，也许能'偶尔'碰上几本畅销书，而有质量的畅销书也最终会成为常销书。"

美国《出版商周刊》主编Sara Nelson对兰登书屋在大萧条时期的经营之道总结为：降低价格，但低价不低质，多出平装本图书，力求精品，严格控制新书出版品种和出书规模，全力投入高质量的再版书、常销书。

（2）核心竞争力的核心：湖南少儿出版社。自2004年以来，湖南少儿出版社明确提出控制规模、优化结构的出版战略。经过几年的调整，他们已经形成三条一般图书的产品线：文学读物、助学读物、动漫艺术手工读物，在畅销和常销的比例上，有着合理的布局。如2009年，他们推出了

"大家告诉你的中国""典藏书系"等具有潜力的常销品种，也推出了"汤素兰奇迹系列"的畅销书，使畅销书和常销书的比例科学而合理，提升了企业的核心竞争力和抗打击能力。

（3）靠经典常销书起家：北京三读图书有限公司。北京三读图书有限公司成立于1999年，此公司是目前国内最大的收藏书、礼品书、工具书、学术书等各类大型品牌图书的专业策划、出版、销售公司。公司原名北京三读书社（既是"读来读去读书社"），三读寓意："读古，读今，读未来"（又是"读天，读地，读万千世界"）。此公司成功策划发行了《辞海》（第六版）、《中国大百科全书》（第一版和第二版）、《不列颠百科全书》（含修订版）、《法国拉鲁斯百科全书》《世界百科全书》《教育大百科全书》《中国美术全集》《中华文化通志》《汉语大字典》《汉语大词典》《康熙字典》《传世藏书》《钦定四库全书荟要》《辞源》《剑桥中国史》《大藏经》《鲁迅全集》《二十四史全译》《资治通鉴》《四库全书》《古今图书集成》《中华人民共和国法律全书》《金庸全集》《古龙全集》《书法字海》《黄宾虹全集》等大型品牌图书。其中，《不列颠百科全书》已发行100000余套，《中国大百科全书》已发行20000余套，《辞海》已发行20000余套，《汉语大字典》已发行20000余套，《中华文化通志》已发行5000余套。出版图书品种有200多个，主要涵盖"三读典藏"系列，如：《资治通鉴》《二十四史》《传世藏书》《中华养生》《四书五经》等；"三读辞书"系列，如：《康熙字典》《说文解字》《英汉词典》《成语辞海》等；"三读线装书"系列，如：《四大名著》《三言二拍》等；"三读彩版书"系列，如：《中国儿童百科全书》《新编十万个为什么》等。

北京三读图书有限公司现已和中国大百科全书出版社、上海辞书出版社、商务印书馆、中华书局、人民出版社、人民文学出版社、上海世纪出版集团股份有限公司、上海人民出版社、吉林人民出版社、线装书局、作家出版社、文物出版社、紫禁城出版社、上海人民美术出版社、湖南美术出版社、山东美术出版社、等国内众多大型出版（集团）社形成战略合作关系，与他们重点进行各类大型品牌图书的合作策划，出版和发行。

（4）少儿经典助发展：同源文化。主要从事少儿、社科、生活等经典大众图书的策划、制作和发行,少儿经典图书是它们的主要业务方向。所谓的大众经典,就是大众常销书,这部分图书在少儿经典图书的市场上(包括国营少儿出版社)占有最大的市场份额。如以少儿经典为主的"小笨熊"品牌和"知书达礼"两个子品牌,在全国各大中城市的覆盖率已经达到了100%,在全国城市每一个有适龄读者家庭里都有2~3本同源公司的"小笨熊"品牌的图书。此外,"知书达礼"品牌中的"励志中国""历史快读""博学天下""名家推荐学生必读丛书""盒装四大名著"等丛书,均为适合一代代儿童的常销书。

同源文化的发展战略是经典大众图书,大众化的常销书是他们的主要产品。因为他们意识到,大众经典是人类文明核心价值观的体现。通过市场细分,把经典读本分成少字大图的婴儿版,大图较多字的幼儿版,较小图、较多字的拼音版等(如《安徒生童话》)。这样一来,不同的读者群配以不同的表达呈现形式,从而形成了差异化。此外,再把经典读本以时尚化的元素加以引领,如在版本形式、装帧特点上适应新一代家长和少儿的审美需求,从而赢得市场竞争优势的同时,积累自己的常销出版资源。

(5)世界儿童经典版本的代表:童趣出版。童趣出版有限公司(简称童趣出版公司)成立于1994年,是第一家经国家特许批准成立的国内第一个合资出版企业,中方股东为人民邮电出版社,外方股东为丹麦艾阁萌集团(Egmont)是欧洲最大的出版商之一,在全球近30个国家和地区设有分支机构,主要业务包括出版和发行青少年读物和其他娱乐产品,如图书、期刊、电影、电视节目、录象、电子游戏等。专业从事少年儿童图书、杂志的出版发行工作。十几年来,童趣的产品以其健康丰实的内容、创新求变的精神、热情乐观的风格、活泼有趣的形式,赢得了全国各地小朋友及家长、老师的喜爱,成为孩子们生活中的好朋友,而童趣也早已成为中国精品少儿卡通图书的代名词。童趣的主要业务为出版发行美国华特·迪士尼公司原版《米老鼠》杂志,编译美国华特·迪士尼公司、美国儿童电视制作所(芝麻街)及其他世界著名出版公司的优秀少儿卡通读物。童趣公司以引进世界优秀少儿读物和振兴国产卡通为己任,将满载知识、欢乐和梦想的图书、杂志产品带给孩子,让孩子在娱乐中建立正确的人生价值观，在友谊、分享与爱之中，快乐地学习成长。童趣公司旗下不但有《米老鼠》《小公主》《芭比》《小熊维尼》《卡酷全卡通》《喜羊羊与灰太狼》《环球探索》等十余种在全国发行的期刊品牌，而且开发经营了大量具有品牌效应的儿童经典常销书，如"迪士尼动画美绘典藏"书系、"迪士尼公主经典故事"（爱藏本）书系、"新课标必读名著"系列、新版"我的第一套百科全书""国际金奖迪士尼电影故事""跟托马斯一起学英语：我的第一套火车双语故事书"系列、"最美中国动画"等。此外，畅销书的出版也做得如火如荼，风声水起，取得了骄人的成绩，如《喜羊羊与灰太狼》系列图书，历经三年的努力耕耘，销售量一举突破1600万册，创造了中国少儿卡通品牌出版史上的辉煌，同时也使其当之无愧地成为中国少儿卡通第一品牌。童趣的最大优势就是不但使自己的品牌在短期内畅销，而且能经得住时间的考验，在时间的打磨下最终成为常销书。如《托马斯和朋友》《花园宝宝》《天线宝宝》《阿童木》《米菲》《朵拉》《海绵宝宝》《喜羊羊与灰太狼》《宝莲灯》和《哪吒传奇》等。

（二）同质化与差异化的平衡

出版物的同质化是近几年的一个热点话题，也是业界内外一致批评的一种现象。一提到同质化，我们首先想到的是跟风、模仿、抄袭、克隆，或者换汤不换药、新瓶装旧酒等。事实上，同质化是商品化、市场化的一个必然过程，没有同质化的过程也就没有市场的成熟。而对一个刚刚起步的小公司来说，同质化在一定程度上意味着运营成本和营销风险的降低，也意味着获取读者和利润的安全和稳定。所以相当多的中小文化公司往往选择跟着市场走，模仿成功的书来做，表现出某种程度的同质化倾向。任何事物都有一个从不成熟到成熟的过程，不成熟、竞争实力不强的企业，走同质化之路往往是一条稳中求发展的捷径，是不可避免而无可厚非的。但是，如何在不可避免的同质化中求差异，如何使得同质化和差异化达到一个科学合理的平衡，则是一个企业最终不能不面对的问题。因此，探索过程中一定程度的同质化是一个企业学习进入市场的表现，而长期的、过度的同质化则是一个企业缺乏创新机制和能力的表现，也难以树立起自己的品牌和形象。因此过度同质化显然不是我们所要提倡的。

差异化和同质化不同，在追求创新的年代自然获得的是更多的赞誉和美化，如有特点、有个性、有风格、有创新等。差异化往往是市场和企业成熟的表现，出版企业为了强化自己的竞争力，获得预期的社会效益和经济效益，无不渴求有个性和特色的选题。业界也有很多成功的例子，这里不一一例举。须要提醒大家的是，对差异化的追求并不总是能讨到好的，如果用偏了气力，往往还会适得其反。这样看来，追求差异化的策略显得非常重要。

第一，作为出版企业，要正确地定位自己在行业中的地位和角色，准确评估自己的实力。我们是一个什么样的出版企业？在整个行业中处于一个什么样的品级？向读者提供什么品类的图书？这些基本的问题是你寻求差异化选题之前必须要明确的。如果你是同类出版社中的佼佼者和领跑者，你要考虑的更多的问题不应该是选题的差异化，而是如何保持选题的相对稳定，并在此基础上尽量降低成本，如商务印书馆的辞书类产品。如果你是出版行业的挑战者，并具备领导者不具备的优势，就可以多花心思在选题的差异化上下功夫，如地方的文艺出版社，无法和人民文学、作家出版社、上海文艺出版社等抗衡，就可以选择避开当代经典作家，培育新人新作或寻求理想的重构来表现自己的个性和不同；如长江文艺的崛起得益于剑走偏锋的"新人新作"，漓江出版社的"年度最佳作品"系列、时代文艺的"布老虎"和"小布老虎"系列等，也是差异化追求的成功典范。

第二，差异化选题的策略要关注读者的需求和社会的阅读趋向，没有需求的差异化是失效的差异化，只为标新立异而弃读者的需求于不顾，会带给企业更大的出版风险。

第三，总结以上，我们可以这样理解同质化和差异化的关系：差异化不等于一定要摒弃同质化，在选题的具体执行过程中，既要借鉴同质领域的精华，又要塑造差异领域的特色，做到二者的有效平衡。

（三）主品牌和副品牌的合理比例

主品牌与出版企业的出版方向、出版宗旨和出版目标保持一致，是出版企业永远不可放弃的常青树，也是企业的形象性、标志性品牌。例如上海古籍、商务印书馆、国家图书馆出版社、上海译文出版社、外语与教学研究出版社等，它们的主品牌都是社会公认的同类出版物的标杆和顶峰，也是出版社立社的根基。没有主品牌的出版企业是不成熟的企业。

副品牌是出版企业基于时代文化发展的需求，为适用市场的变化和新形势而开发的、和主品牌方向有所偏差的新的方向性图书品牌。副品牌是出版企业市场扩张、多元发展的需要，尤其是在专业品牌市场需求有限的情况下，出版企业为了寻求更大的发展，就会积极开辟新的出版方向，建设新的出版品牌。历史上很多出版企业的品牌结构都不是单一的，而是在立足本业的基础上多元扩展，开拓新的品牌，如长江文艺出版集团北京中心开发的经管类和健康类图书品牌，就是一个新的品牌方向。须要指出的是，新品牌不一定永远是副品牌，在一定条件下，后开发的品牌也会发展转化为一个出版企业的主打品牌，而老品牌也会转化成附属品牌，这要看一个出版企业的发展战略和某个品牌的发展前景。但是一般情况下，一个成熟的出版企业主品牌的方向和地位是不会轻易改变和动摇的。处于发展过程中的中小企业常常会在几经摸索中确立自己的主打品牌，所以主打品牌的确立也就很可能几经变化，这也是很正常的现象。但是，一旦你的企业确立了自己的主打品牌，并且在社会和读者中树立了品牌形象，主打品牌的地位就应该受到坚决的维护，不到万不得已，不能轻易改弦更张。主要经营方向的更改需要付出的代价远远高于在现有的基础上稳稳地守成。

主品牌和副品牌的关系：处理好主品牌和副品牌的关系，可以使出版企业的选题结构更加合理，也可以科学地投放运营力量和资本，不至于是企业顾此失彼，因小废大。

第一，一个出版企业的主要精力毫无疑问应该放在对主品牌的开发和建设上，选题的结构也应该紧紧围绕着主品牌的开发和建设而筹划。无论是年度选题还是季度选题，无论是精品选题还是一般选题，更无论是畅销书还是常销书，主要选题的方向和内容要符合出版企业的专业方向，即主品牌的要求。如中华书局的主品牌是古籍整理和学术出版，他们每年的选题和图书，80%以上为古籍和学术类图书。

第二，副品牌具有开疆拓土的作用，在规模上和主打品牌保持合理的比例，但一旦企业决定经营某一方面的品牌，即便处于附属地位，也不能忽视运作过程中的任何一个环节。

第三，主品牌是中心、主业，副品牌是围绕中心的副业，这是最理想的主、副关系。这种主、副关系不会因为主品牌的强势而掩盖副品牌的光辉，也不会因副品牌的新鲜而乱了主品牌在读者心中的地位，相反会以主带副，以副养主，互相促进，相得益彰。如：中华书局在原有"弘扬传统，服务学术"的出版宗旨上又加上了"传承文明，优化生活"的内容，形成了以传统主业（古籍整理、学术出版）为中心品牌，以大众普及读物、传统基础读物、思想人文读物为副品牌的多元出版格局，但是，这种多元中间并没有产生断裂，而是彼此呼应的圈层结构，在这个圈层结构中，主打品牌是外围各圈层品牌的中心和基础，也是外围各品牌赢得读者信任的权威保障。因为读者对中华书局学术水准的信任（对精编、精校、精印的信服），他们的副品牌如传统文化的普及出版物也会赢得读者的信赖，传统经典的普及和大众读本，不但没有动摇主打品牌的地位，反而扩大了中华书局在社会的影响范围，使主打品牌有了更加广泛的认知度，这就是相互提升的效果，因此也就是最理想的主、副关系。

第二节 选题策划和稿件组织

一、选题及选题策划

在现代出版活动中，选题及选题策划已经成为最重要的环节。市场经济已经不允许出版人坐在家中等稿，主动出击，发挥自主创新能力策划选题，已经成为出版业务中不可忽视的能力。因此业内流行一种说法：一流编辑会策划，二流编辑会组稿，三流编辑只会看稿。这种说法虽然带有某种泛策划论，轻视案头编辑工作的倾向，但也从一个侧面说明了业内对策划能力的高度重视。实事求是地说，不能看稿的编辑肯定是不合格的编辑,但只会看稿的编辑,的确也不适合做知识经济时代、信息时代的编辑。因此,我们这部分着重讲选题及其策划,理论的讲解未必能够满足读者熟练掌握选题策划技巧的要求,因为选题策划更大程度上是实践活动,只有在实践中有过失败、成功,不断地积累经验,总结教训,培养文化市场的感觉,才能体会选题策划中的三昧。但对选题及其策划一般规律的总结也是十分必要的。

（一）选题

选题是对出版物的主题、内容、名称等的总称。选题有两种含义：一指出版物的题目；二指设计选题、制订选题计划的工作,也叫选题工作。

选题是出版活动的第一项准备工作,而选题策划则是具体实施的内容。这是编辑所有工作中最有创意性的一项工作,因为它决定了精神产品生产的方向。

选题的基本构成要素：选题名称、作者、出版意图、读者对象、基本内容、写作要求等。

1. 选题名称

也就是出版物的题目,表示出版物的主题、类型和特点。一般一本图书一个题目,如文学作品《狼图腾》《秦腔》《额尔古纳河右岸》等。但很多图书除了主标题外还要有副标题,丛书除了有整套书的总题外,还要有分册的标题,如《富爸爸：职业创业前的十堂课》《困境给我力量：寒门学子成长实录》等,不但有主题,还有冒号后面的副题；而"冰心儿童文学新作获奖丛书""语文新课标必读丛书"则是整套书的总题,除总题外,还有具体的分册标题,如"冰心儿童文学新作获奖丛书"中的《象母怨》《青鸟飞过》等。

2. 选题的性质和类型

图书的基本作用和属类。如从目前图书市场分析看,把选题分为励志或成功心理类、健康保健类、育儿家教类、传记类、经典名著类、财经类等；此外,从创作过程角度,还可以将选题分为原创性的与二度创作（编选、辑校等）的两种；从市场销售特点看,选题可分为常销的与畅销的两种；从图书的容量角度看，选题可分为单本与丛书套书两种。

3. 选题的背景

能够使选题立得住的社会文化条件、现实需求、时尚潮流、人文思想特征等。如追求成功的社会心理，是自助类图书选题的背景；金融危机是大众财经、理财类图书选题的背景；收藏热是文物普及类图书选题的背景……

4. 读者定位

对目标读者的定位，目标读者的文化素养、文化需求、经济状况、年龄层次、阅读习惯、购买能力等因素分析。读者的阅读需求是出版工作的目的和动力；读者是文化创造和文化传播的积极参与者；读者是出版市场最终的主宰者；读者是出版物质量的权威评定者。因此选题及选题策划不能忽略对读者的研究。

所谓的读者，是指具有一定阅读需要和阅读能力的群体，是出版物的消费者。读者的含义具有两个层次，第一层次为图书馆学意义的读者，这个层次的读者靠借阅图书馆所藏书籍、报刊来满足阅读需求，是出版物的阅读者，不是直接购买者；第二层次为出版学意义上的读者，也是我们所研究的读者对象，这部分读者既是出版物的阅读者，也是出版物的直接购买者，是出版物市场的构成主体。当然，无论图书馆意义上的读者，还是出版学意义上的读者，两者往往是集于一身的，只不过是在不同的时间、不同的条件下互相转换罢了。一个人有时是图书馆意义上的读者，有时是出版学意义上的读者。

读者具有广泛性、复杂性、间接性、不确定性、自主性、选择性的特点。认识了读者的这些特点，还要了解读者的的层次、读者的定位、读者阅读需求及其分类、影响读者阅读需求的社会文化环境以及读者的阅读、消费心理等，这样，才能把握好选题的方向的水准。

5. 作者和写作特点及写作要求

包括对作者的自然情况、学识水平、写作水平、行文风格等情况的介绍，也包括对作者提出的具体写作要求。

作者泛指直接从事写作、编纂、编译注释、校订等工作，创造具有独特价值的文化产品的人。根据出版物选题的类型和特点，作者分为著者、译者、编著者、编译者、编纂者、注释者、选编者、主编（副主编）等多种类型。

6. 选题的内容和独特性

选题所涉及的知识门类、范围、层次、写作的角度、题材、体裁、体例等。尤其要展示本选题在同类选题中的独特之处。

7. 社会效果和市场状况、前景分析

对选题所期望达到的社会效果分析及展望，对本类选题目前市场状况的调查分析，对本选题市场需求及可能取得的经济效益预测。

8. 选题的规模、章节目次和编辑形式

包括字数、图片数、印章、章节目次，封面风格、开本、版式、装帧形式、印制要求等。

9. 发行机会和宣传、推广策略

为本选题择一个最好的发行时机，选择最适宜的宣传方式，如纪念日、广告、新闻发布会、随书赠送等。

10. 成本和效益预算

包括印数、估价、成本预算、销售码洋和利润预算等。

（二）选题策划

根据一定的出版目的将学科、市场、学术等信息进行综合分析，并利用自己的知识储备提升这种分析，制定准备出版的项目和设想的过程就是选题策划。

1. 选题策划的意义

第一，选题策划是整个出版活动的起点，是创造社会效益和经济效益的起点，实践证明，出版物的制作与发行的成功与否，和选题与选题策划的成功与否大为有关。选题策划是有目的地针对读者和市场需求开发的选题项目，科学理性、周密详细的选题策划可以为社会、为读者提供更加优秀的文化精神产品，同时可以避免出版的盲目性，减少重复出版，为出版社赢来更大的社会效益和经济效益。例如，春风文艺出版社于1993年底推出的纯文艺类选题"布老虎丛书",至1997年,共出书26种,发行462万册、9000万码洋,自1997年11月至1999年11月间,用百万元人民币征集"金布老虎爱情小说"书稿,在出版界和文学界都引起很大的震动,"布老虎"如今已成为该出版社长盛不衰的品牌。这套书的成功,首先就应归功于选题和选题策划的成功。

第二,选题策划有助于出版人在激烈的市场竞争中凸显自己的风格,树立自己的品牌,提高出版社的核心竞争力。品牌是出版社、出版人的立命之本,没有品牌就没有出版的生命,而所谓的品牌,其最重要的内涵之一就是出版社(出版人)长期以来自觉形成的在读者心目中的形象以及独特的风格。而这种形象和风格靠的是系统的规划才得以树立起来,我们说长江文艺是一个名牌(长江文艺出版社的广告词:"推出名家名作,培养文学新人,服务大众读者"),商务印书馆也是一个名牌,原因是他们各有各的主打产品,各有各的风格特色。而出版社的品牌靠的就是有系统的各个图书品牌树立起来的,系统、有规划工作就是策划行为。

第三,选题策划有助于强化编辑的创新意识,充分发挥编辑的主观能动性。选题策划是先于组稿,在图书编辑流程中持续改进、不断完善的递进式循环过程。传统意义上的编辑行为只要把作者投来的稿件审读加工,发排校对就算完成了任务,编辑充其量就是一个剪刀加糨糊的修缮工、组装工,被动性较大。而选题策划则要求编辑人员主动为选题从无到有,从创意到论证,从不成熟到成熟,从组织写作到装帧印制,甚至定价、销售全程的系统规划,此时的编辑不再仅仅是一个被动的接受者、加工者或者组装者,而是一个项目的主创者、决策者,这种角色的转变,有利于最大限度地发挥编辑的主观能动性,激发编辑的创造意识,开拓精神,创造出更加优秀的精神产品。

第四,选题策划有助于提高编辑的业务素质,为出版积蓄后续力量。现代出版对编辑素质的要求很高,作为一名编辑,除了要具备基本的文字功底,案头编辑业务能力外,还要有高水平的专业知识,广博的文化知识,具有收集、分析、开发、升华信息和调查研究的能力,具有上下协调能力、纵横合作的精神,准确的判断力和预测力。也就是说,现代编辑要做到又博又专，能动能静，既张扬又内敛，既能运筹帷幄，又能服从协作。而这不是一天两天之功就能达到的，需要长期的磨练才可。选题策划的系统工程及其项目负责的运作机制恰好为编辑提供了锻炼自己，提高业务素质和运作能力的平台。重视编辑策划，编辑的业务素质和运作能力就会不断提高，否则，编辑的创新意识、业务素质，运作能力就会逐渐萎缩，最终完全丧失。

2. 选题策划遵循的原则

选题策划不是漫无边际的胡思乱想，也不是毫无矩度、天马行空的任意之举。它是有依据、有原则的创造行为。也就是说，选题策划要遵循一定的原则。

（1）方向原则。

方向原则表现在两个层面上：

第一层面：我们所设计的选题，必须遵循正确的出版方向。二为方针、双百方针、两用方针时刻是我们策划选题的方向盘。此外，选题不能违反党和国家的方针政策，舆论导向，不能违反民法、刑法、著作权法所规定的内容，选题的更不能涉及《出版管理条例》（我们常说的第26条、第27条、第28条）所规定的不许出版的内容和主题。

第二个层面：我们所设计的选题要契合出版社的专业特色和出版任务，读者对象。例如少儿出版社的特色和任务就是为广大的青少年提供图书，读者对象也是青少年，那么在学术意义上的古籍整理方面肯定不占优势，但却可以策划适合儿童启蒙或适合青少年阅读的传统文化普及类图书，如少儿版四大名著，少儿版唐诗三百首等，文图并茂，版式活泼，这就为自己找准了定位和方向。

（2）需求原则。

为读者服务是出版的宗旨。满足读者在学习、工作、研究和精神生活等方面的阅读需要。读者是复杂的社会群体，有年龄、职业和地域等方面的区别，年龄、职业、地域相同的读者，因思想文化素质不同，阅读心理不同，又分为不同的层次，这些读者的阅读需要、阅读兴趣是各不相同的，设计选题、进行选题策划时，要明确具体的读者对象，根据具体的读者对象的实际情况,来研究、决定书籍的内容、形式、篇幅、装帧档次和定价等问题。

编辑在选题策划之前一定要认真地调查市场,了解读者的需求、接受能力,有针对性地策划选题和制定选题计划。例如,在策划有关计算机应用类的选题之前,编辑就应该对此类图书的市场状况进行调查,这类图书目前有多大的需求量?市场上有多少种这类图书?每种图书的发行情况如何?尚有那些地方不能满足读者的需求?有多大可进一步拓展的空间/读者可接受的定价是多少?读者的接受能力存在多少个层次?我们的选题要满足哪个层次的读者需求?……有了这样的准备,就可以避免策划的盲目性,避免上一些没有需求,或者需求已经得到满足的项目。

(3) 优化原则。

选题策划最主要的原则就是优化原则。优化原则体现在选题不是杂乱信息和文字的集合,而是编辑理性的、科学的提炼和升华。从出版社的层面上说,选题的优化是个体优化和整体优化的有机结合。

选题的个体优化指对每个选题都认真策划,认真筛选,争取达到优秀或比较优秀的标准。这种标准可以大致归纳如下:符合出版的方针任务,对社会经济、政治、文化建设有积极作用;符合读者需要,有益于提高人们的思想道德素质和科学文化素质,能满足人们精神生活的需要;有一定的学术价值、艺术价值和实用价值,能传播、积累人类的优秀文化成果;有时代特色,符合社会发展的要求和趋势;在书籍的内容、形式方面能开拓创新,有鲜明的个性特色,内容积极健康,有显著的社会效益和经济效益,等等。当然,不能要求每个选题都符合上述要求,但至少要符合基本要求,同时在某一方面有突出的优势。个体优化体现在某个单项选题在同类选题中的特点、优势上,如同样是"邓丽君传记",作家出版社的《邓丽君画传》在信息时代,读图时代就较受读者的欢迎,比其他版本的邓丽君传占有较强的优势,这就是个体优化的结果。

在图书选题的个体优化这个问题上,出版史上也有反面的个案。如,关于2008年汶川地震类选题的策划和出版,反映了某些选题缺乏优化和个性开拓的深度和力度。据当时的新闻出版总署信息中心CIP数据统计,从

2008年5月12日到6月13日一个月的时间里，全国有140家出版社出版220种和地震、抗震有关的图书，门类繁多，内容复杂，但多内容重复，角度雷同。这种对选题的匆忙操作，很难做到充分的个体优化，当然收不到好的效益。还比如铺天盖地的养生类图书、亲子教育类图书、运动减肥类图书、美容保养类图书等，多数也缺乏必要的优化，致使图书的同质化成为这些类图书的共同特点。

选题的整体优化也叫系统优化，以选题的个体优化为基础，同时要求选题结构合理化。其基本要求是：正确处理选题的门类、序列、层次问题，使各类书籍的选题保持合理的比例和内在联系；突出重点，使重点书的选题在整体出版计划中占主导地位；发挥优势，创造强项产品，形成出书的特色和风格。优化选题重在设计，只有设计出大量优秀选题以后，才能有选择的余地。如果设计的选题质量不高，就不得不迁就现状，难以达到优化的目的。此外，还要下决心剔除平庸重复的选题，撤销陈旧过时的选题，只有这样，才能保证选题的个体优化和整体优化。

整体优化体现在一个出版整体选题结构的合理配置，如近期计划和年度计划，长远规划要有合理的配置，各类选题的层次、比例关系也要合理科学，处理好普通选题和重点选题、常销书和畅销的关系，形成既有短期效益的畅销书，又有长远利益的常销书；既有普通选题，又有重点项目的出版格局，发挥优势，突出强项，彰显整体实力。

要使选题得到优化，最重要的就是要在选题策划工程中增强创新意识，使每一个选题都具有独创性。这为出版部门树立品牌，创造知名度，提高社会效益和经济效益都具有重大的意义。

（4）开拓原则。

策划过程本身就是一种创造性劳动，它像工程技术人员设计蓝图、科学工作者制定研究计划一样，如果设计蓝图是平庸的，研究计划是肤浅的，最终就造不成独具特色的工程也研究不出新颖的科技成果。选题策划也是这样，平庸的选题策划只会推出平庸的精神产品，富有创新的选题策划才有可能出版优秀的精神产品。

个性化是我们这个时代的特点，也是选题工作中需要解决的重要课题。彰显个性几乎是每个领域、每个个体的追求，图书出版也不例外。个性化是图书的自身特点，也是市场原则的体现。没有创意、重复雷同、跟风搭车的选题注定不会有强大的生命力，只有那些不断开拓创新的策划，才能获得长久的市场认可。个性化也是选题的独创性和开拓性，独创性指在书籍的内容、形式、写作角度和编撰体例等方面的创新，开拓性指开发新的选题领域或者在原有的选题领域中拾遗补缺。每一个选题都应该有新的构思，形成鲜明的个性特色、避免和已经出版的书籍重复雷同。一个出版社的选题策划也应该有自己的个性，有自己的出书思路、出书重点和出书风格，不能一味模仿别人，只有这样，出版的书籍才能在读者中留下鲜明的印象。

开拓原则不但体现在开拓新领域，还体现在同类选题的个性开拓和风格开拓上。尽量避免沿袭他人的选题思路，抄袭别人的选题；要把学习借鉴他人的成功经验和创新结合起来，走自己的路。

（5）效益原则。

效益原则体现在两个方面：社会效益和经济效益，在社会效益第一基础上，强调经济效益和社会效益的共同实现。设计选题，出版图书，无疑是要追求经济效益，没有经济效益的图书自然难以运作下去，但我们不应该忘记，图书是一种具有特殊性质的商品，它的本质属性是精神性。因此，我们在强调社会效益和经济效益的同时，不要忘了坚持社会效益第一的原则。因此，任何有害人民群众精神健康的选题，都不能出版，我们在选题策划时要特别注意这一点。

此外，在市场经济条件下，书籍出版工作必然要受到市场的制约，市场的竞争机制、供需规律、价值规律不以人们意志为转移地起作用，因此，在选题工作中要充分重视市场作用。设计选题要考虑市场需要和书籍的供需情况，没有市场需要，或者市场同类书已经饱和的选题，一般不宜采用。如果采用，就要使选题有比同类书籍更高的质量和鲜明的特色，并要预先策划推销的策略和手段。设计、论证选题不仅要研究选题的价值，还要考虑成本、价格，预测可能发行的数量和盈亏情况，不能只管编书，不问经营，要增强竞争观念，了解竞争对手和同类书的情况，掌握出书的有利时机，以便占领市场，取得书籍的最佳效益。

(6) 稳定、可行性原则。

选题策划要有相对的稳定性和可行性。列入出版计划的选题要力争能够成书出版，否则就会造成工作的被动局面和人力、物力、财力的浪费。为了达到上述目的，需要注意两个方面的问题：一是研究分析完成出版工作应该具备的主客观条件，如作者力量、编辑力量、印刷、发行条件和资金等，都是完成策划方案应该具备的条件；二是充分估计客观情况可能发生的变化，如读者兴趣转移、同类书增多、市场供求关系发生变化，都会影响计划的稳定性和可行性。所以在策划时应该对未来情况的变化有充分的思想准备，在策划指标、完成时间等方面注意留有余地，同时保留一部分机动力量，以便根据新的情况提出新的选题，完成新的任务。

上述要求和原则，反映了书籍出版工作的性质、任务和选题工作自身的规律。凡是成功的选题策划都是按照上述要求制订出来的，如果违反这些要求，选题工作就会遭受失败和损失。

3. 选题策划的方法

选题策划没有一成不变的方法，也可以说，选题策划的方法很多。编辑的专业知识、文化素质、审美取向、思维习惯不同，所采取的方法就不同，而同一个编辑也会因时、因地的变化，从不同的角度，用不同的方法策划选题。但大体上说，选题策划还是能够归纳出几种基本方法的。

(1) 认同逐热法。

需要说明的是，这里的"同"不是"雷同"的"同"，更不是照抄照搬的"同"，而是指选题在宏观上同于社会时代的文化环境，同于人民群众的文化需求。编辑工作面对的是时代和社会，读者也是一定社会文化环境下的读者，我们的文化产品就是要满足这个时代、这个社会读者的需求，就是要在这个时代、这个社会起作用，发生影响并为这个社会、这个时代所接受。因此我们策划选题的方法之一就是关注社会生活，关注时代文化时尚，在社会关注的热点、焦点中寻求可产生选题的突破口。一个成熟的、敏锐的编辑会根据某时期社会上出现的热点话题，认真分析其产生的社会、人文、文化背景，并设计出读者关心的，能够解释回答某些问题，以满足读者求解心理的选题。例如，近年来社会普遍关注的话题是如何事业有成、身体健康，因此近几年来，有关励志类、保健类的图书非常畅销，出现了"奶酪""健康快车""决定"系列图书的热销现象。再如社会名人重要的纪念日（诞辰日），必然会引起有关此人物的图书热，如邓小平诞辰100周年，鲁迅诞辰100周年等，都是人们热衷，并能产生角度不同但同样热销的选题。作为一名编辑，我们不能忽视图书市场的某种热，对社会文化生活现象只做冷眼观望，书生意气，不是健康的编辑心理。如，启蒙主义、理想主义的20世纪80年代，西方引进的学术类图书的畅销，托夫勒的《第三次浪潮》、瓦西列夫的《情爱论》、罗素的《婚姻革命》、卡西尔《人论》、萨特的《存在与虚无》、佛洛伊德的《梦的解析》等，满足了理想主义的群体阅读风气。而拨乱反正、改革开放环境下的改革文学、伤痕文学、寻根文学的热销，也是20世纪80至90年代社会文化思潮的结果。再如2008年的中国有很多热点焦点话题，正值中国改革开放30年、美国总统大选、中国第一次举办奥运会、汶川地震、世界金融风暴等，构成了2008年丰富多彩的社会。这一年的中国出版同样追逐着以上众多的热点题材，出版了回忆、总结改革开放30年的《足迹》《国门初开的岁月》等，也出版了各版本的有关奥巴马传记类、金融类、奥运会类、抗震救灾类、沉思类、职场类等图书，表现了出版人对国内与国际重大事件、焦点话题的热情关注和干预。认同逐热也要避免盲目追风赶热，唯利是图、要在热中求新，新中求深、求异，并出以公心、诚心，不追逐那些虚假热点。

（2）发散思维法。

发散思维法也称联想借鉴法。所谓发散思维，是指以一种理念、一个概念、一种方法等为核心，生发出相关但不相同的多侧面、多角度的概念、理念或创意。如，以"中秋"为例，可生发联想出春节、上元、上祀、寒食、清明、端午、七夕、重阳等中国传统节日，也可联想到中秋诗词、中秋饮食、各地中秋风俗等主题。再如反映中国饮食文化的电视片《舌尖上的中国》是不是也能让我们联想到中国的书画文化（笔锋上的中国）、舞蹈文化（足尖上的中国）、茶文化（茶杯中的中国）、酒文化（酒杯里的中国）呢？在选题策划的具体操作上，经常会根据已经出版的图书、报刊杂志、脱口秀、专业协会、广播电视节目等的成功创意生发联想，策划出与之相关但不雷同、不重复，角度全新的选题。例如，1990年，三联书店引进了我国台湾地区蔡志忠的古籍漫画系列25种，在出版界骤然引起了漫画经典文化、连环画经典文化的出版热潮，较有影响的就有国际文化出版公司的《三国志》，二十一世纪出版社的《史记故事精选连环画》《资治通鉴连环画》，人民美术出版社的《中国古典文学名著连环画》《中国神话传说故事连环画》等。可以说这些选题都或多或少地受了蔡志忠古籍漫画系列的启发，是用了联想借鉴法策划出的选题。联想借鉴法已经成为一种常用而奏效的选题策划方法，如有了《邓丽君画传》后，就有了《宋美龄画传》《翁美玲画传》等，都是发散思维的结果。须要强调的是，发散思维不是漫无边际的胡乱联想，也不是亦步亦趋的照猫画虎。发散思维既要有章法可循，又要体现出个性特点，只有这样策划出来的系列选题，才不至于杂而无序，又不至于有雷同之嫌。

（3）颠覆定论法。

颠覆定论法也可称为逆向思维法。逆向思维的特点就是看问题的角度新，提出的看法和观点往往能令人产生刮目相看、耳目一新的感觉。求新求变的逆向思维会给我们带来与众不同的选题策划。如《简单的生活方式》就是对当下人们追求华丽、繁复省生活观念的逆向思维产生的选题；《阿甘正传》是对人类极度崇拜智慧、炫耀权术的逆反；《丧家狗》是从普通人的视角解读孔子，对千百年来人们对圣人重新理解；郎咸平《产业链阴谋》则以具有说服力的事实颠覆了产业链在经济建设中的不可置疑作用的理论，纤细描述了金融资本如何操纵中国的石油、天然气、铁矿石等资源，乃至大豆、玉米、绿豆、大蒜、苹果等农产品的定价权，揭示了产业链给中国经济带来的影响。

须要强调的是，颠覆定论要科学有据，不能为了博得眼球而妄下定论，哗众取宠。只为标新立异而出新的选题不会经得起时间和现实的考验，更经不起科学的推敲，可能会热销一时，但最终会沉寂无声。

(4) 预卜先知法。

即根据社会发展的趋势，现有的经济、科技、文化、学术状况，设想、推断未来所能达到的程度，从而策划出具有超前意识的选题。选题策划要有远见卓识，更要有勇气追求思想解放，要表现出策划者对现实、未来的独立思考。这样的独立思考往往预测着某领域的未来发展趋势。如有关未来战争的选题，有关社会进步和环境恶化的选题，对未来生物世界预测类的图书选题等，都是人们关注但平常人无法解决的问题。选题策划者如果能够抓住这样的一些热点问题，又能有对未来独立的思考，就可以敢为人先地策划出独领风骚的选题。

(5) 填补空白法。

出版业是受时代文化影响的产业，是永远站在社会文化发展潮头的产业，但是出版业也是文化发现和文化积累的产业。发现的价值就在于能看到人所不能，或难以看到的某一领域的科学文化价值，通过出版活动使这些价值得以实现，得以延续和珍藏。从这个意义说，填补空白的选题就承担了这样的使命。所谓填补空白，就是搜求、研究当今社会各领域、各学科的空白点，新与旧之间、学科与学科之间的交叉点，并分析空白、交叉点的补白意义，策划一些意义重大、有填补空白价值的选题。

如黑龙江人民出版社策划出版的一系列"中国民间口头与非物质文化遗产丛书"（冯骥才主编），就具有重大的填补空白的意义，其在民间口头文学和非物质文化遗产领域的史料和文化价值是独一无二的。再如山东画报社出版的《梳理的文明》，对古今中外梳子文化的研究至为完备，是一部梳子文化的百科全书式的论著，作者引用文学艺术，考察民俗传说，结合考古实物，通过梳子这一日常用品，探寻历代人们日常生活的审美取向，可以说是一部视角独特的人类社会生活史和文明演进史，填补了文化史、文明史研究领域的空白。除此之外，《中国消失的服饰》《中国刀剑》《黔金丝猴野外生态》《俄罗斯侨民文学》等，都具有填补空白的意义。

(6) 整合法。

从系统论的角度看，任何事件都是相互联系的。各种文化、每种文化的分支、分派以及内在范畴也是相互联系的。把众多有联系的文化命题或作品以一个可以统领这些命题的关键把它们整合在一起，形成一个新的系统，就会形成新的选题。如中国的儒、道、释分属不同的文化命题，但都是中国传统文化不可缺少的一部分，因此可以把有关儒、道、释的文献整合成"中国传统文化丛书"这样的选题；再如，把零散的女性传记整合成"影响世界历史的女性传记"丛书。我们看到，类似于这样的大规模丛书均采用这种整合法来策划运作。成功的例子如"走近敦煌丛书""中华民族传统美德丛书""大师儿童文学书系""中国经典科学童话系列""中国新文学大系""诺贝尔文学获奖者丛书""全球儿童文学典藏书系"等。

系统整合不是随意地拼凑，需要有统领整个系统的灵魂，并且以精准简练的语言加以概括。此外，纳入系统内的元素也要切合系统的灵魂。切忌不相关联的随意收罗和拼凑。

(7) 分割法。

和整合相反，分割法是将系统内完整的事物根据需要进行有目的的切割，从而生发新的选题。例如关于父母和子女关系这类家庭教育选题，可以分割细划出更多的子项目，单身母亲如何培养男子汉、离异父母如何处理和子女的关系等；有关人的健康类，可以细划出青春期的健康保健，20~40岁之间的健康生活，40岁以后的健康生活等。这种细划和分割，更有针对性地划定读者范围，体现出版人的人文关怀，能收到意想不到的效果。

分割的目的是满足不同读者不同时期的需要。因此分割的选题策划更加注重专门性，是针对"这一个"读者的"这一个"需求而打造的选题，因此更需要遵循创造性、开拓性及需求性原则。

(8) 改变方向法。

将已经出版过的具有明确读者对象的出版物根据市场的需求，通过体例、编辑形式、装帧形式及出版方式的改变，使它变成另一个读者群需要的出版产品。如世界名著、中国古典名著本是成人的读物，但可以通过体例和版式的变化，做成适合儿童阅读的少儿版世界名著、中国古典名著。改变方向法是对出版资源的多次有效利用，是事半功倍的好方法。须要注意的是，不是所有的内容都适合改变方向。

4. 选题的类型

将选题进行一定的分类，并分别总结其各自的一般特点，有助于我们对各类选题特性的了解。选题的分类可以依照不同的标准进行。

按主题分类法分：政治哲学类、历史类、经济类、文学艺术类、语言类法律类、教育教育类……

按创作过程分：原创类、二度创作类。

按市场销售特点分：常销类、畅销类。

按图书的容量分：单本图书选题、系列（丛书、套书）选题。

按北京开卷信息技术有限公司"全国图书零售市场观测系统"分：学术文化类、小说类、青春文学类、散杂文类、少儿类、生活类（旅游、饮食、服饰、家居……）、经管励志类（有时把心理健康囊括于此类）、教育类、IT类（注：截至2009年1月31日，本系统涵盖了全国绝大多数大中型书店，每月动销图书品种50多万种，监控码洋达5.87亿元，开卷每月的全国畅销书排行榜由这些书店的所有图书零售数据汇总而成，具有很强的权威性、代表性、完整性和中立性）。

这种分类并不是很科学合理，也不是很稳定的分类。只是为了表述的方便或出于图书上架的类别考虑，所以常常给人类别不稳定的感觉。如《出版人》杂志和新浪网联合举行的2008年中国书业年度评选活动，就把"年度图书"分为这样7类来征集候选选票：文艺类、人文社科类、传记纪实类、经管类、生活类、科学类、少儿类。这种分类却比较切合当今变化中的图书市场，也就是说，从市场的角度看，这种分类便于分析图书市场。

5. 选题名称的拟订

选题策划主要是内容的策划，但一个好的名称也非常重要。好的书名、期刊名、网站名或项目名，会对选题的顺利运作、理想的市场起到锦上添花的作用。除非是著名作者的作品不需要出版者对其名称作修改，在出版生涯中拟定书名、修改书名是十分常见的工作，这样看来，选题的策划自然也就包含对出版物名称的策划。

出版物的性质、不类型、读者对象、风格水准等因素，都或多或少地影响着名称的风格和特点。一般情况下，选题名称要遵循这样几个准则：

（1）自然科学、工程技术、科学研究、学术著作、工具书的书名要平实准确，与内容完全吻合。如《宋词典故词典》《说文解字注》《中国虫草：历史、资源、科研》《刑事法探究》《水稻栽培技术》《网络教程》《汽车维修》等。

（2）文学艺术著作的书名要在点题的前提下蕴涵耐人寻味的意义。如《山楂树之恋》《杜拉拉升职记：华年似水》《未央歌》《白金的女体塑像》《沙尘暴》等。

（3）散杂文类的书名要灵动，通常用比兴的手法、真知灼见的语言和振聋发聩的词语作书名。如《文化苦旅》《丑陋的中国人》《目送》《今朝风日好》《沙上的脚迹》等。

（4）纪实、传记类选题的书名要在主书名或副标题中体现纪实要素和主题。如《毛泽东最后七年风雨路》《世界因你不同：李开复自传》《袁伟民与体坛风云》《仓央嘉措诗传》《激荡三十年：中国企业1978—2008》《回首1978：历史在这里转折》等。

（5）经管励志类选题书名要点明本书的内容方向，含有实效元素，但不要过分夸饰。如《卓有成效的管理者》《货币战争》《做一个理性的投资者》《高情商团队》《精确营销》等。

（6）生活指导类的书名要简洁，同时恰当地点明实效。如《与失眠者聊天》《黄帝内经养生堂》《老妈家常菜》《手工编织》《随时随地做运动》《快乐瘦身》等。

（7）青春文学类书名要在唯美、浪漫、纯真中洋溢青春的明朗或淡淡的忧伤。如《悲伤逆流成河》《须臾》《夏至未至》《澜本嫁衣》《离歌》《幻城》等。

（8）休闲娱乐类书名要简洁、生动有趣。如《绝对小孩》《我的错都是大人的错》《奶豆哲学》《向左走、向右走》《脑筋急转弯》等。

（9）少儿类书名要生动形象，有情节元素。如《女生日记》《小猫出生在秘密山洞》《笑猫日记：樱桃沟的春天》《夏洛的网》《草房子》《窗边的小豆豆》《巧克力味的暑假》等。

二、组稿及作者的选择

组稿工作是选题工作的继续，广义的组稿包括主动组稿和被动组稿。

主动组稿是指对已经基本策划成熟了的选题寻找作者。稿件是出版物的主要原材料和生命，没有好的稿件，再好的策划也只是空中楼阁。有才能又有经历独自完成稿件撰写工作的出版人不是没有，但也只能偶一为之，没有哪一个出版人会永远独立完成书稿的撰写工作，因此寻找作者非常重要，与理想的作者的合作，是一项出版计划顺利完成的关键。

被动组稿是指接受作者主动送上门来的书稿。所谓的被动并不是说对作者投来的稿件全盘接受，从审读、选择、归类（系）的工作来说，出版者也还是主动的，只不过这些稿件不是如约而来的。

无论是出版者主动还是作者主动，对于出版者来说，目的只有一个，那就是为好的创意寻找好的作者，或者为好的作品不被轻易地埋没。

（一）寻找作者的途径

在信息大爆炸的时代，寻找作者的途径很多，主要有：

1. 通过阅读寻找

阅读的范围很广，包括传统的书报刊阅读、网络阅读等。读到和自己策划的选题同类、同专业范围、同题材、同体裁的作品，感受作者的语言风格、专业水准、驾驭能力是否符合你所策划选题的要求，如果答案肯定，你就可以把作者列为你要寻找的范围内。

2. 通过各行业协会、联合会寻找

在我国，专业性很强的协会、联合会很多，如作家协会、美术家协会、妇女联合会等，在这些行会中，集聚着大量各专业人才。专业性很强的选题最适合到各类协会、联合会寻找作者。除了专业作家外，各领域专家的文字水平虽然不一定很高，但却很适合某类专业选题。

3. 通过各类研讨会、文化博览会、图书博览会寻找

出版商参加以上这类活动的目的有二：第一是了解行业、科研发展现状和行情；第二就是结交朋友，发展壮大作者队伍。因此，作为出版商，

千万不要小看这样的文化研讨活动,也不要仅仅把自己看成一个列席者,而要主动"出击",发现人才,为我所用。

(二)作者的类型

所谓的作者,是指直接从事写作、编纂、编译注释、校订等工作,创造具有独特价值的文化产品者。从这个概括性的定义可以看到,作者的类型很多。出版者要根据自己的选题类型及性质选择恰当的作者。作者的类型包括:著者、译者、编著者、编译者、编纂者、注释者、选编者、校订者、主编等。

第三节 出版资源的多元开拓和利用

出版资源的多元拓展开发是指出版环节中对你所拥有的核心资源,尤其是内容资源的放大利用,以寻求对出版产品内容资源更深更广的开发,实现出版产品内容资源更大追加值。目前对出版资源中内容资源的多元拓展和利用有以下几种形式:

(一)针对不同的读者,对内容资源做多角度的开发

这种开发是为大多数出版商所熟悉和擅长的开发,犹如用同一种主料开发出不同种菜系、不同种口味的美食。如世界名著的精装本、简装本、青年版本,乃至加拼音的少儿版本即是这种类型的有效开发。再如磨铁所做得朱德庸的《绝对小孩2》,同时出版了48开本的青春酷活版和成人的经典彩色版,这样可以使掌握的出版资源为企业带来更多的价值。再如同源文化,对经典大众儿童读物不同版本的开发等,童趣出版公司对经典迪士尼品牌的各个角度、体现不同理念的版本等,都是成功拓展的典范。

(二)版权转让

随着畅销书的销量上升、影响的扩大,其版权价值一定会迅速提升,

巨大的版权价值有时会远远超过其物化产品本身的价值。一般情况下，可以从以下四个方面进行拓展开发。

第一，不同语言文字的图书版权。如《哈利·波特》系列小说在由英国布鲁姆伯利出版社出版后，先后向全球转让64种文字的版权，在200多个国家和地区出版销售。再如长江文艺出版社的《狼图腾》，自2004年出版，到2007年，已经向全球转让25种语言的版权，共收取预付版税110万美元。

第二，不同媒体的转载权。将畅销书的内容转让给相关报刊、网络、手机等不同的媒体转载（播），或自己开发相关的立体产业，如办报刊、网站及数字产品的开发，将自己的内容进行多层面的开发和利用。目前多数出版集团都在开发立体的产业链，以使自己拥有的内容资源多层利用，取得最大的收益。如哈珀·科林斯将经过选择的图书目录提供给苹果公司的Iphone使用，读者可以用Iphone通过哈珀·科林斯的网络来阅读这些书，从而获得效益。在国内，盛大文学、磨铁等都建立了从数字出版到纸质出版的全方位运作体系，包括纸质版、数字版、影视版、海外版、改编等的全方位立体经营。

第三，影视改编权。具有代表性的，如《哈利·波特》系列小说的影视改编权转让给了美国的时代华纳公司。其实，在英美国家，一些有影响的出版企业往往建立自己的影视部，利用其所掌握的内容资源和版权，谋求与影视企业的合作，例如美国的兰登书屋、哈珀·科林斯、日本的角川书店等，都有过成功的尝试。兰登书屋与福克斯影业公司合作的《不朽的园丁》《恐怖袭击》《曲棍球》等，双方获利颇丰；再如哈珀科林斯与英国的Celtic/Picture Palace电视制作公司合作的《莎普的挑战》系列电视剧，也获得巨大成功；中国近几年的图书、影视同时热卖的畅销书也不少，如《激情燃烧的岁月》《突出重围》《亮剑》《乔家大院》《杜拉拉升职记》《甄嬛传》《浮沉》《潜伏》《北京青年》《蜗居》《裸婚》等。近几年无论国内书展还是国际书展，都显示出业内人士对影视版权所带来效益的重视。

关于这一点，北京博集天卷常务副总经理王勇深有体会，他说：开发图书的衍生产品从一个侧面可以让图书的传播率更广，比如《杜拉拉升职记》，已经售出电影、电视、话剧、有声读物、繁体字版等衍生权利，服装和娱乐产品以及海外语言版也在进一步推广中。

第四,衍生产品权。利用畅销书的品牌资源开发相关衍生产品来获得效益。如用畅销书中特定的形象,开发设计出游戏、文化用具、玩具、服饰、食品等相关产品。这也是出版业发达国家及我国某些出版产业积累的经验。尤其是少儿读物,这方面的开发具有很大的潜力,《中国图书商报》提供的相关资料显示,斯格拉斯蒂克出版社根据同名卡通读物改编的卡通狗"科里弗德"的卡通形象销售达8000万美元。关于综合开发,还有一个更能说明问题的例子那就是《达·芬奇密码》,截至2006年,《达·芬奇密码》所带来的联动效应逐渐扩散到影视、音乐、游戏,目前它在法国的相关产品达41种,总销售额达到6740万欧元。

(三)跨媒体、多介质出版尝试

这里指的是自主开发多媒介传播产业链,以自己的品牌开发拥有自主知识产权的动漫、影视、网络传播平台,这已经成为多数文化公司关注的发展模式,也是文化公司的立体成长趋势。如少儿读物在纸介质图书的基础上开辟新媒体读物,浙江少儿出版社的"小天才系列""音乐故事系列""完全妈妈经典诵读"系列都尝试结合新媒体,以图书加CD的形式,扩大图书销售的同时,增加出版资源的多元利用;再如,同源文化在"小笨熊"图书品牌不断获得小读者和家长认可的基础上,开始致力于把公司所有的图书用动漫或FLASH的形式表达出来,制作了总长10000分钟的经典动漫。同时,同源还致力于构建一个中国最大的少儿免费阅读网站,将现有的图书资源全都投放在网站上,供广大儿童免费在线阅读。

(四)推动双轨制出版

在出版纸介质新书的同时,完成数字版的制作,这样不但可以有效利用和保存出版资源,满足当下和未来读者对数字出版的需求,还可以在成熟的时机推出数字版的出版,为出版企业增加更大的效益。目前,数字图书和纸介质书的同步出版已经越来越被有规模的出版实体所认同并逐渐成为世界的潮流。如西蒙·舒斯特将全部书目数字化为可用于电子阅读器的电子图书，创造性地开发新的产业供应链；兰登书屋增加6000种再版书的电子图书资源，已经拥有超过1.5万种电子图书，这就意味着，兰登书屋不仅仅是全球最大的大众图书出版商，也是最大的电子图书出版商，2008年，该社电子书的销售额实现了三位数的增长。

在国内，有名的如盛大文学旗下的几个文化公司，更有一些著名的教辅读物出版商，也开始了数字出版的研发和运作。相关报道称，世纪金榜大力发展数字出版、网络出版等新业态，许多研发成果成为引领行业的重大创新。方正集团、汉王集团主动上门寻求合作，以世纪金榜的海量教育资源带动电子阅读器的开发，这一合作项目如今已经进入研发阶段。2011年，世纪金榜还推出了自主开发、拥有独立知识产权的智能题库组卷软件，在行业中引起了强烈反响。2012年3月，世纪金榜文化产业园被认定为济南市重点文化产业园区，物流、印刷、科技孵化三大基地建设进入实质运作阶段。而世纪天鸿早在2001年就成立了信息化公司从事网络教育信息化研究，目前集团下属天梯志鸿教育科技有限公司打造了教育信息化"成才学院"系统、"电子书包"系统，与联想集团及中国电信等公司达成了多项合作，通过4年的合作，2010年与联想集团签订了独家教育应用的合作协议。同时，积极参与各地教育部门的"电子书包"、数字图书馆等项目招标，学校用户近5000所，教师用户达30余万人，学生用户达50余万人，年销售额近千万元，世纪天鸿的老总任志鸿表示，未来将打造"中国最大的教辅产业电子商务平台"。金太阳面对市场格局和形势的变化、电子商务和教育信息化的快速发展，也开始了积极进军教育数字出版，在巩固原有资源网的基础上，加大了对数字出版的投入和研发。

须要进一步强调的是，数字出版在2010年后有了迅猛的发展，但是传统出版在数字出版的挑战面前并非毫无招架之功，而是可以在强有力的内容支撑的基础上很快地显示出自己的优势。随着技术垄断的不断被打破，数字出版一定将会是曾经的传统出版产业链中不可分割的一部分。

（五）构建大的文化产业链

现代文化产业链的概念，是在经济活动的服务化、信息化、文化化，现代经济越来越被高技术和高文化附加值经济所主导的大背景下提出来的。这一新型产业链条的上游，是文化遗产的数字化与海量文化内容的上载，下游是消费类信息技术产品的普及和信息文化娱乐产品的大规模市场推广，以及大众流行文化符号在传统产业中的普遍应用。作为新型产业链，由于文化产业"内容为王"的产业特质，加上信息技术和文化产业的融合，使得内容产业增值能力倍增，也使得内容产业的产业链出现新的变化，产业链不再仅仅表现为垂直型，而是表现为垂直和水平相混合的复合型结构。

出版企业的进一步发展就是建立一个大的文化产业链，文化产业单打独斗的时代将逐渐成为过去。在过去相当长的时期内，我国的文化产业没有形成产业链，各种文化生产如戏剧表演界、音像出版界、书刊出版界，往往是各自为政，中间少有关联。而国外最大的传媒公司，都是既生产内容，又发行各种产品，迪斯尼、时代华纳、索尼莫不如此。借鉴国外文化产业的发展经验和模式，我们必须认识到，文化产业产业链的打造，是产生规模效应和互动效应的必经之路。令人欣喜的是，目前我国有眼光、有实力的出版企业已经开始了文化纵横产业链的建构。其结果是，除主攻出版主业之外，还将触角延伸至影视、数字出版等领域，甚至出资建设文化产业园，构建大文化产业链。

一些以出版大众畅销书为主的民营出版企业在这方面甚至走在了国有出版企业的前头，它们凭借手中掌握的版权资源向相关下游产业延伸，从简单的版权输出到参与影视剧制作再向全媒体延伸，以提升企业赢利能力。"热播电视剧《铁梨花》、电影《让子弹飞》的图书版权都是我们的，下一步计划参与影视剧制作。"思考者公司执行董事王笑冬这样说。据悉，凤凰联动正在筹备成立影视公司，而中南博集天卷也计划推动传统出版向影视领域发展，实现内容资源的多次利用。一个新趋势是，近年来一批民营出版企业规模不断壮大，不但建立了办公大楼，甚至还盖起了产业园。江苏可一集团在南京东郊打造文化艺术产业园；志鸿教育集团等在淄博市高新技术产业开发区建造印象齐都文化产业园；广东永正图书发行有限公司在东莞建立创意产业园；金星国际教育集团兴建位于四平市铁东区的吉林教育出版产业园。

第四节　出版产业的国际化运营

进入21世纪，随着现代通讯技术、传媒技术的飞速发展，国际文化交流的日益频繁，国际经济一体化趋势的强力推动，中国经济的飞速发展以及中国出版业市场化、产业化的成熟，中国出版"走出去"，中国出版的国际化运营已经不再是遥不可及的梦想。从另一个角度说，21世纪的第一个十年的中国出版走出去还是政府倡导的中国文化世界化的行政口号和公益行为，带有国家整体形象宣传的目的和性质，因此，中国出版走出去似乎还只是国有大的出版集团的使命和任务，而进入21世纪的第二个十年，随着中国民营出版的壮大和在中国出版业界地位的提高，走出去已经不仅仅是国有大的出版集团的专利，且将表现出更为完整的产业化特点和更全面的产业意义。

一、现代出版国际化的表现

（一）出版资源配置的国际化

国际经济一体化使原来局限于某一国家和地区的区域性文化资源、作者资源、技术资源、资金资源、读者资源、流通渠道资源、出版物市场资源通过各种渠道为全世界出版界所共享。以销售渠道和市场资源为例，根据我国加入WTO时承诺的有关条款，一年内开放经济特区和北京、上海、天津、广州、大连、青岛、武汉、郑州等8个城市的中外合资书报刊零售业务；两年内开放所有省会城市和重庆、宁波两市，并允许外商对上述零售业控股；三年内取消外资从事书报刊分销服务在地域、数量、企业设立形式等方面的限制。这些都表明，国外出版对中国销售资源和读者资源的国际化拥有不可阻挡的趋势。因此中国出版界面临这样的局面时，常常用"狼来了"来表现既无奈又兴奋的心态。无奈是因为，中国出版人意识到了中国的读者资源已经不仅仅属于中国，面对国际化的出版趋势，中国出版人不得不接受和世界大的出版集团共同分享中国图书市场的现实；兴奋是因为，中国出版面临挑战的同时，也迎来了发展的绝好机会，我们可以在与狼共舞的同时建立起国际出版的大观念，开阔大视野，从而逐步融入国际出版的大环境。因此2005年第12届北京国际图书博览会的主题辞是：中国出版的世界机会；世界出版的中国市场（Chinese Market for World Publishing；World Opportunity for Chinese Publishing）。

(二) 出版经营的国际化

20世纪是出版业走向集团优化、走向垄断的时代。20世纪50年代以来，世界出版的这种趋势日益增强。进入20世纪90年代，国际化并购是欧美书业的显著特点。在中国出版业尚未开启商业运营意识和产业观念时，西方大型的跨国出版集团已经浮出水面，在欧洲和北美，书业的互为市场非常普遍，并购无疑是国际化的主要手段之一。如贝塔斯曼，1998年4月与法国哈瓦斯（Havas）集团的母公司合资建立法国俱乐部；1998年6月，它收购了英国最大的图书俱乐部的一半股权，从此控制了英国的图书俱乐部市场；1998年7月，收购了美国最大的一般图书出版社兰登书屋，主宰了美国的一半图书市场；1998年11月，它与意大利最大的媒体集团蒙达多利合作，建立了意大利图书俱乐部。虽然贝塔斯曼中国的图书俱乐部经营以不理想的结果而结束，但是其快速的全球化运营的步伐代表了20世纪90年代中后期世界出版国际化的发展趋势。

除了贝塔斯曼外，法国的哈瓦斯（Havas）也在1998年以2.3亿美元购买了西班牙第二大出版社Grupoanaya，年末又以10亿美元购买了美国辛地特软件公司，使哈瓦斯在美国的教育软件市场独占鳌头，1999年，阿根廷第三大教科书出版社安科出版社也落入哈瓦斯之口。

亚马逊也通过并购的方式迈开了向欧洲进军的第一步，1998年它以

5.5亿美元收购了英国的书页网站（Book Page）、德国电子图书（Telebook）网上影视数据库。进入21世纪，国际出版的集中化进程更是加快了脚步，如美国20家规模最大的出版公司的年销售收入占全美总销售收入的75%。而这20家大公司中，跨国的国际性公司占了大多数。这是一个非常有代表的例子，这个例子说明，文化出版的空间越来越被规模型、国际型公司所占据。欧洲的出版商，无论是传统出版和是网络出版，同样对美国也心向往之，至于对古老而神秘的中国，也同样充满了兴趣。2005年，几乎所有重量级的世界出版公司都出台了明晰的专门针对中国出版市场的战略，并开始一步步地进入中国，建立合作关系。起初他们只是以版权公司、驻中国办事机构的形式打开中国出版的大门，如美国的约翰·威力公司、培生集团、剑桥大学出版社、牛津大学出版社、麦格劳-希尔公司、DK出版社等。随着中国文化体制改革步伐的加快，随着中国出版产业化的成熟，许多国际出版集团已经在中国设立了事业部，或者与中国出版业建立了长期稳定的合作关系。

再如，法国阿歇特出版集团在34个国家开展业务，共出版220种期刊和报纸，每年的营业额达24亿欧元，其中52%来自国外。该集团已经成为美国、意大利、日本和中国的第一大外国期刊出版商。而英国麦克米伦出版集团的国际业务和国内业务的比例为7:3，在全球40多个国家和地区开展业务。

（三）出版管理的国际化

有了出版资源的国际化，出版经营活动的国际化，出版管理的国际化也就不难理解了。一切出版资源的开拓，一切出版管理的模式，都将逐步纳入国际化的规则之内，即要遵守共同认可的"游戏规则"，如版权贸易、如市场运营、如人才管理机制，如企业的组织形式等。即便市场化程度较低、进入国际市场较晚的中国出版业，也在体制和运营等各方面向国际标准靠近。目前世界各国共同遵守的就是WTO的有关规则，各国的经济贸易体制尽管千差万别，如果要成为国际经济贸易大家庭中的成员，就必须按照WTO有关规则办事。WTO的基本原则，如无歧视待遇原则、国民待遇原则、透明度原则、市场准入原则逐步在我国出版业中得到贯彻实施。除了以上共同规则外，出版业还必须严格遵守一系列的版权保护规则，如《与贸易有关的知识产权协定》，这个协定对WTO成员国是强制执行的，不严格执行该协定就会受到其他成员国的报复制裁。此外还有《世界版权公约》《伯尔尼公约》《日内瓦公约》等。我国1992年加入《伯尔尼公约》和《世界版权公约》，从此我国版权保护纳入了国际版权保护范畴。

二、我国出版业国际化水平概观

和世界相比，目前中国出版的国际化水平显然还很低，还有很大的发展空间。从世界范围看，英美国家的出版业国际化发展水平普遍比东南亚国家的出版业的国际化发展水平高，这和一个国家的综合实力（包括经济实力、政治实力和文化实力）、文化产业政策以及语言的普及率有关，也和创新型科技成果的多少有关。世界上最大的版权输出国和图书出口国都是美国，而日本这样的经济强国，由于创新性科研成果较少，也是版权的逆差国，日本的版权引进和版权输出之比为100∶1，而我国版权引进与版权输出之比也曾高达15∶1。尽管我国出版在世界舞台上还仅仅是配角，但是，随着中国综合实力的增强，随着文化体制改革的完成，随着国家对文化企业政策的调整，中国出版的国际化水平有很大程度的提高，而且表现出了蓬勃的发展势头。

（一）影响中国出版国际化发展水平的主要因素

第一，中国经济、科技发展水平一度和发达国家存在一定的距离。综合实力的差距一定会影响一个国家的文化软实力。这种状况近几年正在趋于好转，尤其是世界金融危机以来，中国在世界经济政治舞台上的地位大幅度提高，带动了世界范围内的中国文化热。中国甚至成为2009年第61届法兰克福国际图书博览会的主宾国，吸引了西方国家读者对中国文化的兴趣和了解的愿望。

第二，语言因素。汉字是表意文字，和拼音文字（如英语）相比，难以为非汉语国家的人民所掌握，普及化程度不高。不但如此，即便在中国，汉字也曾经几次面对被废除的危险，如20世纪初的胡适、蔡元培、鲁迅等人，都曾经把中国落后的原因归结为汉语难以国际化普及，主张废除汉字，以拼音文字来代替汉字。建国初期，汉字改革被纳入议程，对汉字进行了一次简化，实行方块汉字、拼音并用的汉字方针，推出了汉语拼音方案。但是，20世纪70年代末，计算机又几乎成为汉字过不去的坎。当然，这道坎已经被智慧的中国人战胜了，汉字没有成为中国走向现代化和国际舞台的障碍。但是汉语难学的确是中国文化、中国出版走出去的一大阻碍因素。可喜可贺的是，这种情况也在扭转，目前国外的汉语热与日俱增，目前孔子学院已经落户全球近90个国家，近300所，仅美国就有60所孔子学院。语言障碍的减少，为中国出版的国际化带来一片曙光。

第三，中国出版实力和出版体制本身的限制。资本化程度、对国际化商业规则的熟悉程度，也会影响国际化运营的发展。因此，三十年来，转变观念，改革体制、加快出版资本市场的培植和运营，一直是中国文化体制改革所直面的问题。随着文化体制改革的深入不但中国成为世界出版的大市场，世界也成为中国出版从转变观念到伺机迈出国门的机会。中国出版人越来越强烈地意识到，国际化发展是提升产业实力、加速发展必不可少的途径。从1986年，我国举办了第一届北京国际图书博览会，中国打开了瞭望世界出版的窗口，到1990年开始了真正意义的版权贸易，从版权贸易的惊人逆差（1995年开始全国版权贸易量的正式统计工作，最初的输入和输出比为15∶1），到2011年，版权贸易逆差的大幅缩小（据统计，2011年我国版权输出和输入的比例为2.5∶1）；从最初输出的国家仅仅局限于新加坡、马来西亚、日本、韩国、德国、巴西及美国，到今天主要输出国为美国、英国、法国、俄罗斯、日本、加拿大等国际出版大国；从最初国外书展、博览会的看客到主宾国（以法兰克福图书博览会为例，法兰克福图书博览会是世界上规模最大的国际图书博览会，1949年创办，每年10月上旬在德国法兰克福举行，组织者是德国书业协会，每两届确定一次博览会主题，展出各门类图书。参展者的主要活动是展出图书，洽谈版权交易，洽商合作出版业务。法兰克福书展的主流是西方，西方之中的主流是英文出版，也即英美出版。2009年第61届法兰克福书展上，中国成为主宾国)，从政府的"中国图书对外推广计划"(为了推动中国文化大繁荣大发展，提高中国文化软实力，树立良好的国家形象，国务院新闻办、新闻出版总署于2006年颁布实施了中国图书对外推广计划，这是我国出版走出去的重要国家级项目，被列入国家"十一五"规划重点工程，资助中国图书的对外翻译和版权输出。)的实施，到各出版企业自主地开发国外市场，建立国外出版机构，中国出版国际化经营理念逐步被强化并一步步地落实到行动上来，正在开辟走出国门的国际化道路。

总结以上三点可知，影响中国出版国际化的力量越来越小，中国出版国际化的障碍也越来越小，中国出版走出去已经迎来最好的时机。

(二) 中国出版的国际化进程

出版国际化的主要标志表现为：第一，在国际上有大量的出版实体、出版企业；第二，在国际上有大量流行的出版物；第三，在国际上有自己的销售渠道。从这三个方面来看，中国出版的国际化程度显然不高，甚至可以说很低。从这个角度看，中国出版还没有真正走向国际，与世界先进出版水平还存在很大差距。纵观中国出版的国际化进程，可以从这样几个方面来考察：

第一，出版理念的国际化。中国出版业在近30年与国外出版界的交流与合作中，应该说渐渐建立了一些与国际接轨的出版理念和思维模式。例如20世纪90年代，我国出版界引入了国际上把出版划分为大众出版、教育出版和专业出版的理念，这说明我国出版界的理念和操作方法，尤其是大众出版的操作方法开始与国际接轨，这有助于我国出版界和国际出版文化的交流和融合，为制定国际化发展战略扫清了障碍，是中国出版理念国际化的重要表现。例如，高等教育出版社制定了"四步走"的国际化发展战略：第一阶段，用国际化的理念来改造出版社自身，这体现在开发企业资源计划系统(Enterprise Resource Planning，简称ERP)、重新梳理办社方针、送员工到海外学习等方面；第二阶段，参与国际出版公司的运作；第三阶段，努力成为一家国际型出版公司；第四阶段，引领世界教育出版的潮流。另外，外研社、机械工业出版社、中信社等出版机构也各有其国际化的理念表述和具体有效的操作行动。国际化的出版培训和教育，是中国出版人国际化出版理念形成的关键。近几年，中国出版行政管理部门联合一些重要的出版机构，组织举办了形式多样的有关出版国际化的培训，借鉴和引进西方著名大学的专业培训项目，或派遣出版界相关专业人士到发达的出版国家研修学习，这些举措对中国出版的国际化发展具有重要的推进作用。

第二，出版市场的国际化。中国出版产业的国际化不但指中国出版资源、消费市场、消费渠道更加对外开放，也在更大程度上意味着中国出版越来越多地走向国际市场，在国际出版市场上占有重要份额。中国出版和世界出版的接轨开始于国外出版公司的分支机构及版权代理公司在中国的设立。在近30年的国际化路途中，这些国外出版公司与中国出版界在版权输出、发展读者俱乐部等业务上开展合作，对中国出版市场进行了卓有成效的开拓。随着中国出版体制改革的不断深化，国外出版和中国出版的合作领域和合作方式也不断深入和创新，中国出版在世界出版市场中的角色也从最初的被动变主动，版权贸易的逆差逐渐缩小。在世界出版巨头纷纷投入中国市场，在中国建立事业部和机构的同时，中国出版业也开始面向世界，走向世界。中国的许多出版机构也开始了海外事业部和分社的组建，对海外读者资源和作者资源的开发力度不断加大。如中国出版集团旗下就有近30家海外连锁书店和办事机构，版权贸易网遍及全球100多个国家和地区；再如科学出版社等多家出版机构在海外设立了分社，还设立了海外销售业务事业部，加强了图书进出口业务，建立了与海外读者沟通的渠道和桥梁；在开拓国际出版市场方面，中国出版集团可谓起到了领头羊的作用，2004年7月，我国第一个海外连锁经营网络——中国出版集团新华发行集团总公司海外连锁经营网络正式启动，它包括两大业务系统，一是全球主要地区设立的中国出版集团海外办事机构；二是新华发行集团总公司的海外连锁书店系统，二者是我国目前最大的图书出口网络。

第三，出版营销的国际化。共同开发作者资源，同步出版、同步阅读是全媒体时代出版产业的共同趋势，也是出版产业国际化的重要标志。一本畅销书同一时间覆盖全球市场已经不是神话，而且在逐步走向常态化。

中国出版无论在引进版，还是在输出版方面，与世界同步或同时占领世界市场，都有过成功的尝试，并即将成为常态。如人民文学出版社的《哈利·波特》、译林出版社的《我的生活——克林顿回忆录》等图书，就是欧美、中国同步畅销最好的例子。而中国作家秦文君和希腊作家尤金的同步创作、同步在中国和希腊出版的合作，更是这种互相开发市场，互相带动读者阅读的最好例证。

第四，出版管理的国际化。从宏观上看，自改革开放以来，中国政府对出版业的管理方式、管理规范，越来越和国际管理接轨，如1992年，中国正式加入了《伯尔尼公约》和《世界版权公约》，有关印刷质量的标准也越来越接近世界标准。中国政府也越来越以开放的视野，来促进出版产业的资本融合和资本运营，尤其对民营资本和国外资本的吸纳，有了更加开放的政策。在微观管理层面上，遵循国际规范和国际惯例已经越来越多地被出版企业所共识，许多出版企业的组织结构采用国际先进的结构模式，运营方式也多像域外学习，质量管理、项目管理、企业各种资源的管理逐渐和国际接轨。如上海书城、北方图书城、电子工业出版社等多家单位先后获得了国际管理体系认证委员会颁发的"认证注册证书"。

（三）中国出版国际化运营方式

中国出版的国际化运营虽然还处在起步和摸索的阶段，但也积累了一定的、有效的经验。就运营方式而言，中国出版的国际化运营主要有下面几种：

第一，通过出版产品和版权的对外贸易开发海外市场。首先让产品走出去，通过实物输出及版权贸易，让世界能够接触到中国的出版产品。这是在没有自己的海外销售渠道情况下最有效的选择。借助国际销售渠道，输出我们的版权，借用国际的出版品牌，输出我们的产品，一步步与国际市场融合。例如，我国上世纪末到本世纪初的版权输出及图书贸易就是中国出版国际化的初级形式。安徽出版集团、凤凰出版集团等在这一时期都取得了很大成就。

第二，在海外建立自己的出版实体。从选题策划到实物销售，全面和国际出版机构合作。如中国出版集团公司（旗下包括人民文学出版社、商务印书馆、中华书局、中国大百科全书出版社、中国美术出版社、人民音乐出版社、生活·读书·新知三联书店、中国对外翻译出版公司、东方出版中心、新华书店总店、中国出版对外贸易总公司、中国图书进出口集团总公司等21家子公司及26家参股公司）到2009年，在海外设立了控股或合资出版公司及销售网点达217个[1]，在海外直接聘用当地人才，建立多家合资公司或独资公司，主要包括巴黎公司、悉尼公司、温哥华公司、法兰克福公司、伦敦公司、首尔公司等，取得的效果很显著。

　　除了建立合资或独资的公司外，也还可以以单项合作的方式，共同投资来完成某出版产品的海外出版。如青岛出版集团与澳大利亚威尔顿国际集团合作出版《中国——新长征》，这个项目用图片、文字、纪录片、数字出版、网络出版等多种形式向全世界介绍长征沿途地区70多年来的发展变化，这些产品将以中、英、德、法、西、俄、日等多种语言出版，于2012年初，由青岛出版集团与澳大利亚威尔顿国际集团同步向全世界发行。通过这次合作，青岛出版集团不但学习到了国际知名出版集团的业务分布及管理方式，与国际出版接轨，还加强了双方的了解，进而推进双方在数字出版、资本运作等各方面的合作。

　　第三，资本走出去。中国出版要想实现国际化，最根本的还是要通过资本运作，通过购买国际的出版公司，真正走向国际舞台，这不仅仅是中国产品的走向国际，而是中国出版企业从出版视野、管理水平到出版市场驾驭能力的全面升级。只有真正拥有国际化的出版公司，才会有更合适的资源把中国文化用海外读者熟悉的文本形式介绍给世界，同时也可以近距离地接触国际上优秀的图书资源，在国际视角下出版优秀的图书。资本经营是建设国际化出版企业、提高国际竞争力的重要内容。目前，国内已经有不少的出版社和民营出版公司开始了这种资本走出去的实际运作。最有代表性的如人民卫生出版社。2008年，人民卫生出版社美国有限公司以370万美元收购了加拿大BC戴克出版公司全部医学图书资产，稳健地迈上

---

[1]《出版人·图书馆与阅读》2010年1月第11页。

了国际化医药传媒集团之路❶。

第四，实现境外本土化出版和跨国经营。这已经成为中国出版进入国际主流渠道和扩大国际影响力的必然选择，即全面参与本土化或国际分工、国际竞争，不但国际业务在其总业务量中占有较大比重，而且占据国际市场的份额也很大。目前，我们的出版企业中，有开展国际化经营的企业，但还没有形成为跨国企业。与国际上的大型出版集团相比，中国出版企业的国际化建设尚处于起步阶段，在全球经济一体化和我国文化体制改革不断深入的背景下，中国出版企业的国际化经营乃至跨国经营，已经成为提高企业核心竞争力和增强国家文化软实力的必然要求。

（四）中国出版国际化运营的人才要求

第一，要有知名国际版权代理人。如托笔·伊迪，是他使《于丹论语心得》这样一本小书走出国门，在海外发行了28个语种、34个版本，累计海外销售34万册，使得中国的孔子成了世界的孔子，也使得北师大的女教授于丹成了中国的于丹。

第二，要有优秀的翻译家，主要是能把汉语从意义到韵味完美翻译成外语的人才。这是我国的稀缺资源。我国目前既熟知中国文化，又精通外语的人才很少。目前，我国出版业国际化人才的储备相对不足，人才的培养和激励机制也与国际化建设的需求不相适应，这正是我们出版企业开展国际化经营的主要矛盾。莫言获得了诺贝尔文学奖，有三个原因：第一是莫言的作品被看好，让评委、让国际上的读者喜欢。第二是中国的出版界这些年积极推动作品"走出去"，莫言的作品被翻译成英、德、法、意、日、瑞典、西班牙等十几种外语文字，让评委和读者有喜欢的机会。还有一个原因就是翻译。翻译其作品的多是国际大牌翻译家，比如翻译成英文的美国翻译家葛浩文（Howard Goldblatt），被誉为把中国作家推向世界的"西方首席汉语文学翻译家"；翻译成瑞典文的瑞典翻译家陈安娜，被称为是"莫言得奖背后最重要的外国女人"；陈安娜的老师、诺贝尔文学奖18

---

❶《出版人·图书馆与阅读》2010年1月第11页。

位终身评委之一,也是诺贝尔奖评委中唯一深谙中国文化、精通汉语的汉学家马悦然,当然也在其中起到了重要的推动作用。是他们的翻译和推介,使得评委和读者有喜欢莫言作品的可能。

第三,要有具备国际视野、熟悉国际惯例、善于跨文化沟通、擅于创新的国际化经营人才,尤其要有能够开展国际资本经营的人才和数字化人才。当前,虽然已有多家出版集团和出版社在海外设立了很多分支机构,但由于缺乏这些人才,这些企业的海外分支机构只能做一些小本买卖,投资和经营规模小,市场化运营能力弱,尚未形成本土化的竞争优势,数字出版产品"走出去"更是少之又少。

第四,需要有熟悉国际版权交易及版权贸易的洽谈人才。

此外还要有进出口产品编目、国际招投标、团体订购、国际采购、报关通关、税务、物流配送、大客户服务、专业机构服务、外籍人员服务、数字化服务方面的人才,还包括国际会展组织和服务、国际活动组织和服务、出访组团、国际谈判、海外投资、海外机构经营管理等方面的人才。

第七章
出版产品的营销策略

对于传统的出版产品形式而言，其营销流程基本上可以分成出版物营销环境调查、出版物市场需求及读者分析、出版物市场调研及预测、出版物市场细分与目标市场选择、出版物产品策略定位、价格策略选择、分销渠道策略选择和促销策略选择、出版物市场营销计划与控制、出版物国际市场营销设计与实践等若干个步骤。关于这些步骤的具体实现，有大量的理论基础和实践操作经验可以参考，因此，本章对传统出版产品的营销策略便不再赘述，主要以论述数字出版产品的营销策略为主。全章共分为四个专题，将分别探讨4Ps理论[1]在数字出版产品营销中是否仍然适用、出版企业的数字化营销方式、出版企业的数字化服务营销创新手段以及数字环境中专业图书出版的营销策略等若干问题。

第一节 基于4Ps理论的数字出版物营销策略

产品、价格、分销渠道和促销是解决市场营销根本性问题的四个基本要素，对于数字出版物而言，麦肯锡的4Ps经典理论同样适用。本节将应

---

[1] 4Ps营销理论：产品（Product）、价格（Price）、渠道（Place）、促销（Promotion），由于这四个词的英文字头都是P，再加上策略（Strategy），所以简称4Ps。由杰罗姆·麦卡锡（E.Jerome McCarthy）于1960年在其《基础营销》（Basic Marketing）一书中第一次将企业的营销要素归结四个基本策略的组合。

用4Ps理论分析数字出版物的营销策略，即：在媒介融合的大环境下，数字出版物生产商只有以读者需求为中心，开发形式多样的内容产品；以消费者意愿支付成本为基础制定合适的价格；以提高消费者便利性为导向，完善数字出版物分销渠道；以与消费者沟通为前提，推出精准而全面的促销策略，才能有效地实现企业的营销利润目标，适应外部环境不可控因素的要求。

2009—2010年中国数字出版产业年度报告指出，我国目前电子书市场收入中的80%都来源于机构用户——高校图书馆、中小学图书馆、公共图书馆以及政府和企事业单位等，而且国外大学、研究机构图书馆的采购量也在逐年增加。而收入中的20%则来自于B2C市场（Business to Customer，简称B2C，是电子商务的一种零售模式），例如：手机出版、移动阅读等。从收益数据对比来看，相差悬殊，如何提高个人用户对于数字出版物的消费，值得研究。以下论述将以4Ps理论为基础，从产品、价格、渠道、促销四个方面逐项分析数字出版物营销应采取的策略。

一、丰富产品表现形式，满足受众不同的"阅读"需求

全媒体时代到来，受众所接触的媒介形式越来越多，能够利用的获取信息的工具也是丰富多样的。对于同一内容资源，不同受众群体需要其具有不同形式的表现形式。以《史蒂夫·乔布斯传》的营销为例，中信出版社除了提供传统形式的纸质文本之外，还提供了书籍的电子版，此外，对于喜欢以听觉感受书籍的人群而言，中信与巨鲸网合作，为这本书制作了二级域名的主页，读者可以试听书中提到的那些令乔布斯着迷的音乐；而对于喜欢以可视角度了解图书的受众而言，优酷网按照中信出版社的要求，对书中内容，按顺序将其制作成视频，并放置在网站中；而对于喜欢从书评角度了解图书的人而言，中信原定在精装版里附赠一个集结了名人读后感的小册子，以满足用户分享阅读感受的需求。综合而言，这种从不同角度深度开发同一内容资源，以获得范围经济效益的内容营销策略是十分有效的。

此外，从不同侧面开发产品内容，不仅可以满足受众不同的"阅

读"需求，而且可以起到良好的促销宣传效果，延伸品牌效应。以作家苏珊·柯林斯的科幻小说《饥饿游戏》为例，在纸版书、电子书热销的基础上，该书内容又被改编为电影，并衍生出音乐作品、手机游戏、相关实物饰品等多种产品形式，彼此之间都共享了宣传效应，节约了营销成本，继《暮光之城》《哈利·波特》之后，其品牌也形成了一股新生的青春旋风，并成为了行业内营销活动开展的典范。

二、灵活制定价格，满足不同收入人群的需求

针对个人消费者的数字出版物价格，是影响用户购买行为实际发生的一个重要因素。因此，如何在保证利润的前提下，科学制定价格，获取收益，是出版行业面临的一个重要问题。在4Ps的价格理论中，分别有撇油取脂定价策略、渗透定价策略、满意定价策略、定价心理策略和折扣策略等，各种策略都有不同的适用情况。

笔者认为，对于那些已经过了版权保护期限的公共领域开放型作品，可以采用渗透定价策略，以较低的价格，将其数字型产品推向市场，这种定价策略，可以帮助出版商迅速打开市场，扩大销售量。虽然此种方式的利润产出总额不会太高，但是其所产生的社会效益会比较好，图书内容可以普及得更广，从而帮助出版社培养潜在客户，进而提高出版社的品牌知名度。

而对于那些图书需求弹性系数小、读者需求愿望强烈的专业书、学术书而言，出版商可以采用撇油取脂定价策略，以较高的定价将其数字型产品推向市场，短期内获得高市场回报。以英国的数字出版市场为例，在其品种占比中，学术类、专业类图书能够达到72%，由数据可知，此类图书的市场份额较大，一旦出版社将这类数字出版物的营销工作做好，那么收益额将迅速提高。

对于大众类数字出版物，则可以采取满意定价策略、定价心理策略以及折扣策略，按照各出版企业的一般价格执行本企业的价格，主动适应市场，例如电子书的定价可以是精装书的一半、平装书的2/3。

除了以上的三方面定价策略，在全价购买之外，出版商还可以采用制定租赁价的方式，为低收入人群提供数字出版物。以 Taylor Francis 的

租赁模式为例，他们的电子书订阅价相比全价为：1天：10%；1周：20%；1月：30%；3月：50%；6月：65%。经过尝试，Taylor Francis 认为电子租赁模式是增长最快的、最成功的销售方式。

三、形成全方位的产品分销渠道，满足用户对渠道多样化的需求

我国目前的数字出版物分销渠道有以盛大文学等为代表的互联网发行模式、以北大方正等为代表的数字图书馆发行模式、以清华同方等为代表的数据库包库发行模式、以三大运营商为代表的手机阅读发行模式、以汉王等为代表的移动阅读终端发行模式、以中文在线等为代表的全媒体出版发行模式、以网易等为代表的网游动漫发行模式，还有目前正在推进中的电子书包发行模式以及云出版发行模式。看似渠道很多，但目前的情况是，由于利润分配机制不健全，内容生产一方在数字出版物发行上总是不能够获得可观收益，致使一些出版商徘徊于数字出版物与传统出版物之间。

为了能够推动出版商生产数字出版物的积极性，应逐步建立全方位的产品分销渠道，明确收益分配比例，打破渠道垄断现象，实现自由竞争。以英美数字出版市场为例，他们的市场增长迅速的原因之一，就在于已形成了成熟的产品分销模式，渠道多样化。对于直销而言，他们有自建的在线平台，如：麦格劳·希尔（Connect）、约翰·威利（Wiley online Library 和 Wiley Plus）；对于间接销售而言，他们有知名的批发商，如：英格拉姆、Content Overdrive、亚马逊旗下的 Mobipocket（专营移动电子书）、Google 电子书店，也有很多信誉颇高的零售商（代理商），如一级分销领域里的亚马逊 Kindle 电子书店、巴诺 Nook 书店、苹果的 Ibookstore、索尼的电子书店等；此外，还有一些重要的内容集成商，他们十分重视与尊重出版方的利益，如：综合类的 Net Library、Ebrary，专属类的 Metapress、Gale，数字内容存储商 Lightning Source、Overdrive，大型的馆配商，英格拉姆的 Mylibrary 等。他们的分销模式基本上是：大的出版集团通过开发自有的网络平台以及与分销渠道中的合作伙伴拓展业务，而中小出版商有专业的数字内容存储、管理公司为其服务。与实体书类似，不同的分销模式折扣有所区分，已形成了较为稳定的分成模式。

四、利用社会化媒体，开展多方面的促销活动

英国电子书购买动机调查数据中显示，在网络书店中购买时，消费者一般都比较理性，占比能达到77%，而冲动性消费仅占23%，由此可见促销的重要意义，在网络书店中，电子书的品种繁多，如果促销做得不好，那么读者就难以关注到某些书。在4Ps理论中，图书的促销策略，可以有人员推销、广告、营业推广和公共关系四种，在数字出版物的促销环节，笔者认为利用社会化媒体展开公共关系活动、开展营业推广活动是比较适合数字出版物资源特点的促销方式。

在公共关系方面，可以与各类型商家合作，做互动推广。以《史蒂夫·乔布斯传》为例，中信出版社展开促销活动的合作伙伴之一就是中信银行信用卡，除了户外广告和邮寄账单上的推广，在公开发售前，他们通过短信向400万活跃持卡用户发送了预定邀请，持卡人直接回复信用卡后四位和一个代码就可以订阅这本书。此种方式一方面帮助了中信出版社销售图书，而另一方面也借这本书的热销提升了人们对于中信银行的认识。除银行外，还有很多的商家拥有庞大的会员群体，出版商可以与他们合作展开多种形式的促销活动，例如：凡客在销售《史蒂夫·乔布斯传》时，就搭售T恤和徽章等小物件，通过这本书的热销，凡客迅速地达到了宣传效应，而所付出的成本却远不及京东商城那么多。

对于营业推广而言，很多活动信息，例如：赠送样书、优惠、降价销售、有奖销售、发售图书卷、举办各种读书知识竞赛等信息均可通过比较流行的社会性媒体发布出去，以达到宣传效果，可利用的媒介有网络社区（典型的社会化平台，比如国内的开心网、人人网、QQ空间、豆瓣、天涯社区、评书网站）、微博（企业官方微博，作者、专家、意见领袖、管理层、员工微博）和视频短片传播渠道（利用优酷、自身网站、邮件、微博、社区、专家博客传播）。

除了以上两种方式之外，还可以通过网上书店与图书馆的功能转变实现促销，例如：巴诺Novk书店、亚马逊对购买电子书者，授权可外借15天，Overdrive的会员图书馆，通过网站链接实现销售可以得到返点费等。

总之，经典的4Ps理论认为市场营销的根本问题在于解决好产品、价格、地点和促销这四个基本要素，也就是说企业只要生产出质量优良的产品，便可根据成本和竞争设置一个企业认为合理的价格，然后予以产品代理商必要的支持和控制并辅予促销和广告，使企业获取丰厚的营销利润。这一组合策略同样适用于数字出版物的营销，只要出版商通过自建的数字出版平台或咨询服务公司对市场需求进行了全面的、精准的调研（Probe），那么便可以按影响消费者需求的因素进行市场细分（Partition），选出符合出版商资源特点的目标市场（Priorition），在为自己的数字化产品确立了竞争优势（Position）的前提下，积极地调动员工的主观能动性与顾客的购买欲望（People），从而将形式多样的内容产品（Product），以合适的定价（Price），通过全方位的分销渠道（Place）和广告宣传（Promotion）销售出去。尽管数字出版物的营销与传统出版物的营销在具体方法上有所区别，但其实质都是相似的，即：通过对产品、价格、分销以及促销的计划和实施，对外部不可控因素做出积极动态的反应，从而促成交易的实现和满足个人与组织的营销利润目标。

第二节　出版企业应采取的数字化营销方式

数字技术的不断进步使青年读者对于网络的兴趣变得更加浓厚，他们偏爱于通过网络或第三方平台（手机或者客户端软件）来获取各种信息，作为庞大信息资源载体形式的印刷型图书形式，通过传统的营销方式，已经不能够达到其完成利润最大化的使命，因此出版单位应该充分利用目前网上和网下提供的各种资源，最大限度地扩大出版者与作者、读者的接触，根据不同数字化媒体的特性传播出版信息和出版企业的品牌形象，以实现图书出版的社会目标和经济目标，而这一系列以计算机信息网络技术为基础，通过现代电子手段和通讯网络技术（主要是Internet），来实现企业有效调动企业资源开展市场营销活动的过程就是数字化营销。对于出版社而言，具体的数字化营销活动可以从以下十个方面分别开展。

一、建立具有"特色"的出版社网站

纵观各出版社网站，大多数的网页内容均比较单一，多是由所出图书的基本信息和相关图书评论构成，这样的网页对于读者没有太大的吸引力。从青年读者的角度分析，他们希望获取与图书相关的更为丰富的信息，例如：作者的观点、爱好、兴趣、研究进展、生活轶事、对于图书内容的视频讲解等，并且青年读者往往希望借助一定的平台与作者展开某一主题的对话，从而深度了解图书的创作过程或是对于其中某一章节的深刻分析；从教育者、书商和媒体的角度分析，他们更希望图书能够有配套的课件讲解、难点演示、短片宣传以及精华展示，以方便他们判断图书的价值，快速找到图书的宣传侧重点；从投资者的角度分析，他们需要的不是详尽的图书内容，而是图书选题的市场价值、市场容量分析和社会效益评估以及一个开展电子商务活动的平台。因此，笔者建议我国的出版社网站可以像西蒙与舒斯特等美国出版巨头一样根据不同人群的特点，分别发布多个内容不同的特色网站，以方便使用。这种特色网站一旦建立，不但可以吸引到更多的客户，而且通过注册的形式，可以获取更多有价值的客户资料，方便目标群体的针对性营销和信息的反馈。

二、与大型搜索引擎合作，提高出版社网站的访问量

随着数字时代的到来，各家出版社的网站都会被建立起来，其争夺客源的竞争程度将非常激烈，吸引潜在客户来访问的手段也会层出不穷，这其中实际上最有效提高出版社网站访问量的方式就是与大型搜索引擎合作。例如：谷歌公司就曾经在中国大力开展过图书搜索合作伙伴项目，这是一个面向出版企业的免费计划，它一方面为其加盟者提供了图书营销的新渠道，另一方面也能使全球的读者更为便捷地找到中文图书。出版企业不必担心这种网络的展现形式会影响到实体图书的销售量，因为此类大型搜索引擎的图书搜索是一种图书内容的全文索引目录的搜索，它能够帮助读者进行图书全文检索，以最快的速度找到他们感兴趣的图书，并且谷歌图书搜索提供校正服务，它会将出版企业所提供的图书关键词尽量与网络

用户所使用的关键词相匹配，这样那些真正有兴趣买书的用户就可以找到与谷歌合作的出版商所出的图书，被检索到之后读者可以获得该图书的全部信息并在线浏览。涉及版权保护问题时，读者只被允许看到部分内容，而且页面禁止打印、保存和复制。如果想要购买全文图书，可以通过在搜索结果页面上显示的出版企业网站以及网上书店的链接来方便地购买，所以它不会因为用户能够看到内容而对图书的销售量构成威胁，反而可以帮助出版企业更好地宣传与销售图书，同时，与此类搜索引擎合作，还可以定期收到网络报告，通过这个报告出版企业可以了解到有多少人浏览或者点击链接购买了图书。

三、使用电子货币奖励措施，与用户形成良好互动

利用大量有广泛影响的媒体或促销工具，传播图书商品信息，树立企业形象等以期吸引广大读者购买，扩大图书销售的策略属于"推动式"的营销策略。这些策略能够快速地将各种营销信息传递给目标受众，然而一旦营销信息过多、过频地通过第三方平台传递给用户，就必然会导致用户的厌烦，因此就会降低信息传播的质量。这时，有效传播就显得尤为重要，有效传播是指传播的信息能够无阻碍地传播到目标受众，并且使目标受众能够充分理解信息、记住信息。对于出版企业网站而言，使用电子货币奖励措施是一种行之有效的"拉动式"的营销方式。出版企业可以根据所出图书的内容，列出一些需要深度思考才可以正确回答的问题给读者，也可以给读者留出一些发表见解的空间，或者为某一选题出谋划策的机会，网站该板块的负责人可以根据用户的参与程度给予一定数量的电子货币奖励，这种货币可以相当于消费券使用，也可以转换成各种游戏币使用，当然这必须以出版企业与腾讯等网络公司达成合作的基础上才能实现。

四、提供更多增值服务

与网上书店相比，出版企业自建的网站只有提供更多的增值服务，才能吸引到更多不同类型的受众来访问和使用。例如：出版企业可以通过数据库将受众和用户进行多次细分，为不同需求类别的用户提供专门的信息

资讯和咨询服务,这种深度营销和精准营销的方式可以提高用户对于出版企业网站服务的满意度和依赖程度;除了此种服务之外,也可以根据用户的需求,将图书内容拆分后,重新组合成新的形式,销售给用户,提高网站个性化服务的水平与质量,也可以像China-pub这样的网上书店一样为用户提供"期书预告和预定"服务,期书的预告不仅可以满足读者对于新书信息的了解欲望,也能够帮助出版企业在图书出版前进行有效的推广、宣传;对广告主而言,可以为不同广告客户进行精确分析,帮助他们找到最恰当的宣传时机与最契合的受众,从而提高广告的宣传"绩效";对媒体而言,网站可以将出版企业的各种主题营销活动的素材,整理成为详细的计划表,提供给媒体,并将这些素材转换成为媒体与大众感兴趣的各类话题,为了避免媒体之间报道内容的重复,出版企业可以主动将这种单一的媒体宣传点拓展成具有多个视角、多重新闻宣传报道价值的积极正面的宣传点,为媒体记者提供尽可能多的活动背景材料。

五、利用出版企业网站,进行图书市场需求及读者分析

在图书营销的全部流程中,图书市场需求及读者分析是图书市场细分与目标市场选择的前提,也是出版企业确定自己产品策略的一个基础,因此对于需求与读者分析的准确性在一定程度上决定着出版企业的定位,具有至关重要的作用。在网络技术并不是特别发达的时代,这两方面的调查数据都是通过发行人员亲自发放调查问卷或观察实体书店销售情况总结得出的,因为调查范围相对较小,所以会存在一定程度的偏差。然而在数字时代,出版企业可以利用自己的网站,针对不同的主题,发放问卷,并由系统自动生成数据部分的调查报告,而且通过用户的购书情况与浏览情况,出版企业的工作人员可以大致了解到目前图书市场的整体需求状况以及他们对于某些选题的具体需求细节,通过数据库的历史记载,工作人员可以判断得出影响读者购买行为实际发生的各种因素,综合之前问卷得到的具体数据,出版企业可以利用各种数学、统计学和经济学的方法,对未来图书市场长中短期的需求做出科学预测,并根据网站上统计得出的最新数据,不断修订出书计划以及宣传计划等。

六、建立数字仓库，有偿发行数字化内容

无论是国际出版巨头还是网上书店都在经济危机的大环境下，发现了相同的利润增长点，即电子书的销售。2008年，国际上各大图书板块销售额基本呈负增长的同时，电子书的销售额却在一路攀升。因此国际出版商已经将更多的资金投入到了数字内容的发行上来，我国的出版企业也可以利用多种资源来建立这种数字仓库，这些原始的数字化内容资源，可以在某些专业人士手中成为制作精美的电子书，书中可以附有作家访谈或某些游戏，也可以将其转换成为当前流行的音频文件，更可以精心制作成为小的录像短片，供手机用户和网友付费下载，这种听书和用视频看书的方式势必会受到"读者"的极大欢迎。同时，为了吸引用户对于某些图书的关注，也可以适时地根据用户注册资料免费向其手机或邮箱中发送一些图书摘要或有关视频。

七、与地面电视传输网络拥有者合作，扩大图书的营销渠道

目前电子图书的阅读器，以亚马逊推出的Kindle阅读器为主，此外还有Bebook和索尼阅读器等不同品牌，但是价格普遍很高，定价均在200美元左右，且不同阅读器之间的兼容性不是很好，因此笔者建议出版企业采用一种覆盖面更加宽广，接受程度更高，费用更低的数字图书传输方式，即：随着数字电视服务的普及，出版企业可以将其图书分类分章节提供给地面电视传输网络拥有者，由后者集中整理各出版企业送来的与各类别有关的数据后，再将其插入到各复用的广播流中。用户可以通过分类节目表和单一节目介绍来选择自己想看的图书，并且可以对广播信号中连续传输的图书服务信息数据进行信息存储，可通过对象轮回软件检索更详细的信息。这种数字化图书电视服务可由用户根据自身爱好订制不同模式，费用也可以相对于纸制图书低廉一些，且由于模拟信号电视正在被数字电视逐步替代，并且未来的几年内将会完全普及，而又同时支持文字、图像、图形等多种数据格式，操作起来也更为简单，互动性更强，因此更容易被广大受众所接受。

八、利用大型社交网站随时发布营销信息

目前有很多社交网站都可以通过第三方平台发布或接收信息，例如：推特、校内、饭否等网站，用户可以在这些网站首页上免费用手机号或邮箱地址进行注册，注册成功会拥有自己的一个主页，主页中可以添加若干个好友，主页当中的信息一旦被更新，这些好友就可以通过手机或邮箱等第三方平台，接收到这些更新的信息。出版企业可以利用这种类型的社交网站发布各种营销信息，例如：主题书展、名人签售、打折促销、买书返券、买赠促销、限时特供、捐赠图书、专家讲座、专家荐书等，通过这种发布信息的方式，用户无论是否登录到这些社交网站，都可以立刻通过手机或其他第三方平台接收到这些信息。同时，这种网站也可以成为工作信息交流平台，出版企业可以与作者、读者、媒体、销售商或是合作伙伴及时地交流信息。这种分众化针对式的传播方式营销效果更为明显，成本更低，节省下来的资金可以用于图书再生产，扩大出书的产品线，或延伸产品服务。

九、制作网络多媒体电子杂志，提高营销宣传效果

网络多媒体电子杂志是在Flash技术、P2P技术和多媒体技术的基础上衍生出来的新型媒体。它不是传统意义的电子杂志，而是融入了更多多媒体的表现手法，如：Flash闪客技术、3D虚拟展示、视频无缝嵌入、二维虚拟展示技术等。多媒体电子杂志更加注重多媒体技术的组合，以创意为主导，选择适当的多媒体技术组合来表现内容。这种日渐成为主流的网络宣传新媒体利用本身的展示优势可以将出版企业的企业文化和图书产品形象地展示出来，有利于目标受众接受产品、理解产品、认同产品和购买产品。而且可以帮助出版企业节省大量的营销宣传费用，例如：传统纸制宣传册的印刷费、配送费、人力费等，并能够实现快速的大规模传播，且网络多媒体电子杂志的内容更新相对而言会更及时，可以根据图书产品生命周期所处的不同阶段，增加新的宣传点，对于用户而言，专题检索与回溯检索也更容易。

十、与国际出版商合作，建立功能强大的"全球性图书营销联盟"

目前，国内比较成型的图书营销联盟是方正阿帕比（Apabi）在2005年年末组建的，合作伙伴涉及200多家出版企业、30多个搜索引擎、500多家网上书店与实体书店，此外，还有海外电子书产业代表OCLC（联机计算机图书馆中心，Online Computer Library Center）。此联盟可以为读者实现搜索——翻阅——购买的一条龙服务，即：读者无论是从阿帕比网，还是搜索引擎，或是网上书店，只要登录联盟伙伴的网络，读者便可搜索自己想要的图书，在线翻看原版原式电子书的部分精彩章节，阅读后可以直接去网上书店或者实体书店购买所需的图书。这种电子书在线翻阅的营销方式，是该"图书营销联盟"主推的功能。然而，随着读者阅读的层次性提高、专业性增强、需求多样化和英语类读物消费需求倾向的日益明显，此联盟单一的在线翻阅功能已然不能满足这些要求，因此，我国的出版商应与国际大型出版集团合作，建立一个功能强大的"全球性图书营销联盟"，通过这个组织的网络，读者可以找到更多品种、更多语种、更新的电子书、电子期刊和电子报纸。而对于我国的出版商而言，通过此联盟，可以与国际出版商共同合作开发优秀选题，为图书出口寻求适合各国国情的高效的分销渠道，并联合策划宣传促销的方式，最终在国外形成知名的中国出版品牌。对于外国出版商而言，他们可以借助于这个联盟，了解更多关于中国图书市场的具体情况，例如：市场构成、市场需求倾向、各社各类图书的市场占有率等。此外，这个联盟还可以成为图书版权贸易的一个很好的商务平台，帮助国内外出版商互通各种信息。

总之，数字化营销的方式多种多样，各家出版企业可以根据自身的资源条件与人员配备情况，有计划、有步骤地开展从图书市场调研、选题策划、图书产品形态设计、发行、售后服务到信息反馈等一系列数字化营销活动，从而加快整个书业的数字化进程。

第三节　出版企业的数字化服务营销创新手段

图书产品市场竞争日益激烈，单纯从图书产品的核心层和形式层上开发创新，已不能够完全获得竞争优势，因为能够为读者提供相同实际效用和利益的图书以及用各种物质形态展现的产品已然比比皆是，如何从图书产品的延伸层进行服务营销成为了稳定分销商、吸引读者目光的重要手段，随着网络时代的到来，针对目标客户进行多种附加利益的服务创新，必然要用数字化手段来实现。本节拟从下面八个方面来分析出版企业的数字化服务营销方式：

一、贯穿售前、中期、后期的数字化信息服务

在图书产品销售正式开始之前，出版企业应当在必备的相关网站上为分销商提供可采用的多种促销策略信息以及促销所需的财务分析报告、为媒体提供图书的宣传亮点信息、为最终读者提供有关图书产品的作者信息、创作背景信息以及内容信息和出版相关信息，方便读者能够在第一时间，通过最适合自己的销售渠道购买到图书。

在图书产品销售进行中，出版企业应当迅速总结各种促销手段所带来的销售损益，并随时跟踪图书销售情况，预测图书产品的生命周期变化，根据不同时期制定新的促销策略，及时将这些信息提供给销售渠道中的各种中间环节，以方便分销商和零售店根据科学数据采取能够获得最大利润空间的促销手段。对于最终读者，宣传造势的信息依然必不可少，这些信息可以是图书的销售排行、具体的销售数据、有关图书作者的深度访谈和该图书产品的系列图书信息等。然而，最重要的是图书产品的数字化内容检索服务，对于纸版图书购买者而言，能够通过出版社网站的在线检索服务在其电子版上快速查找到所需信息，是提高图书购买满意度的重要手段。

在图书产品销售结束之后，出版企业应当及时总结处理各种财务信息，对于那些销售数量大、开拓市场能力强、退货率低、按期结算货款、

为图书促销献计献策、积极帮助企业与消费者之间沟通信息的中间商给予业绩折扣。并将这些业绩信息和折扣信息公布在相关网站上,以激励中间商,这种信息公开的方式更有利于避免不必要的折扣纠纷,以稳定中间商之间,以及中间商与出版企业之间的关系。

二、方便快捷的图书产品消费信贷服务

目前,已经有很多图书行业以外的商家采用自制消费卡的方式来方便消费者购物,对于大宗商品,也可以通过银行卡业务进行消费信贷,然而对于图书产品的销售尚无此例。随着刷卡消费的趋势日趋明显,消费者必然对图书的消费也会产生这种信贷需求,因此,图书零售店,应尽快根据自身的实际情况生产图书消费信贷卡,根据目标客户的实际收入情况,确定透支额度,以及还款时间和申领条件等,并通过完善的网络系统,为客户提供对账服务以及积分兑换服务,并建立信用公开体制,帮助消费者形成良好的购书习惯和还款习惯。这种基于零售店的信贷服务,通过它的各种刷卡优惠活动,可以有效地建立读者忠诚度、提升用户的月消费额度,扩大的销售额和知名度。

三、针对大宗交易订单的数字化处理服务

目前,在实体书店,消费者购书还是以使用购物筐或购物车的方式来进行,如果选购较多图书产品时,携带选购比较困难。这样的不足在网上书店购书时得以弥补,虚拟的购物车使用非常简便,然而,在网上书店购书不可以充分地了解被选书的每一个细节,因此,消费者更倾向于在实体书店购买,如何使他们的购书活动能像在网上书店一样轻松,出版企业可以通过订单的数字化处理业务来实现,即:书店可以向大宗交易的客户提供掌上电脑处理器,这种处理器操作简单,可以使用它快速的对被选书扫码,并通过简单操作,确定复本量,随时修改选购记录,计算已消费金额,通过无线连接,将订单信息传递给服务器进行处理。这种订单处理方式在部分餐饮实体已经实现,大量的使用和操作,已经证明了此种方式的可行性。

四、试读数字化产品服务

很多物质属性较强的产品,售后服务体系非常完善,如果对产品不满意可以退货。然而,具有双重属性的图书产品,还不能够达到对其精神价值不满意就能退货的程度,因此,出版企业可以使用试读数字化产品的服务方式,来避免消费者对于图书产品购后不满意的现象。通过网络,提供图书完整的数字化样本,每一位消费者注册之后可以在限定时间内在线浏览所选图书的内容,并最终做出是否购买的决定。此种服务在网上书店已经得到部分实现,消费者可以部分浏览图书,然而,目前的服务程度和所覆盖的图书范围还不能够完全满足消费者的试读需求,图书的数字化内容也大多是各家网上书店自己转换的,消费者可以随便下载,显然,这种重复劳动的方式浪费了大量社会资源,也在一定程度上损害了作者的利益。所以,要明确试读数字化产品服务的提供商应当是出版企业而不是终端销售企业。

五、图书产品的物流配送情况查询服务

EMS(全球邮政特快专递)相对于其他快递更具有吸引力的原因是因为它提供关于快件的物流配送情况的网络查询自助服务客户端,而对于网上书店的消费者而言,这一点还没有实现,他们只能在书店承诺的期限内盲目地等待,一旦期限已过,而货品未到达,则需要电话咨询未送达的原因。显然,这样的服务还不尽如人意。为了有所改善,网上书店经营者可以自建与物流体系相配套的网络配送情况查询系统,在该系统中,消费者可以使用自己的网购账号查询自己所购买的图书从哪里出发,目前已经到达哪一站,未来还要经过什么路线,需要多少时间才能被送达,此外,经营者还要将为何货品没有在规定时间内送达的原因清楚地传达给消费者,这种主动的服务能够表达经营者对于消费者的责任心与诚恳的态度,如果没有准时送达,为了表示歉意,经营者也可以赠送给消费者一定比例的电子货币,供再次消费使用。诸如此类的信息通过查询系统传递给消费者的这种服务方式对于建立消费者的信任度与忠诚度是十分有益的。

此外,对于出版方而言,建立大型的电子商务平台,提供物流配送

情况查询服务，对于发行渠道的组织与管理也是意义非凡的。通过协议规定发行渠道各环节的分销商有义务及时将图书商品的流通情况上传到该平台上，通过对上传信息的查询，出版方可以根据发行计划以及具体的市场需求状况随时调整具体数量的图书商品的物流方向与配送时间，以实现图书商品的快速流通和利润方面的目标以及满足广大消费者的最迫切的需求。

六、针对零售店的智能比价服务

消费者有明确购书目标，且需求急迫时，往往希望能在最近的书店，以较低的价格，购买到目标商品。然而，这种对于地点、价格、店铺可供货品的实际需求状况，往往得不到满足，需要消费者实地去探寻与比对，这在一定程度上影响着读者的购书积极性，一旦多次查找都失败，消费者的实际需求将转化为潜在需求，即持币待购状态，这种状态持续时间较长时，又会因为图书的时效性，而转为无需求状态。

为了避免这种情况的发生，为消费者节省购书时间和精力，全国的零售店应共同致力于建立一个智能比价系统，此系统可以提供多种服务。首先，消费者在其网站上，应注册自己的所在城市信息和大概的住所位置，然后，输入明确的检索目标，最终系统将提供给消费者三方面信息：一是目标图书在消费者所在地的哪些零售店销售，二是目标图书在不同零售店的价格，三是零售店位置与消费者住所位置的相对距离和可供的路线选择，路线信息可以分为公交线路和地铁线路两种。除了这三方面信息之外，系统提供按价格排序和按相对距离排序两种方式，供消费者根据自己实际需要选择。如果消费者所在地零售店无目标图书商品，系统提供给消费者不同网上书店的供货信息与比价信息。

如果消费者没有明确购买目标，系统还可以提供不同零售店的促销活动信息，如：图书展销、赠品销售、优惠折扣信息、图书消费卷发放情况、有奖销售、签名售书、读者沙龙等。通过系统的这种服务方式，可以引起消费者对于出版企业有关活动的关注和兴趣，激发其购买欲望，继而产生购买行为。

七、图书定位查询服务

目前，消费者对于书店提供的图书查询系统还有很多不满意的地方，例如：模糊检索功能不强、检索条件较少、检索结果粗略。尤其是在超级书店中，这种对于查询服务不满意的程度更深。因为超级书店是连锁书店中超大规模的分店和中心店，它的营业面积一般都在 10000㎡ 左右，常销书品种在 10 万种以上，又同时兼营音像制品，所以如果查询系统只能提供目标图书商品的大致分区，那么消费者将要花费大量的时间去寻找目标图书的具体所在位置。

为了改善查询服务，方便消费者，出版企业应细化查询系统的检索功能，丰富检索结果。结果中不但要有目标图书商品的所在分区，还要有它的二级类名、三级类名，以及在三级类名下的哪一个书架上的哪一排，除此之外，如果模糊检索产生的结果较多，应提供打印列表服务，并为消费者提供一张简明地图，在地图上自动标注检索结果中所列的图书位置，同时，提供最省时省力的路线方案，帮助消费者快速找到目标图书商品。

八、渠道信息检索服务

在当前社区文化兴盛的环境下，小型书吧以及特色的社区书店不断涌现。虽然，这类书店的规模小，但是他们的数量多、读者群体相对固定，综合而言，销售量与市场占有率还是很高的，对于他们的进货信息指导服务是非常重要的。然而，经营者刚开始运作时，往往不清楚应该从哪些渠道获取所需图书商品，如何提供渠道信息服务，需要网络内容信息开发商或者书业行业协会来建立渠道信息检索系统，系统可以提供多种查询服务，如：各地区、城市的代理商、批发商可供货品信息；出版企业的各类图书发行渠道信息；可提供某类主题图书商品的供货商信息等。这种渠道信息检索服务平台，可以通过会员费、发布信息费和广告费等获取利润。除了能够沟通上下游供求信息，在信息流控制上实现中盘的作用之外，这种渠道信息检索服务系统还可以升级为实体的中盘，建立一定的物流平台，实现物流交换，收取一定比例的交易佣金。

总之，通过加强服务来使核心产品价值增加，从而提高企业竞争力的营销方式是多种多样的，而且服务方式的发展总是和信息技术的进步紧密联系，因此，各种类型的出版企业，无论是出版商、代理商、批发商还是零售商，都应当随时关注新的信息技术的发展情况，并组建技术转化团队，将其应用在对客户的服务上，丰富图书产品延伸层的内容，想读者之所想，服务读者之不断增加的需求，提升读者对于图书商品的消费满意度。

参考文献

1. 王耀先.出版社的经营管理[M].沈阳：辽海出版社，2001
2. 新闻出版总署出版管理司.图书音像电子出版物出版管理手册[M].北京：中国法制出版社，2013
3. 潘树广.编辑学[M].苏州：苏州大学出版社，2007
4. 阙道隆，林穗芳.书籍编辑学概论[M].沈阳：辽海出版社，2004
5. 朱胜龙.现代图书编辑学概论[M].苏州：苏州大学出版社，2003
6. 周奇.现代校对学概论[M].苏州：苏州大学出版社，2005
7. （美）小赫伯特·贝利著.王益译.图书出版的艺术与科学——出版社经营管理[M].石家庄：河北教育出版社，2004
8. （美）艾弗利·卡多佐著.徐丽芳等译.成功出版完全指南[M].石家庄：河北教育出版社，2005
9. 陈昕.中国出版产业论稿[M].上海：复旦大学出版社，2006.
10. 中国新闻出版研究院.2012—2013中国数字出版产业年度报告[EB/OL].http://www.askci.com/news/201307/09/09913488563.shtml，2013-7-9.
11. 张立.2013—2014中国数字出版产业年度报告[M].北京：中国书籍出版社，2014.
12. 于友先.论现代出版产业市场运动规这律[J].出版发行研究，2003，01:7-11.
13. 阎晓宏.关于出版产业、出版事业的界定以及分类指导问题[J].出版发行研究，2003，02：5-7.
14. 周蔚华.试论中国出版产业发展的十大趋势[J].中国图书评论，2003，07：11-16.

附录一
图书编校差错类型及计算方法

差错类型	序号	内容	计算方法
知识性差错	1	一般政治性错误，史实性、知识性和科学性错误	每处计2个差错
逻辑性、语法差错	2	概念错误，判断错误，推理错误，词性误用，数量表达混乱，指代不明，虚词使用不当，搭配不当，成分残缺	每处计2个差错
文字差错	3	封一、扉页上的文字差错	每处计2个差错
	4	封面、书脊、扉页、版权页等处的各项相关文字记录不一致	有1项计1个差错
	5	书眉文字差错或漏项目	每处计1个差错，同一差错全书最多计2处
	6	正文（含摘要、关键字）、图表、参考文献等中的一般性错字、别字、多字、漏字、倒字、前后颠倒字（含一面内文字连续错、多、漏）等	每处计1个差错，同一文字错每面计1处差错；全书最多计4处。每处多、漏2~5个字，计2个差错，5个字以上计4个差错
	7	人名、地名、历史事件、时间年代（年号）、历史图表错误	每处计1个差错，同一差错全书最多计3处
	8	专有名词、术语差错（使用科技术语不符合全国科学技术名词审定委员会公布的规范名词）	每处计1个差错，同一差错多次出现，每面只计1个差错；同一差错全书最多计3处

续表

差错类型	序号	内容	计算方法
文字差错	9	未按规范要求随意使用科技名词术语、专有名词术语简称	每处计0.5个差错，同一差错全书最多计3处
	10	使用科技名词术语与所属科学类别不匹配	每处计0.5个差错，同一差错全书最多计3处
	11	外文拼写、少数民族文字、国际音标（包括重音符号错误）差错，以一个单词为单位计错；汉语拼音（包括声调）差错，以一个对应的汉字或词组为单位计错	每处计1个差错，同一差错每面计1处差错；全书最多计4处
	12	外文字母大小写差错，如外文人名、地名、国名、机构名等专有名词、专业术语首字母以及缩略词大小写不规范等	每处计0.5个差错，同一差错全书最多计3处
	13	字母正斜体、黑白体误用；不同文种字母混用，字母与其他符号混用	每处计0.5个差错，同一差错全书最多计3处
	14	简化字、繁体字混用，异体字、异形词、旧字形使用不规范	计0.5个差错，同一差错全书最多计3处
	15	字母词：在汉语出版物中夹带英文单词或字母缩写，首次出现未括注中文全称的	计0.5个差错
	16	阿拉伯数字、罗马数字差错	计1个差错
	17	目录、索引、注释中内容出现错误	每处计1个差错
	18	少儿读物儿化音产生歧义	计1个差错
	19	相同内容文字表述不一致	计0.5个差错，同一差错全书最多计3处
	20	相关文字全书不一致	计0.1个差错，同一差错全书最多计3处，同类差错全书最多计10处

续表

差错类型	序号	内容	计算方法
文字差错	21	乐谱符号差错	每处计0.5个差错，同一差错多次出现，每面只计1处；同一差错全书最多计3处
	22	笔画、音序出现错误	计0.1个差错
标点符号差错	23	一般错用、漏用、多用（成组符号按组计），浪纹号、一字线、半字线混用，冒号与比例号、小数点与中圆点互混	每处计0.1个差错 同类差错全书最多计5处
	24	标点符号误在行首	每处计0.1个差错
数字用法使用差错	25	阿拉伯数字与汉语数字使用差错（不符合《出版物上数字用法的规定》最新版本GB/T 15835-2011）	每处计0.1个差错，全书最多计10处
	26	公元纪年和中国历代纪年表达格式不规范	每处计0.1个差错，全书最多计10处
	27	数字表达形式局部不一致	每处计0.5个差错，同一差错全书最多计3处
图、表差错	28	图、表的内容与说明文字不符（图、表表述的内容与文字叙述不一致，文字叙述中有的插图中却没有，图序、图题、表序、表题与正文不一致，图字、图注和正文所用文字、符号不一致）	每处计2个差错
	29	插图画法不规范（科技图书图形符号未采用国家标准和行业标准的规定，函数坐标图设计不规范）	每处计0.5个差错，同一差错多次出现，每面只计1处；同一差错最多计3处
	30	图、表位置错	每处计1个差错
	31	图序、表序等标注差错	每处计0.1个差错，同类差错全书最多计10处

续表

差错类型	序号	内容	计算方法
图、表差错	32	图表中在特定单位表示量的数值时未采用标准化表示方式	每处计0.1个差错，同类差错全书最多计10处
量和单位使用不规范	33	物理量的名称差错（使用已废弃的旧名称，同一个名称出现多种写法，使用自造的名称，使用以"单位+数"构成的名称）	每处计1个差错，同一差错最多计3处
	34	物理量的符号差错（量符号错用了正体字母，没有使用国标规定的符号，用多个字母构成一个量符号，把化学元素符号作量符号使用，把量符号当作纯数使用，量符号的下标不规范）	每处计0.5个差错，同一差错多次出现，每面只计1处；同一差错最多计3处
	35	法定计量单位名称和中文符号符号差错（使用非法定单位或已废弃的单位名称，相除组合单位名称与其符号的顺序不一致，乘方形式的单位名称错误，在组合单位名称中加了符号；把名称或不是中文符号的"符号"当中文符号使用，组合单位中既有国际符号又有中文符号，非普及性书刊中使用了中文符号）	单位名称、单位中文符号错计1个，同一差错全书最多计3处
	36	法定计量单位单位国际符号书写和使用错误（单位符号错用了斜体字母，单位符号的大小写错误，把单位英文名称的非标准缩写或全称作单位符号使用，把ppm、pphm、ppb、ppt等表示数量份额的缩写字作为单位符号使用）	单位国际符号错计0.5个，同一差错多次出现，每面只计1处；同一差错全书最多计3处
	37	单位词头大小写混淆	每处计0.5个差错，同一差错全书最多计3处
	38	单位词头独立使用、重叠使用，对不许采用词头的单位加了词头，对乘方形式的单位加错了词头	每处计1个差错，同一差错全书最多计3处

续表

差错类型	序号	内容	计算方法
量和单位使用不规范	39	科学技术各学科中的科学符号（如数学符号、化学符号等）的书写或使用不正确（字母、符号的正、斜体混淆，使用已废弃的符号，使用不规范的符号）	字母、符号错计0.5个，同一差错全书最多计3处
	40	数理公式、化学式编排不规范（数理公式转行不符合规定行列式和矩阵中的排法不规范，化学方程式的排法和转行、元素和原子团的排法、位序的排法、元素符号的嵌进与否、环状结构式的大小等不规范）	每处计0.1个差错，同类差错全书最多计3处
	41	数值方程式书写不规范（在数值方程式中，未指明所用的单位）	每1个方程计0.5个差错，同类差错全书最多计10处
	42	书写量值时只写数值而缺少单位	每处计1个差错
	43	量和单位的符号的表达形式局部不一致	每处计0.5个差错，同一差错全书最多计3处
	44	运算符号、杂类符号等用法差错	每处计0.1个差错，同类差错全书最多计5处
	45	数值（量值）范围表示不当，公差和尺寸表示不当	每处计0.1个差错，同类差错全书最多计3处
出版形式标准执行不规范	46	封一、书脊、扉页、版权页等处的各项相关文字记录不一致	有1项计1个差错
	47	封一、扉页漏项（缺出版者，缺作者，翻译书缺原作者译名，丛书缺丛书名，多卷集的缺卷次，再版书缺版次）	每处计2个差错
	48	书脊漏项（缺出版者或图案标志，系列出版物缺本册书名，多卷集的缺卷次，再版书缺版次）	每处计2个差错

续表

差错类型	序号	内容	计算方法
出版形式标准执行不规范	49	CIP内容或格式错误	内容错误1个差错，格式错误计0.1个差错
	50	书眉文字差错或漏项目	每处计1个差错，同一差错全书最多计2处
	51	书、刊眉单双页位置互错	每处计0.1个差错，同类差错最多计10处
	52	页码差错，目录页没有页码	每处计0.1个差错，同类差错最多计10处
计算解题错误	53	数字计算错误（包括单位换算错误）	每处计2个差错
	54	公式推导、解题过程错误	每处计2个差错，1处差错引出连续多处差错，最多计2处
	55	题目中有科学性、知识性错误	每处计2个差错
	56	题目表述有误，影响做题	每处计2个差错
	57	题目与配套的教材明显不匹配	每处计2个差错
	58	题目答案错误	每处计2个差错
	59	有题目而缺漏答案	每处计2个差错
	60	有答案而无题目	每处计1个差错
格式差错	61	影响文意、不合版式要求的另页、另面、另段、另行、接排、空行，需要空行、空格而未空的	每处计0.1个差错
	62	字体错、字号错或字体、字号同时错	每处计0.1个差错；同一面内不重复计算，全书最多计1个差错
	63	同一面上几个同级标题的位置、转行格式不统一且影响理解的	计0.1个差错
	64	同一面上几个同级标题需要空格而未空格的	每处计0.1个差错

续表

差错类型	序号	内容	计算方法
格式差错	65	外文转行差错（外文缩写词拆开转行、外文单词未按音节转行）或漏排连接号，一组阿拉伯数字拆开转行	每处计0.1个差错，同类差错全书最多计3处
	66	书、刊眉单双页位置互错，页码差错，目录页没有页码	每处计0.1个差错，同类差错全书最多计10处
	67	图序、表序、公式序、标题序等标注差错	每处计0.1个差错，同类差错全书最多计10处
	68	正文注码与注文注码不符	每处计0.1个差错
	69	公元纪年和中国历代纪年表达格式不规范	每处计0.1个差错，全书最多计10处
	70	科技类图书参考文献著录、标引格式差错，脚注格式差错	每处计0.1个差错，同类差错全书最多计3处
	71	社科类图书注释、参考文献格式全书不统一	每处计0.1个差错，同类差错全书最多计3处
	72	CIP格式错误	计0.1个差错
	73	中文书刊的汉语拼音名称未横写的	计0.1个差错
	74	其他编排格式差错	每处计0.1个差错，同类差错全书最多计3处

附录二
环境标志产品技术要求——印刷

第一部分：平版印刷

前 言

为贯彻《中华人民共和国环境保护法》，减少平版印刷对环境和人体健康的影响，改善环境质量，有效利用和节约资源，制定本标准。

本标准对平版印刷原辅材料和印刷过程的环境控制、印刷产品的有害物限值做出了规定。本标准为首次发布。

本标准适用于中国环境标志产品认证。

本标准由环境保护部科技标准司组织制订。

本标准主要起草单位：中日友好环境保护中心、中国印刷技术协会、北京绿色事业文化发展中心、鹤山雅图仕印刷有限公司、中华商务联合印刷（广东）有限公司、东莞隽思印刷有限公司、上海烟草包装印刷有限公司、艾派集团（中国）有限公司、天津东洋油墨有限公司、北京康德新复合材料股份有限公司、金东纸业（江苏）股份有限公司、富士胶片（中国）投资有限公司、珠海市洁星洗涤科技有限公司。

本标准环境保护部2011年3月2日批准。

本标准自2011年3月2日起实施。

本标准由环境保护部解释。

1 适用范围

本标准规定了环境标志产品平版印刷的术语和定义、基本要求、技术内容和检验方法。本标准适用于采用平版印刷方式的印刷过程及其产品。

2 规范性引用文件

本标准内容引用了下列文件中的条款。凡是不注日期的引用文件，其有效版本适用于本标准。

GB 6675	国家玩具安全技术规范
GB/T 7705	平版装潢印刷品
GB/T 9851.1	印刷技术术语　第1部分：基本术语
GB/T 9851.5	印刷技术术语　第4部分：平版印刷术语
GB/T 18359	中小学教科书用纸、印制质量要求和检验方法
GB/T 24999	纸盒纸板　亮度（白度）最高限量
CY/T 5	平版印刷品质量要求及检验方法
HJ/T 220	环境标志产品技术要求　胶粘剂
HJ/T 370	环境标志产品技术要求　胶印油墨
YC/T 207	卷烟条与盒包装纸中挥发性有机化合物的测定顶空气相色谱法

3 术语和定义

GB/T 9851.1、GB/T 9851.5确立的，以及下列术语和定义适用于本标准。

3.1 平版印刷　planographic printing：印刷的图文部分和非图文部分几乎处于同一平面的印刷方式。

3.2 上光油　coating solution 涂布在印刷品表面，增加光泽度、耐磨性和防水性的材料。

3.3 喷粉　spray powder 在印刷过程中，防止印刷品背面粘脏和加速油墨干燥的粉剂。

3.4 润湿液 fountain solution 在印刷过程中使印版非图文部分保持疏墨性水溶液。

3.5 计算机直接制版 computer to plate（CTP）通过计算机和相应设备直接将图文记录到印版上的过程。所用印版称CTP版，其版材种类主要分为银盐型、光聚合型、热敏型以及免化学处理和免处理型。

4 基本要求

4.1 印刷产品质量应符合 GB/T 7705 和 CY/T 5 等国家和行业标准要求。

4.2 生产企业污染物排放应达到国家或地方规定的污染物排放标准要求。

4.3 生产企业应加强清洁生产。

5 技术内容

5.1 印刷用原辅料的要求

5.1.1 油墨、上光油、橡皮布、胶黏剂等原辅料不得添加表1中所列物质。

表1 邻苯二甲酸酯类物质

中文名称	英文名称	缩写
邻苯二甲酸二异壬酯	Di-iso-nonylphthalate	DINP
邻苯二甲酸二正辛酯	Di-n-octylphthalate	DNOP
邻苯二甲酸二（2-乙基已基）酯	Di-（2-ethylhexy）-phthalate	DEHP
邻苯二甲酸二异癸酯	Di-isodecylphthalate	DIDP
邻苯二甲酸丁基苄基酯	Butylbenzylphthalate	BBP
邻苯二甲酸二丁酯	Dibutylphthalate	DBP

5.1.2 纸张亮（白）度应符合GB/T 24999的要求，中小学教材所用纸张亮（白）度应符合GB/T 18359的要求。

5.1.3 油墨应符合HJ/T 370的要求。

5.1.4 上光油应为水基或光固化上光油。

5.1.5 喷粉应为植物类喷粉。

5.1.6 润湿液不得含有甲醇。

5.1.7 即涂膜覆膜胶粘剂应为水基覆膜胶。

5.2 印刷产品有害物限量应符合表2要求。

表2 印刷产品有害物限量

序号	项目	单位	限值
1	锑（Sb）	mg/kg	≤60
2	砷（As）	mg/kg	≤25
3	钡（Ba）	mg/kg	≤1000
4	铅（Pb）	mg/kg	≤90
5	镉（Cd）	mg/kg	≤75
6	铬（Cr）	mg/kg	≤60
7	汞（Hg）	mg/kg	≤60
8	硒（Se）	mg/kg	≤500
9	苯	mg/m^2	≤0.01
10	乙醇	mg/m^2	≤50.0
11	异丙醇	mg/m^2	≤5.0
12	丙酮	mg/m^2	≤1.0
13	丁酮	mg/m^2	≤0.5
14	乙酸乙酯	mg/m^2	≤10.0
15	乙酸异丙酯	mg/m^2	≤5.0
16	正丁醇	mg/m^2	≤2.5
17	丙二醇甲醚	mg/m^2	≤60.0
18	乙酸正丙酯	mg/m^2	≤50.0
19	4-甲基-2-戊酮	mg/m^2	≤1.0
20	甲苯	mg/m^2	≤0.5
21	乙酸正丁酯	mg/m^2	≤5.0
22	乙苯	mg/m^2	≤0.25
23	二甲苯	mg/m^2	≤0.25
24	环己酮	mg/m^2	≤1.0

5.3 印刷宜采用表3所要求的原辅材料，其综合评价得分应超过60。

表3 印刷产品所用原辅材料要求

原辅料	要求	分值分配	总分值
承印物	使用通过可持续森林认证的纸张	25	25
	使用再生纸浆占30%以上的纸张	25	
	使用本色的纸张	25	
印版	使用免处理的CTP印版	55	
橡皮布	大幅面印刷机换下的橡皮布可在单色机上使用	10	10
	大幅面印刷机换下的橡皮布可在小幅面机上使用	10	
润湿液	使用无醇润湿液	20	20
	使用醇类添加量小于5%的润湿液	10	
印版、橡皮布清洗材料	使用专用抹布清洗橡皮布	7	7
热熔胶	使用聚氨酯（PUR）型热熔胶	8	8
	EVA热熔胶符合HJ/T220的要求	5	
印后表面处理	使用预涂膜	25	25
	水基覆膜胶有害物符合HJ/T 220中包装用水基胶黏剂的要求	10	
	水基上光油有害物符合HJ/T 370中技术内容5.4的要求	15	

5.4 印刷过程宜采用表4所要求的环保措施，其综合评价得分应超过60。

表4　印刷过程中环保措施

指标	工序	要求	分值分配	总分值
资源节约	印前	建立实施版面优化设计控制制度	1.0	12
		建立实施长版印件烤版制度	0.6	
		采用计算机直接制版（CTP）系统和数字化工作流程软件	4.8	
		采用节省油墨软件，利用底色去除(UCR)工艺减少彩色油墨用量	0.8	
		通过数字方式进行文件传输	1.2	
		采用软打样和数码打样	1.8	
		制版与冲片清洗水过滤净化循环使用	1.8	
	印刷 单张纸平印	建立实施装、卸印版、校正套准规矩时间控制制度	1.6	16
		建立实施纸张加放量的控制程序	1.6	
		建立实施印版、橡皮布消耗定额控制程序	1.6	
		建立实施橡皮布的保养程序	1.6	
		建立实施印刷油墨控制程序，集中配墨，定量发放	1.6	
		采用墨色预调和水/墨快速调节装置	0.8	
		采用静电喷粉器	1.6	
		采用喷粉收集装置	1.6	
		采用中央供墨系统	1.6	
		采用自动洗胶布装置	0.6	
		采用无水印刷方式	0.5	
		根据印刷幅面调节幅面和喷粉量	0.5	
		上光油使用后废气集中收集处理后排放	0.8	
	卷筒纸平印	建立实施装、卸印版、校正套准规矩时间程序	3.8	16
		建立实施橡皮布的保养程序	3.0	
		建立实施印刷机台全面生产设备管理程序	3.0	
		采用墨色预调和水/墨快速调节装置	3.0	
		采用中央供墨系统	3.2	
	印后加工	建立实施烫箔工艺控制程序	3.0	12
		建立实施印后表面处理材料的控制程序	3.0	
		建立实施模切控制程序（教材书刊类不实施考核）	2.4	
		建立实施上光油或覆膜工艺控制程序	3.6	

续表

指标	工序	要求	分值分配	总分值
节能	印前	采用发光二极管（LED）灯	6.4 / 6.4	12
		采用小直径灯代替大直径灯	4.8	
		采用纳米反光片的灯	2.0	
		在工作空闲时，电脑置于休眠状态	3.6	
	印刷 单张纸平印	建立实施印刷机能耗考核制度	2.0	16
		建立实施减少印刷机空转制度	2.5	
		采用发光二极管（LED）灯	4.6 / 4.6	
		采用小直径灯代替大直径灯	2.4	
		采用纳米反光片的灯	1.0	
		安装自动门，对印刷车间的温度进行有效控制	1.5	
		彩色印件采用多色印刷机印刷	2.4	
		采用中央真空泵系统	2.0	
	印刷 卷筒纸平印	建立实施折页机组以及装纸卷和穿纸等准备时间控制制度	2.4	16
		建立实施印刷机能耗考核制度	2.0	
		建立实施烘干温度控制程序	2.0	
		采用发光二极管（LED）灯	4.6 / 4.6	
		采用小直径灯代替大直径灯	2.4	
		采用纳米反光片的灯	1.0	
		安装自动门，对印刷车间的温度进行有效控制	1.5	
		采用烘干系统加装二次燃烧装置	2.5	
	印后加工	建立实施印后加工设备能耗考核制度	2.4	12
		建立实施印后装订工艺制度	3.0	
		建立实施胶锅温度控制程序	3.0	
		采用LED灯	3.6 / 3.6	
		采用小直径灯代替大直径灯	2.4	

续表

指标	工序	要求	分值分配	总分值
回收利用		建立实施剩余油墨综合利用控制制度	1.0	2.0
		建立实施电化铝废料回收制度	2.0	
		建立实施废物管理制度	2.0	
		建立实施装订用漆布、人造革、纱布等下脚料回收制度	1.0	
		建立实施装订用胶粘剂残余胶料回收制度	1.0	
		建立实施废物台帐程序	1.5	
		建立实施印刷车间空调系统余热回收利用程序	1.5	
		建立实施废弃物分类收集程序	3.0	
		建立实施印版隔离纸、卷筒纸外包装纸皮、表层残破纸、剩余纸尾，废纸边分类回收程序	5.0	
		采用印前印刷的预涂感光印版	2.0	

6 检验方法

6.1 技术内容5.1.3的检测按照HJ/T 370规定的方法进行。

6.2 技术内容5.2中表2中1至8项的检测按照GB 6675规定的方法进行。

6.3 技术内容5.2中表2中9至24项的检测按照YC/T 207-2006规定的方法进行。

6.4 技术内容中的其他要求通过文件审查和现场检查的方式进行验证。